中华科技传奇丛书

从赵州桥到珠港澳大桥

刘艳云 编著

上海科学普及出版社

图书在版编目(CIP)数据

从赵州桥到珠港澳大桥/刘艳云编著．——上海：
上海科学普及出版社，2014.3
（中华科技传奇丛书）
ISBN 978—7—5427—6038—8

Ⅰ.①从… Ⅱ.①刘… Ⅲ.①桥－技术史－中国－通俗读物 Ⅳ.①U448—092

中国版本图书馆 CIP 数据核字（2013）第 306602 号

责任编辑：胡 伟

中华科技传奇丛书
从赵州桥到珠港澳大桥
刘艳云 编著
上海科学普及出版社出版发行
（上海中山北路 832 号 邮政编码 200070）
http://www.pspsh.com

各地新华书店经销 三河市华业印装厂印刷
开本 787×1092 1/16 印张 11.5 字数 181 400
2014 年 3 月第一版 2014 年 3 月第一次印刷
ISBN 978—7—5427—6038—8 定价：22.00 元

前言

"逢山开路,遇水搭桥",这是聪明的人类在与自然界搏斗的过程中摸索出来的经验。

我们繁衍生息的这个世界,江河纵横、湖泽棋布,高山深谷、千沟万壑,这些虽然丰富了自然界,但也经常带给人们的日常生活、农牧渔猎、迁徙运载等活动带来了不便,甚至让人举步维艰。于是,聪明的人类就发挥出了其特有主观能动性,开始改造自然,战胜这种种障碍。

其中,桥梁的创立与发展,就是人们改造自然界留下的绚丽篇章。

在我国数千年的文明史上,勤劳勇敢的中国人创造出了不计其数、千姿百态的桥梁。我国至今犹存的古典名桥成千上万,它们就像是一个个饱经沧桑的历史老人,闪烁着中华文明的智慧之光。许多古典桥梁依然在忠诚地为人们服务,它们的坚固让人钦羡,它们的建造技艺令人惊叹!例如,那具有天下第一桥之称的赵州桥,以及卢沟桥、灞桥、渭水三桥等古典桥梁,它们都是力与美的化身。这些迎面而来、举步而过的古典桥梁常常让人们流连忘返。

在桥梁建造的伟大实践中,我国取得了一系列举世瞩目的成就。特别是到了近现代,我国在桥梁建造上有了极大的发展,让天堑变成了通途。仅仅是在长江上就先后建立了许多座著名的桥梁,如南京长江大桥和武汉长江大桥等。

祖国大地上日新月异的桥梁有效地解决了人与山河之间的矛盾,使行程变得更加畅通无阻了。而那些落成的桥梁，总是默默无闻，鞠躬尽瘁地为人们服务，无论是在白天还是黑夜，不管是在风中还是在雨中，它们都坚守在岗位上。天长日久，这些人工制造出来的桥梁，就融入了自然界中，成为了山山水水中一处美妙的人工景观。

  随着科技的不断发展，桥的技术、艺术与学术也开始有了新的飞跃。我国在桥梁的建造中，有着光荣的传统。在此基础上，又吸取了现代科学技术成果，使我国的桥梁建造持续不断地在世界上大展宏图。这从杨浦大桥、苏通大桥到珠港澳大桥的建造中可以体现出来。这些雄伟壮观的新时期桥梁，展现出了我国桥梁建造的新技术。特别珠港澳大桥，它将成为世上罕见的一个巨型桥梁工程。

编者

目录

一、古今常见的桥梁类型

最原始的老"祖宗" 2

古老的石板桥 5

纤道桥的风采 8

悬浮在水面的浮桥 11

古今最普遍的梁桥 14

吊桥的独特魅力 17

造型优美的拱桥 20

独具侗族特色的风雨桥 24

二、漫话我国古代名桥

我国的"天下第一桥" 28

富有意境的古典桥梁 31

灞桥折柳伤离别 34

独具匠心的"神仙桥" 37

婀娜瑰丽的扬州第一桥 40

横架于苏州运河上的古桥 43

最古老的梁式跨海大桥 ………………………… 46
梁式古桥中的精品 …………………………………… 50
横贯于湖面上的"玉带" …………………………… 54
山水园林里的古桥 …………………………………… 57
颇具渊源的卢沟桥 …………………………………… 60

三、近、现代桥梁中的杰作

中国第一座"桥坚强" ……………………………… 64
它承载着厚重历史 …………………………………… 67
连续箱梁桥中的冠军 ………………………………… 70
长江上的"争气桥" ………………………………… 73
万里长江第一桥 ……………………………………… 76
"天下第一"大石桥 ………………………………… 79
沅水上的风景线 ……………………………………… 82
横贯黄浦江的公路线 ………………………………… 86

四、我国著名的桥梁设计师

我国古代的桥梁大师 ………………………………… 90
中国现代桥梁之父 …………………………………… 93
半个多世纪的坚守 …………………………………… 96
豪情万丈的资深专家 ………………………………… 99
长江大桥建设第一人 ………………………………… 102
华裔桥梁大师 ………………………………………… 105
他用生命绘制钢铁彩虹 ……………………………… 109
业绩斐然的新世纪设计师 …………………………… 112
世界级的桥梁专家 …………………………………… 116

五、雄伟壮观的新时期桥梁

独一无二的东方女神 120

优雅的东方"美人鱼" 124

隐藏在海上的巨蟒 127

独特的"日月拱桥" 130

世界首座弧线斜拉桥 133

杭州湾的钢铁巨龙 136

环岛路上的飞鸿一抹 139

新世纪湛江的标志 143

长江上最新的桥梁 146

举世无双的珠港澳跨海大桥 149

一、古今常见的桥梁类型

最原始的老"祖宗"

◎ 桥梁漫话

一般情况下,最先出现的事物,都被称之为"老祖宗"。那么,按照这个说法,桥梁的"老祖宗"就非独木桥和蹬步桥莫属了。

自然侵蚀而形成的石桥

在人为修建的桥梁出现之前,由于受到种种自然现象的影响,会出现一些天然而成的桥梁。比方说,在江西的贵溪有一座因出岩自然侵蚀而形成的石桥——仙人桥。另外,在浙江天台山上,也有一座横跨瀑布的石梁桥。除此之外,在一些小河边,还可能会由于风吹雨打等自然因素而倒下了一根根树干,于是就形成天然的"独木桥",有些地方的两岸藤萝纠结在一起,就成了天生的"悬索桥"。

聪明的人类在生产、生活的过程中,会不断地效仿自然界。因此,他们便从这些天然的桥梁中得到了启示。

一开始时,人们为了能更安全地渡河,就把木料搭建在小河上。这就形成了最原始的桥梁——独木桥。慢慢地,人们又在氏族聚居群旁边的壕沟上,也搭起了一根根的独木桥。至此,人造桥梁就应运而生,并开始了它不断发展的历程。

独木桥是中国古代劳动人民效仿自然的成果,距今已有很长一段历史了。这些独木桥在乡下尤为常见,能帮助人们顺利通过河道、悬崖等,十分便捷,但稍不小心也可能掉下桥去,人会受伤甚至丢了性命。人们觉得过独木桥实在太危险了，于是便想方设法摸索着建造其他的桥梁。

又过了一段时间，人们开始在那些窄而浅的溪流中，用石块垫起一个接一个略露出水面的石蹬，构成一种简单的"跳墩子"石梁桥，这就是蹬步桥。在后来的一些园林建设中，常常仿照这种原始的桥梁形式，建立了一些"汀步桥"以及"踏步桥"。

独木桥是中国古代劳动人民效仿自然的成果

在人类的建筑史上，这些"独木桥"和"跳墩子桥"是最原始的桥梁类型，它们处于桥梁的幼儿期和儿童期。后来随着社会生产力的不断发展，桥梁也逐渐由低级向高级演进。

⊙ **史料链接**

在整个桥梁史上，独木桥是桥梁大家族中的鼻祖，是人们最早创建出来的。但是由于独木桥无法长年累月经受风雨的洗刷，因此无法长期使用，但其生命力却是最长的，直至20世纪60年代，人们还在使用独木桥。

根据史料表明，早在原始社会时期，中国就出现了独木桥以及由数根圆木排拼而成的木梁桥。到了战国时期，普遍出现了单跨和多跨的木梁桥，其中，陕西省蓝田县建于公元前300多年的蓝桥，就是一座多跨木梁木柱桥的典型代表，其也是依照独木桥的原理发展而来的。

而最早的蹬步桥，大概是在尧舜时期出现。虽然这种类型的桥可达到跨河越谷的目的，但严格来说，它并不具备桥梁的本质特征，真正意义上的桥梁应该是以架空飞越为标志的。而这种蹬步桥，显然是道路向桥梁转化的一种过渡形式，也可以说是桥梁的雏形。

湖南省永丰蹬步桥是现存的这种原始桥型的典型代表。这座蹬步桥位于湖南省娄底市双峰县永丰镇，它的建造年代已无法考证了。在那里，我们可以看到一条小河穿镇而过，河中央有一口水井。为了方便人们汲水，在水井与河的西岸之间，设有近20米长的蹬步，每块石蹬的直径约为30厘米，间距是20～30厘米，并设高低不同的两个组，以便能在不同水位时使用。

湖南省永丰蹬步桥

⊙ **历史评述**

独木桥和蹬步桥是我国古代劳动人们为了适应自然的产物，是最原始的桥梁类型，也是一种最原始的渡河工具。独木桥出现的时间最长久，应用范围也最广阔，不论是在小河小溪边，还是在悬崖山谷上，都留下过独木桥的身影。它们一般都是就地取材，而且建造的工期也很短。因此，在人们的生产、生活中，曾一度被广泛应用。

蹬步桥可以称为是桥梁的儿童期，它的出现意味着人们在脑海中已经初步形成了桥梁的概念。相对独木桥来说，蹬步桥更加安全。但由于受到环境的局限，它的应用范围并没有独木桥那么广。

作为桥梁史上的祖先，虽然独木桥与蹬步桥的构造原理以及建造工序都非常简单，但其具备的历史意义却是其他类型的桥梁无法比拟的。

古老的石板桥

⊙ **桥梁漫话**

石板桥是我国一种古老的桥梁。至今，在我国各地都还保留有各种各样的石板桥。我国第一大石板桥是镴炉桥，它坐落于福建省罗源县，至今已经有上千年的历史了。这座桥呈东西走向，全桥长达7米，桥宽大约2.5米。除此之外，桥面上还刻有很多捐献的记录，例如"宁五年壬子岁、兴城里高耸与妻郑十四娘共舍梁一条"，"德斌与弟子林阮、李球、同券众缘共造桥一所"和"缘首永清、永观、永柯、颜添舍一贯文"等。这些文字都是经过精心策划由人工雕刻而成的。

战国时期，由于铁器的出现，使得石料被广泛地运用在桥梁的建筑上面。桥梁的建筑也由木构桥梁进而增加了石柱、石桥面和石梁等这些新的构件。接着，石板桥也慢慢地诞生了。

古老的桥梁　石板桥

石板桥是一种横跨两岸的桥，不同的石板桥有不同的建法，有些桥身是由两块并列的大青石组成的，有些则是由多块坚固的小石头一块一块堆砌而成的。一般情况下，石板桥都建立在水流比较缓慢的小河上。桥下虽然平静，但是桥上却不平静。有南来北往的行人在桥上络绎不绝，还有天真烂漫的儿童在人流中挤来挤去。然而，石板桥却总给人一种安静祥和的感觉，静静地横跨在河面上，就好像一位安详的老人，精心地守护着生活在其身边的人们。

⊙ 史料链接

唐宋时期，由于铁器的出现，石板桥正式诞生了。首先是在窄而浅的小河中，用石块叠起一条略露出水面的石墩，在其上覆一石板，后来就慢慢演变成石板桥了。当时，石板桥是一种最先进的桥梁，对人们在很长一段时间内所使用的木桥来说，石板桥的出现具有一种划时代的意义。

由于方便人们的日常生活和时代的要求，国家开始大量地建设石板桥。但是，石板桥的施工建设远远比木桥难，因为它需要巧妙地把几千甚至几万块坚固的石头紧实地连接在一起，成为一个整体，并且能够支撑起一定的重量。

石板桥的坚固程度也是很惊人的，由古至今，一些已经经过几千年风雨洗礼的石板桥至今仍然完好无缺地矗立在一些小河上面。它就像一位依然健壮的老人，虽然已是满脸沧桑，但是依然有一个强健的身体和一颗炙热的心。它还会和人们一起走过更多的岁月。

石板桥紧紧地和大地相连，与河水为伴，与日月对望，千年以来年年月月日日都如此。除了硬朗的身体，石板桥似乎就一无所有了。但它一直都没有忘记自己的责任和使命，千百年来不知道自己的身上承载过多少路人的足迹和他们的悲欢离合，备尝世间冷暖，饱受岁月沧桑。

石板桥的胸怀永远都是那么开阔，不分冷热，不分昼夜，永远甘于寂寞，把人们从远方迎来，又把人们送去远方。无论风雨再大，无论世事变迁，千百年来一直不曾改变。

坚固的石板桥

⊙ **历史评述**

　　石板桥的诞生，在中国桥梁建设的历史进程中具有划时代的意义。无论是在外观的美观上还是在经济效益上都是史无前例的。石板桥的诞生，不仅延长了桥的使用时间，还极大地减少了桥的维修费用。除此之外，桥梁施工技术的科学水平和结构理论也得到了发展。秦汉时期建筑石料的使用和拱卷技术的出现，是我国建桥历史上一次重大的历史革命。石板桥虽然古老，但却十分实用，千百年来都受到了人们的推崇和欢迎。

纤道桥的风采

⊙桥梁漫话

古往今来，每每运河流经之处必修筑一条条长长短短的运河桥。由于运河河面太宽，逆水行舟就需要拉纤而行。所以，在很多的运河上，都修建起了一座座专门为纤夫拉纤而修建的纤道桥，让船工和纤夫们深得其利。

在历来以"水乡泽国"闻名于世的古城绍兴，就有这样一座历史悠久的古桥。在绍兴数不胜数的桥梁中，它是最长的石桥，也是苦难与美好的结合，柔与刚的结合，历史与现实的结合，这就是古色古香的纤道桥。

纤道桥，顾名思义，是为古时拉纤而建。"纤道"是指架在水面上，由一座座石桥连接而成的水上通道，为纤夫提供平实的拉纤道路。如遇到较大的风浪，船只可以通过桥孔进入浅水区来躲避风雨，所以纤道桥也有"避塘"之称，又因这种桥多数是官府出资修建，所以也叫"官道"、"官塘"，俗称"百孔官塘"。

绍兴的这座纤道桥位于太平桥和板桥之间，全长879.4米，共281个桥孔。共分两段，一段长502米，底孔149个，另一段长377.42米，底孔112个，每个孔净跨2米，桥墩由条石干砌，桥底接近水面，只有东端第45个跨度较高，可以通小船。

绍兴纤道桥构思巧妙，建筑精美，就砌筑法可分为"单面临水、依岸砌筑"和"两面临水、破水砌筑"两大类。绍兴纤道桥时而一面

绍兴纤道桥

临水，依岸砌筑；时而两面临水，破水而筑。它们互相间隔，互相衔接，展现了古纤道的多种形式。绍兴纤道桥的与众不同之处在于它跨萧绍运河，桥面与运河平行，纵贯在宽阔的河道里。纤道低贴水面建造，上面可以让纤夫背纤。如果遇到狂风暴雨，它又能分散风浪对船只的撞击力度。它的桥面由三块条石拼成，面宽大概1.5米。每隔一段距离，就有一高低错落的拱桥或梁桥。为了抵消波浪对纤道的撞击，也为了使塘路富有多样的艺术美感，它的平面建筑呈现"S"形，遇到风浪，船只可贴近纤道或在凸起的桥洞中躲避，以免遇到危险。每当有船只行于水上，就会形成桥下拉纤、桥上行人的美景。清朝齐召南曾有"白玉长堤路，乌篷小画船"的诗句来形容古纤道的景色。

古色古香的建筑与纤道桥遥相呼应，顺着运河，水岸似玉带，蜿蜒伸向水天相接之处，富有诗情画意，形成了路、桥、水和船浑然一体的优美景观，令人心旷神怡。

⊙ 史料链接

绍兴纤道桥建于晋朝贺循疏凿的西兴运河阮社段的南边，现存的古纤道桥是唐元和十年浙东观察使孟简整治运河时所修建的。这座桥曾连绵100多里，河面非常宽阔，便于过往的船只通行。河堤则是纤夫背纤时的通道，但因为是用土筑成的，所以纤道并不坚固，遇到长时间的大雨就会崩毁。所以，后世也有重修这纤道桥的记载。比如在《重修纤道桥碑记》中记载：1883年8月，从太平桥到板桥之间，所有塘路以及宝带桥、玉带桥，共计281洞。乡绅们对此进行了大规模的重修。这段记载说明当时纤道桥有281跨，是现存桥跨数的一倍多，足见当时工程

承载历史的古纤道

之浩大。

而据《越绝书》卷八记载得知，这条古纤道的东段，是在春秋战国时期开始建造的，从绍兴东廓门到曹娥江段浙江运河，在越国时期就已形成了"山阴古水道"；据嘉庆《山阴县志》卷四中记载，古纤道的西段从西晋时期开始建造，此后，历年均有疏浚工程。东可抵达曹娥江，并与西段相连接；明朝弘治年间，山阴知县李良改用坚硬的大青石铺砌纤道，从虹桥到钱江，长达50余里。另外，清朝康熙、咸丰、光绪年间都有修建的记录。

⊙历史评述

纤道长桥，随水蜿蜒如龙，是中国桥梁史上的一个奇迹，同时也见证了中国水利史的发展。运河两岸，纤道之间，劳动人民黝黑的肩膀，连着一根根粗绳，拉着重载的舟楫前行。纤道桥历经了千年沧桑，从最早的实用价值变成了当今的审美价值，又加以历史感、沧桑感，使它古朴深沉，令人遐想不断。

悬浮在水面的浮桥

⊙桥梁漫话

有一种桥,它们匍匐于水面上,并能自由组装拆迁。它们就是浮桥。

浮桥是一种用浮箱或船作为桥墩,能够漂浮在水面上的桥梁。根据史料记载,中国是浮桥的最早产生地。在远古时代,浮桥被称为舟梁,是一种与众不同的桥梁,它的桥墩是用船舟来代替的,所以又称为"浮航"、"舟桥"和"浮桁"。浮桥是一种临时性的桥梁。浮桥的架设也比一般的桥梁简单,建好一条浮桥的时间也比较短,它一般在军事上被广泛应用,所以又有"战桥"之称。公元974年,宋太祖在长江中下游架设了浮桥改打南唐,继而一统全国。

舟梁结合式浮桥

浮桥有两种结构形式,第一种是舟梁结合的形式。先把舟、桥面和桥梁结合成为一体,所有的船只首尾紧紧地相连在一起,或者是舟体紧密地排列成带式。为了确保桥轴线的稳定,在上下游设置缆索锚碇。桥的两边都设有栈桥或者跳板,其作用是为了使得浮桥和两岸接通在一起。为了使得桥梁可以适应水位的不稳定性,在桥头两岸还同时设有一个升降码头和升降栈桥。第二种就是传统形式。主要是在船或者浮箱上面架上梁,然后再在梁上铺设桥面。

浮桥是大型桥梁中的先驱,它从建造固定桥梁过渡到了用船变成桥供人

方便的浮桥

车渡河。浮桥的作用很大，所应用的范围也很多，可供人行走，还可以当作公路和铁路进行运输。浮桥的构造很简单，架拆起来也很方便，这是它的优点。平时，它可以用作一个临时交通设施，还可以用于应急救灾。但也有缺点，它的维修费用巨大。

我国是浮桥架设规模最大的国家，并且在军事作战中起到了重要的作用。军用浮桥是一种临时性的交通工具，在军队战斗时，制式舟桥可以帮助军队迅速地通过江河，是其他桥梁无法替代的。此外，为了提高浮桥的机动性，在军队战斗时，一般都会用轻金属制成自行式的浮桥构件。

⊙ 史料链接

浮桥在我国的建造历史十分悠久，早在公元前8世纪，浮桥就被周文王用于娶妻的迎亲路上。当时，他在渭水上面架起了一座浮桥。古希腊著名的历史学家希罗多德曾经记载过波斯王大流士当年入侵希腊时也建造过浮桥，但是其比中国浮桥的建造历史晚500多年。根据后人的考证结果表明，浮桥是当时的珍稀之物，周代的礼制也有规定，浮桥只有"天子"一个人可以使用，并且在用完后就必须立刻拆掉。直到战国时期，由于"礼崩乐坏"，这一规定才被打破了。

直到汉唐时期，浮桥在我国的运用才日益增多。千百年来，我国建造使用过的浮桥不计其数。很多地方在建造永久性桥梁之前，都会先造一些浮桥去摸索水情，之后才慢慢地根据情况去建造永久性桥梁，洛阳桥就是这样建造起来的。根据数据统计，在长江和黄河上架设用于军用的浮桥就达20座之多。

公元前541年，秦景公的母弟后子就是因为害怕自己的财产被秦景公抢夺，在山西省临晋附近的黄河上建起了一条浮桥，带着财产从桥上逃往至晋国。

另外，唐太宗李世民曾有一诗描述浮桥，其中有四句是这样写的："暂低逢辇度，还高值浪惊，水摇文鹢动，缆转锦花萦。"这是他描绘自己乘车越过浮桥时的感觉，写出了经过浮桥时遭到波涛拍打而摇曳动荡的惊险。

洛阳桥

⊙ 历史评述

由于浮桥构造简单、架拆方便等特点，所以，它在历代军事上发挥了重要的作用。在古代，几乎每一次激烈的河上战斗，都有着它的身影。因此，每一次踏上浮桥，我们不仅可以强烈地感受到那古朴的历史，还能够体会到古代中国人民追求科学创造，崇尚发明创新和勤劳踏实的精神。浮桥让人引以自豪，不但是我国历史的产物，也是历史的见证，同时还是我国古代人民智慧的象征。

古今最普遍的梁桥

⊙桥梁漫话

在我国有一种桥梁尤为常见,从古至今都有它们的影子。它就是梁桥。由于这种桥的外形非常平直,因此在古代也常被称为平桥。

古老的石梁桥

这种桥的构造非常简单,出现时期也很早,只要把木头或者石梁架设在沟谷的两边,一座简单的梁桥就形成了。在原始社会时,我国就出现了由数根圆木排拼成的木梁桥。到了战国时期,单跨或多跨的木梁桥、石梁桥已经非常普遍了。

梁桥的主梁以能受弯而承重,主梁可以分为实腹梁或桁架梁。实腹梁的结构非常简单,在制造、架设和维修方面都比较方便,因此被广泛地用于中、小跨度桥梁中,但是材料应用得不够充分;而桁架梁则能充分地利用材料,自身的重量比较轻,跨越能力也比较大,一般情况下用来建造跨度比较大的桥梁。

按照主梁来分,梁桥可以分为简支梁桥、连续梁桥和悬臂梁桥三种。

简支梁桥的主梁是一种静定结构,两端有支座,以孔为单元。一般适用于跨度不大的桥梁,这种桥梁的结构比较简单,在制造、运输与架设等方面都比较方便。为了能更好地施工、提高工作效率与质量、降低工程成本,这类桥梁一般都设计成比较标准化的样式。例如,1977年建成的洛阳黄河桥,1986年建成的郑州黄河桥,1989年建成的开封黄河桥等,都属于简支梁桥;

连续梁桥的主梁则是一种超静定的结构，若干孔为一联，连续地支承在几个支座上。在桥的跨度比较大时，采用这种连续梁比较节省材料，也更容易施工。例如，1988年建成的京石公路永定河桥、武汉长江大桥、南京长江大桥等，都属于连续梁桥；悬臂梁桥则由锚固孔、悬臂和悬挂孔等结构组成，悬挂孔用铰相联，并支承在悬臂上。悬壁梁桥有单悬臂梁桥和双悬臂梁桥之分，例如陕西省的渭河桥是一座悬臂梁桥。

美丽的洛阳黄河桥

梁桥是桥梁的基本体系，它的使用范围非常广泛，在桥梁建筑中占据着极大的比例，为我国古今桥梁世界留下了丰富多彩的宝贵遗存。

⊙**史料链接**

北魏时期郦道元的著作《水经注》当中，曾经记录了在山西汾水上有一座30柱的木柱木梁桥。这座桥始建于春秋时期，是我国古书记载中最早的一座梁桥。

根据《史记》中记载，战国时期，苏秦对燕王讲过这样一个故事：相传，有一个叫尾生的鲁国人爱上了一名女子，两人相约在桥下见面。但是，到了约定好的时间，那女子却迟迟没有来，尾生为了坚守诺言，水涨上来也不肯走，最后抱着梁柱淹死了。据说，尾生抱着桥下的木柱墩而死的这座桥梁，就是陕西省蓝田县的蓝桥，这是一座多跨木梁木柱桥。

为增大木梁桥的跨度，我国古代的人们创建了伸臂木梁桥。这种桥用圆木或方木纵横相隔并重叠起来，从两岸或桥墩上层层向河的中心挑出，就像是古建筑中的层层斗拱一般。但是，伸臂木梁桥的挑出层次是有限的，一般

伸臂木梁桥

不能超过四五层次。但这种桥梁在施工的过程中，既费工又费料，而且刚度差、变形度较大，很难跨越超过20米的河谷，而且受重力量也比较差。

伸臂木梁桥起源于公元4世纪，根据史料记载，我国第一座伸臂木梁桥建于甘肃与新疆交界的地方，被当地人称为"河厉"。从古至今，这种桥梁遍布了我国的大江南北，尤其是那些木材比较丰富的地区。坐落于广西侗族自治县林溪河上的三江程阳桥是一座四跨石墩的伸臂木梁桥，它于1916年建成，是侗族地区特有的一座风雨桥。这座桥由三江盛产的杉木制成，其中，最大的杉木头直径达到了53厘米；这座桥的构件全部用榫结合或竹木梢连接，没有一颗钉和铁件。

⊙ **历史评述**

梁桥是我国一种比较古典、比较常见的桥。而且在不同的时代，梁桥有着不同的表现形式。这些丰富多彩的梁桥展现出了我国桥梁史上的独特魅力。其中，于700多年前建成的虎渡桥是目前世界上最大的石梁桥。即使在今天的科技条件下，要开采、运输、架设这样大型的石梁桥，也不是一桩简单的事。它体现出了我国古代人们桥梁建造的技术与智慧。

吊桥的独特魅力

○**桥梁漫话**

早在1800多年前,西藏日喀则地区的一位部落首领主持建造了一座著名的牛皮索桥——彭错岭桥。这座桥长达230米,巧妙地利用当地的地形,在江心设墩,飞渡碧涛滚滚的雅鲁藏布江。整座桥是用牛皮拧搓而成的,并涂上了酥油,所以

令人拍案叫绝的彭错岭桥

历久不腐,直到20世纪70年代才更换成铁链。然而,最为神奇的是江心的石墩,是用乱石砌成,底部以巨木为桩插在江心,多少年过去了,这些巨木在滚滚江水的冲刷下却不溃烂,这在世界桥梁史上堪称一大奇迹。这座令人拍案叫绝的彭错岭桥属于吊桥这一类型。

吊桥也被称为悬索桥,是由悬索、桥塔、锚锭、吊杆、加劲梁以及桥面所组成的。它是指全部或者一部分桥面能够吊起、放下的桥。这种桥的主要承重构件是悬索,所以,它也是所有桥梁中跨度最大的一类。

按照加劲梁的刚度,可以把吊桥分为柔性和刚性两种。在古代,吊桥常常用在护城河以及军事的据点上。在现代的通航河道上,为了方便各类船只顺利通过,有时候也会建造吊桥。

香港的青马大桥是一项世界级建筑工程,是为了赤蜡角机场而建,横跨

了青衣岛和马湾，全长2 200米。它是世界上最长的一座行车、铁路两用型吊桥。从观景台上眺望青马大桥，我们可以感受到它那恢弘的气势，那氤氲中生硬的钢铁结构，就是人类工程伟大的象征。当年为架起支撑着青马大桥的主缆，靠着矗立于两岸的高塔，像绕绳圈般地组成了一个直径为1.1米，长度为16 000千米的巨大缆绳，创造了世界最长的行车铁路两用吊桥记录。

香港青马大桥

在扎兰屯市区北部绿树浓荫之中，还隐藏着一座著名的吊桥公园。这座始建于1905年，因园内的"吊桥"而得名，就宛如一颗璀璨的明珠镶嵌在我国北方。吊桥公园是一处融合了人文景观与自然景观的综合性娱乐场所。其中，"吊桥"最富胜名。园内处处皆景，杨柳婆娑，古木参天，亭台错落，碧波荡漾，绿草如茵。在不同的季节，会显现出不同的风光与情态。春夏时节则湖光流彩，绿柳垂丝，鸟语欢歌；秋季则层林尽染，霜叶飘摇；冬天则是银装素裹，玉树琼柱。

⊙ **史料链接**

关于吊桥，有一个很有意思的说法——据说，如果一个人提心吊胆地走上吊桥，在抬头一刹那，倘若发现了一名异性，就很有可能爱上对方。原来，在吊桥上因提心吊胆而引起心跳加速的感觉，常常会被人们误解为是遇到心仪的对象时所产生的反应。这被称为是吊桥效应。

美国大片《生死时速》曾一度震撼人心，这部影片讲述了男女主人公经过生死考验之后，很快就相爱了。事实上，像这样的闪电式的爱情并不是编剧们杜撰出来的，人们在处于非常惶恐时，会产生出一种神秘的心理倾向，往往容易爱上此刻所遇之人。

在加拿大温哥华，有一个距谷底几十米高的吊桥。在这里，即使风特别小，吊桥也会呼啦啦地不断摇晃着。曾经有心理学家在这里做过一个实验：他选择了几名21岁左右的男女学生，先是让男孩子走上吊桥，待他走到吊桥的中间再停下来，然后让一个女学生从另外一端走上桥，并在男生所在的地方停下来，然后再一起完成调

温哥华的爱情吊桥

查问卷上的问题。一样的实验同时在吊桥和平地上进行，但结果大大不同，当事人事后的反应也很不相同。吊桥上的男生往往会主动索要女孩子的联系方式，并在事后主动给女生打电话。

⊙ 历史评述

吊桥是我国桥梁史上的一大奇迹，我国的吊桥有着非常悠久的历史，早在3世纪时，我国就出现了竹吊桥，创造出了这项鲜为人知的奇迹。后来，随着铁链悬吊技术的发明，我国又发明了铁吊桥，其中，建于1705年的泸定桥还在红军长征途中谱写了一曲可歌可泣的英雄史诗呢！而现代吊桥则富有现代社会和工程技术的特征。虽然它的基本制造原理依旧沿用两千多年前的吊桥，但材料更加丰富，形式也更加多样。

造型优美的拱桥

⊙桥梁漫话

我国的拱桥始建于东汉中后期,距今已经有1 800多年的历史。它们的造型非常优美,是由伸臂木石梁桥和撑架桥等类型的桥梁经过了漫长的发展过程而形成的。由于这类桥梁呈曲形,所以在古时候,人们又常常称之为曲桥。

此外,在我国的一些古典文献当中,还常常会用"窌""囷""瓮""窦"等字来代表"拱"。虽然我国建造拱桥的历史比较久远,但跟以造拱桥而著称于世的古罗马相比,要晚几百年。但是,我国的拱桥形式之多、造型之美却是世界所罕见的。它的形态万千,不仅有如驼峰般突起的陡拱,还有宛若

历史悠久的石拱桥

皎月的坦拱，此外，还不乏多边形、半圆、圆弧、椭圆、蛋形、抛物线、马蹄形和尖拱形的拱，真可谓是应有尽有！

拱桥是我国最常见的桥梁型式之一，不管是式样还是数量，在各类桥梁中都列居首位，尤其是在公路桥梁的应用上。由于我国的山地比较多，有着非常丰富的石料资源，因此，我国的拱桥大多数是以石料为主。其中，于1990年建成的湖南乌巢河大桥是世界上一座跨径最大的石拱桥，它的跨径达到了120米。另外，我国的钢筋混凝土拱桥也有着五花八门，其式样之多绝对是其他国家无法比拟的。我国常见的拱桥一般是那些桥面比较宽敞、造价低廉的桥梁，其中，建造得比较多的形式是双曲拱、箱形拱、肋拱、桁架拱和刚架拱等。

湖南乌巢河大桥

⊙史料链接

拱桥桥洞的形状是弧形的，像极了那悬挂在天空中的彩虹。我国古代的很多神话传说中，常把雨后的彩虹比作是从人间通往天上去的桥。所以，在很多文艺作品中，人们常常会把拱桥比作虹，一般来说，"卧虹"或者"飞虹"指的就是拱桥。

在世界桥梁史上，石拱桥出现得也比较早。这种桥不但形式优美，而且

古代拱桥壁画

结构坚固，能够几十年、几百年甚至上千年地屹立不动，为人类的交通发挥出了巨大作用。

在我国，石拱桥的建造历史也非常悠久。其中，《水经注》里的"旅人桥"就是我国古典文献中最早记载的石拱桥，大致在公元282年建成。

我国的石拱桥贯穿古今，几乎随处可见。它们的形式千变万化，大小也各不相同。在我国的桥梁史上，留下了许多惊人的石拱桥杰作。其中，最具代表性的就是河北省赵县的赵州桥和北京丰台区的卢沟桥了。

我国的石拱桥之所以会取得如此辉煌的成就，首先要归功于我国劳动人民的勤劳与智慧。他们工艺精湛，不仅能把石料切成整块大石块，还可以把石块雕刻成各种各样的形象。另外，在建筑的技术上，他们也发挥出了巨大的创造性，这在起重吊装等方面表现得尤为突出。比如福建省漳州市的江东桥，虽然它修建于八百多年以前，其中一块石梁还达到了200多吨重，当时能安装上去，不得不说是个奇迹！

另外，我国石拱桥的设计传统非常优良，我国建成的桥梁优点非常多，主要表现在结构巧、用料省和强度高这三个方面。再加上，我国的石料资源非常丰富，在建造桥梁的过程中便于就地取材，这也为石桥的修造提供了有利条件。在这两千年里，我国修建了无数的石拱桥。特别是新中国成立之后，我国大规模地兴建了各种形式的公路桥和铁路桥。在不断的实践过程中，人们以传统的石拱桥为基础，创造出了一种新型的桥梁形式——钢筋混

我国独有的双曲拱桥

凝土拱桥。其中的"双曲拱桥"还是我国独有的呢！

⊙ 历史评述

　　拱桥多半是跨水而架，其意境之美，雕琢之精，姿态之多，无一不展现着我国传统的民族审美观。我国在拱桥的建筑上，不论工程是大是小，都体现出了精益求精的工艺。就好比是一幅艺术感很强的画图，不能存在一处败笔。如赵州桥的栏板以及卢沟桥上的石狮，全都以艺术珍品而举世闻名，这也是我国拱桥在艺术方面的一项优良传统，对于现代拱桥装饰也有着非常重要的影响。

　　我国的拱桥，在古代就取得了一定的成就。直至今日，还在不断地推陈出新。所以说，它是一份弥足珍贵的历史遗产，体现出了我国劳动人民勤劳勇敢、吃苦耐劳的精神以及卓越的技术才能。

卢沟桥上的石狮

独具侗族特色的风雨桥

⊙风采展示

　　风雨桥，是侗族独有的一种桥。现在这种桥主要分布在中国广西、贵州、湖南和湖北等地。风雨桥的建造比较特别，它是由塔、亭和桥三部分组合而成的。三个部分所用的材料全部都是木料，桥面用板铺成，桥的两边均设有长凳和栏杆，桥顶用瓦盖上，共同组成一个长廊式的走道。塔和亭都建设在石桥墩上面，一层一层地镶接着，檐角微微弯起，屋顶则有宝葫芦作为装饰，看起来雄伟壮观。它静静地排列在河面上，特别是在下雨时，远远看去就像是一个浪漫迷人的天使。风雨桥被世界桥梁界称为最不可思议的十大桥梁之一。之所以称作风雨桥，就是因为在下雨刮风时，经过的人们可以留在这里避风避雨。

　　风雨桥还有一个别称，那就是花桥。它在狭义上指的是侗族的一种交通工具，广义上则指的是一种百越交通建筑风俗。它是栏杆式建筑的发展和延伸。风雨桥主要架设于交通要道上，其目的是方便路过的行人可以避风避雨和休息，也是人们接待客人的一个好去处。

　　风雨桥的建设风格很独特，建筑技巧更是高超不已。整条桥的建设过程中，完全没有用上一根钉子。建桥者只是在柱子上面凿通多个大大小小的孔眼，作为木与木之间的衔接。每一块木条之间斜穿直套，相互交错，结构特

侗族独有的风雨桥

风雨桥上精密的木结构

别的精密。很多人都会认为,木做的桥一定比不上用铁和石料做成的桥,事实证明他们的看法是错的。虽然全桥都是用木做的,但是它们非常坚固,两三百年都不会损坏,完全不差于铁桥和石桥。

风雨桥是侗族建筑三宝之一,也是侗族人们引以为豪的一种民族建筑。除了石墩之外,所有的结构都是由木做成的,不用一钉一铁。巨木为桥身的大梁。从石墩开始,桥梁都是用巨木做成的倒梯形形状,牢固地把桥身抬起,使得大桥的受力点保持均衡。桥面的长廊就像一条长龙,看不到尽头。游廊的上面是三到五层的四角形桥亭,看起来非常有古典风味。热情的侗族人在夏天时还会把茶水摆到桥上供行人解渴。长廊的两边都雕刻着各种各样的历史人物,还有一些绘制出来的神话故事彩画,真的是文艺风味十足。

⊙ **史料链接**

风雨桥主要在广西和贵州的侗乡,早在汉末唐初时就已经诞生,具有几百上千年的历史。风雨桥的建设结构非常严谨,造型在世界上也是独一无二,具有悠久深远的民族气质。

世界上最长的一条风雨桥于2009年正式开工建设,名叫三江风雨桥。全桥一长达355米,桥宽16米。工程由大名鼎鼎的侗族木匠师傅承建,于2010年正式完工。根据统计,当年建桥三江风雨桥时,一共使用了1 800多立方米的木材。

著名的三江风雨桥

风雨桥还有一个美丽的传说。相传在远古时代，侗族先民住在还没有开辟的半山坡上面，整个民族只有十几户的人家。相传有一户人家，在一次意外中，这家的女人掉到了附近的河里，被河里的花龙从水里救了出来。人们为了感谢花龙的救命之恩，就合作把水面的小木桥建成了一条长廊式的空中大木桥，并在桥的石柱上刻上花龙的图案，祝愿花龙常在。在举行庆贺典礼的当天，天空中有一朵彩云飘来，霞光万丈，大家一看原来正是花龙！此后人们都称这种桥为回龙桥，因为桥上可以供人遮风避雨，才又被叫作风雨桥。

⊙ 历史评价

风雨桥是中国人丰富的历史文化的一大组成部分，是中国人极其珍贵的文化结晶。风雨桥的存在证明了侗族人们超高的力学知识和丰富的造桥水平。风雨桥不但优美坚固，可以供人行走，为人遮风挡雨。它为人们提供了一个愉快的休息场所以及接待客人的场所。风雨桥在整个侗乡中到处遍布，尤其在广西、贵州、湖北和湖南几省居多。现在，风雨桥已经成为我国著名的一大旅游景点，来自全国各地的人们都慕名而来，一睹它的风采。

二、漫话我国古代名桥

我国的"天下第一桥"

⊙桥梁漫话

在河北省赵县的洨河上,有一座古今闻名的桥梁——赵州桥。它原本叫作安济桥,俗称大石桥,建立于隋朝,至今已走过了1400多年风风雨雨的历程,它是当今世界最古老、保存得最完善的石拱桥。

赵州桥是一座空腹式的圆弧形石拱桥,有37米长、9米宽,桥拱的

世界上最古老的石拱桥赵州桥

高度为7.24米,在拱圈的两边,还设计着两个跨度不等的腹拱。这样的设计既减轻了桥身的重量,又节省了材料,还便于排洪,增加美观,真是一举数得呀!

石拱桥就是一种用石块拼砌成弯曲的拱作为桥身,上面则修成平坦的桥面,以供人和车行走的桥梁。赵州桥与其他的石拱桥不一样,它有一个很明显的特征,那便是"敞肩式",也就是在大拱的两肩上再辟出小拱来,这是石拱桥中最为先进的一种类型。

跟其他的交通运输桥梁不一样,赵州桥的桥身弧线非常优美,远远看去就像是苍龙飞驾一般,又像是长虹饮涧。栏板和望柱上的浮雕尤其具有艺术特色。这充分显示了隋朝时期矫健俊逸而又浑厚严整的石雕风貌。整个大桥就像是一件精美的艺术珍品,属于隋唐时代石雕艺术中的精品。

赵州桥最主要的艺术风格全部都体现在莲花饰件、腰铁、栏板图案以及

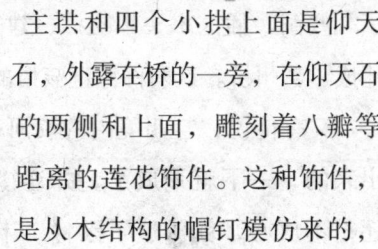

赵州桥上雕刻精美的栏板图案

望柱的雕刻上。

主拱和四个小拱上面是仰天石，外露在桥的一旁，在仰天石的两侧和上面，雕刻着八瓣等距离的莲花饰件。这种饰件，是从木结构的帽钉模仿来的，并且加以美化，把帽钉与莲瓣形的垫板结合在一起，看上去就像是一朵落地莲花。设计师设计的这一图案可真是独具匠心。这种桥外的装饰，不仅具有美感，还能增强桥的牢固性。从侧面看赵州桥，只见主拱外的侧面上下各有三条起线。四个小拱稍稍收回了点儿，上下各有两条起线，大拱、小拱和拱石都用双银锭形腰铁连接在一起。这种样式的腰铁，除能够增加拱石的拉力之外，还起到了非常重要的装饰作用，每一块腰铁都好像是苍龙身上的鳞甲一般，使整个券面都呈现出"龙腹"的形象，让人觉得桥身在向上攒动一般。主拱和四个小拱的拱顶还各自雕刻着一块龙头状的龙门石。设计师运用了浪漫主义的手法，塑造出想象中的吸水兽，希望石桥不会受到水的侵犯，能够长存无恙。

⊙史料链接

关于赵州桥，还有许多有意思的传说：

我国古代的著名工匠鲁班不仅在木工上出神入化，在其他工艺上也有惊人的成就，他被人们尊称为木匠祖师。民间流传着许多关于他的传闻，赵州桥便是其中的一个。

据说，鲁班有一个妹妹，也非常有才艺，她很想与哥哥一决高下。于是，她就跟哥哥约定好，看看一夜之间，谁能造出最好的建筑来。那

我国古代的著名工匠鲁班

天晚上，鲁班的妹妹就来到了山西的五台山上，在五台山的悬崖峭壁上凿出了一些洞，插上木头来支撑，建造了一座悬浮在空中的悬空寺。鲁班则如约建成了赵州桥。这两件惊世骇俗的作品全部一夜之间出现在了世上。

又有传说，赵州境内的洨河是王母娘娘为了阻止牛郎织女相会用金钗划出来的，一下就形成了，并连接着天上的银河。大河形成之后，王母娘娘还是不放心，就派遣了天将二十八宿守护在洨河边，日夜镇守。谁知，这二十八宿性情非常残暴，自从下凡之后，就不断地在洨河两岸为非作歹，兴风作浪，弄得两岸的老百姓鸡犬不宁，惶惶不可终日。

这时，正巧鲁班从山西去山东路过赵州，看到洨河边上的这种惨景，他万分心痛，决心修建一座桥为当地的黎民百姓排忧解难。最后，在众天神的帮助下，鲁班终于如愿以偿，一夜之间就架起了这座大石桥——赵州桥。

当然，这只是传说而已，事实上，鲁班和赵州桥一点关系也没有。

⊙历史评述

赵州桥是世界上现存年代最久、单孔跨度最大、保存得最完整的一座敞肩型石拱桥，被世人公认为"天下第一桥"。它的雕刻艺术非常精美，包括了望柱、栏板和锁口石等，桥上的狮象龙兽更是形态逼真，琢工也极其精致秀丽，是我国文物宝库中罕见的艺术珍品。

富有意境的古典桥梁

⊙ 桥梁漫话

在温润的江南水乡苏州，拥有古代桥梁约300余座。然而，自古以来最受文人墨客喜爱、吟诵最多的便是枫桥。枫桥是一座石拱桥，在江南随处可见，为月牙形单孔型，桥长为39.6米，高约7米，桥宽5.27米，跨度10米。据考证，枫桥始建于唐朝，距今约有1200多年历史。在明朝崇祯末年和清朝乾隆三十五年都曾经修缮过，现存的枫桥为清朝同治六年重建。

枫桥横跨于大运河支流之上，枫桥边上又是古代官道所在，因此南来北往的车辆都在枫桥这里交会。古时候，每到夜晚时分就要将枫桥及河道封锁，这里就又成了来自四面八方的人休息停驻之地，因此古时候枫桥又称"封桥"。后来因为唐朝诗人张继的七言绝句《枫桥夜泊》而被流传为"枫桥"，并沿用至今。

枫桥这种单孔石拱桥虽然在苏州随处可见，但塞山寺前的那座枫桥却以其优美的造型、独特的地理位置在苏州古桥中独树一帜。枫桥位于寒山寺北，距山门只有百步之距，同时又与铁铃关相连接，是苏州城西水陆交通和军事要塞之地。明朝诗人高启曾做诗云"：画桥三百映江城，诗里枫桥独有名"，称

造型优美的枫桥

赞枫桥的独一无二。

使枫桥名扬天下的是唐朝诗人张继的一首诗《枫桥夜泊》:"月落乌啼霜满天,江枫渔火对愁眠;姑苏城外寒山寺,夜半钟声到客船。"张继在诗中描写了深秋的夜晚,枫桥边上,一轮弯月,一艘停靠在岸边的客船,岸边的江枫,渔船上的渔火,乌鸦的啼鸣声,寒山寺的钟声,将围绕着枫桥夜晚悠远旷达的境界表达得淋漓尽致。画面里有动有静,有明有暗,有声有色,短短28个字将优美意境表达无遗,从此寒山寺的枫桥名扬天下。

⊙ 史料链接

关于枫桥,在苏州还有个很有意思的传说。

相传,在枫江边的寺庙里住着两位高僧,一位名叫寒山,一位名叫拾得。寺庙刚建立时两人有什么事情都是相互商量着办,也没有明确谁是主持和尚。慢慢的寺里来了很多小和尚,事情也就多了起来。事情一多就必须得有一个拿主意、管事的住持和尚,但是寒山和尚与拾得和尚相互谦让,常常让小和尚们不知所措。

一天,寺庙里来了一个农妇,听了小和尚的抱怨,于是跟寒山和拾得两位和尚说:"你们都不要谦让了,比比看谁的本领大谁就做住持。"两位和尚一听,都觉得很有理,于是点头同意了这个农妇的建议。农妇指着寺庙前的枫江说:"看寺庙门前有这么一条大河,河上连座桥都没有,附近的村民想要过河都得靠摆渡,摆渡又不方便,而且非常危险,你们谁能在河上变出一座桥来,谁的本领就大,谁就做住持。"

出家人不打诳语,寒山和拾得两位和尚也不隐瞒法术,两人谦让一番后由拾得和尚先施展法术,只见拾得和尚将身上僧衣一脱,往河面抛去。僧衣在河上变成了一个桥面,可惜没有桥架作支撑,一

寒山拾得两位和尚

阵风吹过来，眼看桥面就被刮塌了，寒山和尚急忙施展法术将手中的禅杖往河里一插，禅杖就变成了一棵树。寒山和尚将树枝往对面河岸使劲一甩，一座稳当当的桥就出现在了河面上。农妇看着河面上凭空而出的桥笑着说：还是寒山和尚本事大些，那就寒山和尚做住持吧。说完把手里的手帕往空中一抛，手帕变成了一座莲花台，农妇踩着莲花升到半空中，对着寒山和尚与拾得和尚说："寒山和尚既然做了住持，那这个寺庙以后就叫寒山寺吧。寒山和尚插入河中的禅杖本是枫树做成的，那这座桥就叫枫桥吧。"

千年古刹寒山寺

⊙ **历史评述**

枫桥因其古朴优美的造型、优异的地理位置而著名。由于它悠远旷达、意境优美，故成为历朝历代文人最喜吟诵的古桥。即使是现在，众多游客到苏州也一定要到枫桥去体会那种空灵而阔达的优美意境。枫桥现已被列为中国著名的名胜古迹，它也因独具一格的魅力成为我国众多古桥梁中的一朵奇葩。

灞桥折柳伤离别

⊙ 桥梁漫话

在西安市的城东,有一座颇为有名的古桥。传说春秋时期,当时的秦穆公在西戎称霸,他把滋水改名为灞水,并命人在灞水上修了一座桥,称为灞桥。灞桥距离著名的半坡遗址仅仅三四千米的路程,是从东面进出西安城的必经之路,是国内著名的桥梁类名胜古迹。

灞桥整个桥身长380米,宽度为7米。在灞桥的两旁设有栅栏,桥下一共拥有72个桥孔,每个桥孔的跨度为4~7米,408个桥柱支撑桥身。新中国成立后,政府对灞桥进行了加固和扩建,把原来的石板灞桥改为现代钢筋混凝土桥,桥身加宽为10米,同时两旁还留出了各1.5米的人行道。现在的灞桥变得更加牢固,大大提高了公路的交通运输效率。

灞桥西面是浐水,东面是骊山,陈忠实笔下的白鹿原位于它的东南边。灞桥北临肥沃的渭河平川,铜人原就在它的东北边。灞桥镇自古以来就是交通重镇,现在的交通就更加发达了。站在灞桥之上,你可以看到从西安市出发经过灞桥以后分为了东、南、北三线,东去郑州,南去商州,北去陕北。另外三条高速公路从灞桥附近经过,直通我国东西部地区。这里已经成为了陕西省的一个交通布局中心点,可谓纵横交错,四通八达。

灞河上到底何时才有的桥?史料上并没有明确的记载。只是知道到了西汉时期,这里修建了木桥。

现如今的灞桥

王莽时期，有一年灞河发生水灾，王莽认为不祥，就把灞桥改名为长存桥。后经几个朝代更替，灞桥也先后被废弃重建。1994年考古发现，古代灞桥始建于隋朝初年，历经唐宋两朝，废于元朝。灞桥是中国至今已知的最为久远的大型多孔石拱桥。

　　历史的灞桥已不复存在，当我们看到这座现代水泥桥面的灞桥时，不由升起感今怀古之情。想象着那青石板铺路，上面印满斑驳的青苔与古人踏出痕迹的古灞桥，在感叹时代变迁、历史更迭无情的同时，也感伤于无缘亲见昔时灞桥之上的"灞桥风雪"美景。

⊙史料链接

　　提到灞桥，就不得不提著名的灞桥柳。

　　唐朝在灞桥建有驿站，因此长安人送别亲朋好友东去，都会送到灞桥在此分别。在送别亲友时，人们会将桥头柳枝折下赠于亲友，渐渐地"灞桥折柳"便成了这里送别亲友的

灞桥折柳图

一个习俗。因为这里是离别之地，灞桥又被人称作"情尽桥"。

　　灞桥历经沧桑，曾被许多文人咏叹，留下了大量有关灞桥的诗词歌赋。雍陶在一次送别友人时来到灞桥，他问自己的随从："这座桥为何称为情尽桥？"他的随从告诉他，因为人们送别亲人与好友都到此地为终点，所以称为情尽桥。雍陶感伤惜别之情，做了一首诗："从来只有情难尽，何事名为情尽桥，自此改名为折柳，任它离恨一条条。"告诉友人离别并非情尽，只有离别之恨。

　　灞桥另一个著名的盛景就是"灞桥风雪"了。史料记载，古时暮春时节，灞桥之上，柳絮纷飞，飘飘似雪，场景壮观，别具一番景致。灞桥成为

了当时长安人相约游春的最佳去处。桥下灞水泛着银光,灞桥两岸嫩柳初绿,垂柳伴随春风随意摇摆着条条柳枝,那样的悠然意境令人沉醉。

⊙历史评述

灞桥作为我国一座颇有影响的古桥,不仅是西安城的交通干道,同时也是灞河文化的一部分。我们在感叹灞桥的宏伟与壮观时,也感伤于"灞桥折柳那离别"之恨。灞桥那独具特色的离别文化,赋予了这座桥太多的文化符号。它已经不再仅仅是一座架设灞河两岸,为了出行方便的单纯的石桥,这里已经被历史打上了深深的文化印记。这座中国规模最大、河面跨度最长的多孔石墩桥在历史的长河中浮浮沉沉,经历过辉煌,也遭受过毁灭。也许时至今日,我们再也无法体味古时灞桥的风姿,只能立于灞桥之上,扶栏遥望,口中不禁念到那些脍炙人口的诗句。

独具匠心的"神仙桥"

⊙桥梁漫话

中国泉州永春县的东平乡，有一座非常罕见的长廊屋盖梁式桥——名曰通仙桥。这座桥还有个别称——东关桥。它始建于南宋时期。从古至今，我国的每个朝代都会修葺桥梁，通仙桥原来是敞天的，直到明朝中期时才加盖了桥屋，设计出独特的样式。

通仙桥

通仙桥的长度为85米，宽度为4.7米，2台四墩5孔，最大的跨度为17.5米。清朝光绪年间，当时的知州翁学本提出重建此桥，但是还没等到竣工就发生火灾，翁学本也被调职。可能真的与这座桥有缘吧，3年后他又再次赴任，终于重新修复了此桥。所以，民间流传着这样一个说法，桃谷可通仙，所以"通仙桥"故此得名。至今我们还能看到桥上挂着的牌匾"古通仙桥"，这也是翁学本题字并书写而成的。随着时代变迁，在1929年时又对此桥进行了翻新修正。

古通仙桥牌匾

通仙桥整体红漆制造，夜晚来临时分，走在桥上，皎洁的月光与火红的通仙桥交相呼应，形成水天一色，一眼望去，通仙桥的尽头犹如到了天边，好似踏桥入天上的仙境，美不胜收。此桥设计为桥屋，为人们休息避雨提供了场所，而且雨水也不会直接渗透到木梁。这样的设计不仅实用，而且还能提高桥梁的稳定性，达到坚固美观的效果。

"桃谷寻源路不迷，垂虹人渡石林西。双鱼塔近残云散，五岫台空落照低。置驿此间通上国，放舟何日到仙溪。会当立马金鳌上，大笔淋漓认旧题。"这段王光华的诗句充分描述了通仙桥的全部，也正好说明了此桥的建造情景。通过诗句，我们可以看到，人们向往自得其乐，快乐似神仙的生活。它正好反映出人们对世外桃源的向往，希望生活在与世无争的环境中。

⊙史料连接

据说，宋朝时泉州人大都以捕鱼为生。一天，一位泉州府官到永春桃溪巡游。当他乘坐的大船巡游到此时，见岸边风光旖旎，景色秀丽，那种世外桃源般的意境让他不禁感叹。但他认为，这样的美景仍然有着瑕疵。东西两边隔着湖洋溪，只能靠一条渡船行走，特别不方便，所以，他在三思之下提出，何不在此地修一条桥以弥补这样的缺憾。于是，他下令当地县官在一年的时间里搭建成一座桥。

县官闻听，立即派他的总管家马用负责建桥。马用是一个仗势欺人、为富不仁的小人。他借修桥之际，欺压百姓，搜刮民脂，老百姓无不为之气愤，但是没有哪个人敢与之对抗，更别说告官了。这时又遇上了旱灾，农田颗粒无收，哪还有心思去建造桥梁。眼看期限已近，但是建桥的工程丝毫没有进展，县官开始着急，马用也无从下手，不知所措。这时，来了一个陌生的老人，他拄着方竹拐杖，白色的胡须直到脚面。老人从百姓口中得知一切，他巧用妙招，迫使马用拿出5000担大米和1.5万两银子，利用这些银两及时把这座桥搭建起来。

大桥建成后，百姓们到处寻找这位白须老人。人们忽然看到白须老人踩着一朵白云从桥上通过，向泉州府飘去。百姓们激动地跪地叩拜。后来，人们传说这位老人是神仙，因此把这座桥叫作通仙桥。

⊙ 历史评述

　　通仙桥以其独特的地理位置、别致的造型成为古代众多文人诗句中常常吟诵的仙桥。即便是到了现在，中外游客仍然乐此不疲地来到这里，踏上通仙桥，饱览满山翠绿的湖光山色。

　　通仙桥是一座长廊屋盖石木结构的梁式风雨桥。它不仅仅供人们行走，还有着独具匠心的魅力，在众多的古桥中，通仙桥在我国名胜古迹中独领风骚。

婀娜瑰丽的扬州第一桥

⊙桥梁漫话

扬州是我国的历史文化名城，是我国典型的江南水乡。这里风景秀美，人文气息也非常浓厚。历史上许多文人墨客都曾在这里留下过脍炙人口的诗句。清朝词人费轩就有词："扬州好，第一是虹桥"。可以说，虹桥是扬州清代文化的一个标志性建筑。

在扬州繁多的风景名胜中，为什么费轩唯独赞叹"虹桥"呢？乍看之下，似乎令人不解。但是仔细琢磨之后发现，词写得名副其实，一点都不虚夸。

虹桥始建于明朝，人们当时在瘦西湖上架起了一座木桥。因为这座横跨在瘦西湖上的木桥的栏杆是红色的，所以把这座木桥起名为"红桥"。这座木桥到了清朝中叶时被改建成了单拱石桥，好像一条彩虹横卧在碧波荡漾的瘦西湖上。于是又被称为"虹桥"。

现在我们看到的虹桥，是1972年重新修建的。为了方便车辆行人通行，将单拱桥改为三拱桥，拉长了桥身，降缓了坡度，栏杆也不再是红色的了。虽然现在的虹桥已经和历史上那座古桥的模样完全不同了，但是瘦西湖上的虹桥风姿依然不减当年，虽不及原来的

政府重新修建的虹桥

精巧秀美，但另有一番壮观之景。

虹桥对于扬州的意义不仅仅只是一座桥，更是一个文化符号。这里曾经是古代文人的聚集中心。明清时期，多少满腹经纶的才子名士在这极富诗情画意的虹桥之上吟诗作画，好不潇洒。

费轩在词中把虹桥那种别致宜人的景象描写得绘声绘色，从词中我们不难想象明清时期，虹桥周围的景色是何等的秀美雅致，引人入胜。那时的虹桥远离喧嚣与浮躁，静静地卧于扬州城郊。人们乘船或骑驴从城中来到这里，欣赏美景，吟诵名句。清新的空气，满地的花草，成荫的树木，当然也少不了横跨于瘦西湖之上风姿卓越的虹桥。这样的美景怎能不让人诗兴大发？然而，如今的虹桥已难觅古时的半点影子，有的只是喧嚣的车水马龙和人群，令人不禁扼腕叹息。

⊙ 史料连接

扬州自古就是中国文人的温情旅馆，很多文人都喜欢去扬州凑凑热闹。这些才子来到扬州，必然会写诗而且要写得花样百出才能体现自己的才气。作为扬州第一桥的虹桥当然不会少了文人墨客的光顾。明清两代，留下了许多关于虹桥的诗文和趣事，其中最为著名的当属"虹桥修禊"这一当时文人间的盛事。

说起修禊，这是一种从周时就有的古老的消灾祈福仪式，后来逐渐演变为古代文人墨客雅聚的经典范式。历史上最著名的修禊，一个是东晋时期王羲之在会稽山阴的兰亭修禊，就是在那次的修禊活动中，王羲之写下了流传于世的《兰亭集序》；另一个著名的就要数扬州虹桥的修禊了。虹桥修禊由当时清初诗坛很有名气的王士禛发起组织，并留下了"绿杨城郭

扬州虹桥的修禊图

是扬州"这样一句传唱广泛的丽句。这次虹桥修禊大获成功之后，虹桥声名大振，成为了当时扬州文人吟诗与聚会的著名场所。此后两淮盐运使的卢雅雨、《桃花扇》的作者孔东塘以及扬州八怪之一的金农等都曾组织或参加了虹桥修禊盛事，同时也留下了许多传颂一时的名句佳作。

⊙历史评述

　　人们不会长久驻足在一个仅仅只有自然风光而没有文化内涵的地方，也不会倾心于只有文化内涵而缺乏魅力的自然风光之处。只有那些将自然风光与文化内涵完美结合在一起的风景才是最令人心醉的地方。扬州虹桥就是这样一处拥有文化内核的秀美风景之处。也许虹桥作为一座桥梁，在建筑学上的意义并没有什么突出的地方，但是这里的景色和这里的文人气息都是它让人一见倾心的魅力所在。

　　虹桥之于瘦西湖，虹桥之于扬州，怎一个美字了得！

横架于苏州运河上的古桥

⊙ **桥梁漫话**

在我国著名的苏州大运河上,有一座著名的古桥,那就是位于苏州古城西南的吴门桥。吴门桥也是苏州市区内现存古桥中最高的一座。吴门桥是苏州名胜中著名的三景之一,与临近的盘门、瑞光塔交相辉映,相得益彰,成为了苏州城南最著名的一道风景线。

苏州名胜中著名的吴门桥

北宋年间由,人石氏为了苏州城百姓往来方便,结束盘门摆渡的历史,遂出资兴建吴门桥。据史料记载吴门桥,吴门桥在最初建成时,称为"新桥"。因为当时运河的河面比现在的宽阔许多,所以新桥是由北岸两座连接的木桥加上南岸的石桥共同组成的。在那时,这座桥又被称为"三桥"。南宋绍定年间,将"三桥"也是"新桥"重建,改建为三孔石拱桥,改为现名,是吴门桥的前身。

吴门桥在明清时期又重修过几次,到了清朝,又将吴门桥重修为单孔石桥。我们现在看到的吴门桥身是清朝同治年间重新修建的。这座吴门桥横跨苏州城南京杭大运河上,桥身全长达到了66米多,桥身宽5米,桥高达到了10米,非常惊人,它是苏州人进出盘门的主要桥梁。吴门桥不仅是苏州市区最高的一座古桥,同时也是江苏省内最大的一座单孔拱形石桥。

吴门桥整体由花岗石修筑,其中掺杂有少量的宋朝古桥遗留下来的武康石,也算是古桥悠久历史的一个佐证。桥门正中冠以阴刻楷书的桥名"吴门

吴门桥上镶嵌的武康石

桥"，在桥间壁明柱的一面刻有"同治十一年壬申夏四月"，另一面刻有"苏省水利工程总局重修"的字样。整座桥有10排拱券石，11根长系石，纵联并列着砌筑在一起。各个拱券石之间有定胜形的榫卯来加固桥身，避免移位。吴门桥从水盘石面开始到桥栏的顶部，整个桥的通高有11米，石制桥栏凿成了凹凸状，就好像是我们通常的靠背椅子一般。南坡和北坡各有50级由整块条石铺设的步阶。沿着台阶而上，立在吴门桥之上，驻足远眺，水网交织，河面上船只往来，能将古运河此处风景尽收眼底。

高大的吴门桥和同样处于苏州城南的盘门城楼、瑞光塔并称为苏州城南盘门三景。这三处景观浑然一体，彼此相望，甚是壮观。到了苏州的中外游客都会驱车前往，一睹"盘门三景"的风采：古塔生辉、石桥壮阔、城楼巍峨，游人将之视为苏州之行的一大乐事。

⊙ **史料链接**

吴门桥作为苏州市内最高的古桥，具有深远的历史影响。古时，这里也流传了许多动人的故事和趣闻。

据传，在古时的苏州，众多城内所建设的桥中，吴门桥是唯一一座船只经过时不用落篷的石桥。由此可见吴门桥之高。另有一说，即便是年轻的壮男和少妇，想要一口气奔上吴门桥桥头，也要气喘吁吁，更不用说体质羸弱的老年人。

吴门桥上还有一个感人的故事，就是范仲淹苏州治水的典故。范仲淹刚被贬至苏州上任不久，苏州就暴雨成灾。大雨整整下了三个月不停，很多农田被淹，百姓损失惨重。眼看着灾情越来越严重，百姓将面临颗粒无收的局面。范仲淹立即亲临灾区，调查了解灾情，组织抗灾。

范仲淹带领家人和幕僚公差，冒着风雨，沿太湖查看洪涝灾情。他用自己的手臂伸探淤泥的厚度，在高高的吴门桥下用木尺测量水情，全然不顾桥洞里水流很急的危险。终于，他摸清了苏州洪灾的成因并制定了治水的方案。在范仲淹的积极组织安排和亲自督导下，经过苏州百姓两个多月的共同努力，疏通河道，兴修水利，解除了这次严重的洪水灾害。

⊙历史评述

吴门桥作为苏州著名的盘门三景之一，是目前苏州市内最高的单孔石桥。高宽的桥孔使得过往的船只通行无阻，十分方便，体现了古代劳动人民的伟大智慧。另一方面，吴门桥桥身高高隆起，与

保存完好的吴门桥

北京颐和园中的罗锅桥甚为相似，好像一道雨后彩虹般跨于运河之上，十分壮观美丽。

最值得一提的是，吴门桥至今保存完好。自清朝重修以来，吴门桥时至今日仍然保留着当年那朴素古雅的风貌，实属不易，很多地方值得学习。站在这座国内罕见的高耸古桥之上，手扶着那历经沧桑的石制桥栏，人们不禁神往古时吴门桥上的盘门美景。

最古老的梁式跨海大桥

⊙ 桥梁漫话

在福建省的泉州市东郊洛阳江上,有一座我国现存年代最早的跨海梁式大石桥——洛阳桥,又称万安桥。洛阳桥初建于北宋皇祐五年,至嘉祐四年建成,前后历时七年之久。在其刚建成时,桥长为1200米,桥面宽为5米,建有桥墩46座,桥体两侧有500个石雕防护扶栏及28尊石狮雕像,另外,有7个休憩亭,9座石塔点缀在桥面上。洛阳桥两端分别立有武士造像,桥两侧种有七百余棵松树。

洛阳桥建桥800年以来,先后经历台风、地震、桥基下沉、桥塌等灾害,于宋绍兴八年、明宣德年间、明万历十二年、清雍正八年、民国二十年进行了五次大修。抗日战争时期又受到日本侵略者的严重破坏。1993~1996年,国家拨出600多万元专款,用于洛阳桥的修复。修复后的洛阳桥桥长为743米,宽为4.5米,桥高7.3米,有船形桥墩44个,桥面有645个扶栏,石狮雕像104

跨海梁式大石桥洛阳桥

只,休憩的石亭1座,石塔7座。

　　洛阳桥的建造对世界桥梁科学做出了巨大的贡献。初建时由于洛阳江潮狂水急,水面宽阔,无法建造桥基,最后,工匠们创造了一种直到近代才被人们所认识的新型方法——筏形基础。即沿着桥梁的中间向江里抛大量石块,在江底形成一条矮石堤,再在矮石堤上建造桥墩,采用两端尖形的船形样式,有利于在涨潮时分水。再利用梁式桥梁的建筑方法,用江水涨潮,涨船浮运的方法将巨型的石板架在桥面上。

　　洛阳桥在建造方法上还有一点很值得后人学习,那就是蛎固基法。建造洛阳桥的工匠们别出心裁地在桥基下培养大量的牡蛎,运用牡蛎壳附着力强、繁殖速度快的特点,把桥墩与桥基牢固地结合在一起,这也是世界上第一座把生物学运用到桥梁建设工程的先例,显示我国古代人民的非凡才智。

　　洛阳桥建成后,人们总结了三个特点:一是建桥工程浩大,先后历时7年时间才得以建成;二是记录洛阳桥的《万安桥记》十分简洁,全文总共153字,由北宋著名书法家,也是建造洛阳桥的发起人蔡襄完成,碑文虽然简洁,却包含了建桥时间、建桥初衷、建桥资金来源以及建桥的主要职员、竣工时间和洛阳桥建成后民众庆祝欢乐的情况;三是洛阳桥上的石碑、碑文、雕像栩栩如生,精美万分,也是一笔宝贵的财富。

运用蛎固基法的洛阳桥

⊙ 史料链接

　　洛阳桥历时7年时间建成,如此浩大的工程,牵动了附近的居民对大桥的情感,大家都对发起洛阳桥修建的蔡襄敬仰万分,历代都有人歌功颂德,赞美蔡襄的功劳,由此关于洛阳桥也产生了很多的传说。

相传北宋年间,洛阳江的万安渡口经常有水怪和风浪作怪,每年因为沉舟溺水死亡的人有很多。这一天怀有身孕的卢氏回婆家时,最后一趟渡船已经划到江心了。卢氏急忙在岸边大声呼喊,摆渡的船家听到卢氏的喊叫,立刻返回岸边让她上了船。船行驶至江心时,忽然刮起大风,浪花一阵紧着一阵地拍打着渡船,渡船在江心颠簸得很厉害,眼看着船就要翻了,突然空中传来一声呵斥:水怪不得作乱,蔡学士在此。刹那间,江面风平浪静,渡船也平安地向对岸划去,船上的人都很庆幸,相互都在问谁是蔡学士。可是船家问完了船上的人都没有一个姓蔡的,只有怀孕的卢氏婆家姓蔡,于是众人都说是她肚子里的孩子肯定就是蔡学士了,卢氏听了笑着许了愿:如果将来真的生下儿子,做了学士,一定叫他在这里建造一座桥,造福邻里。卢氏回到婆家没多久,果然生下一个儿子,取名叫蔡襄。

长大后的蔡襄果然做了大学士,他听母亲说了20多年前许的愿,因此请官回到家乡筹建修桥之事。可是万安渡口风大浪急,桥基始终建不起来。蔡襄坐立不安,想来想去写了封给海神的公文,求助海神打造桥基。海神收到公文给蔡襄选定了建桥基的日子。到了那天果然风平浪静,很快桥基就建好了。桥基虽然建成了,但是建桥用的银两已经用完了,蔡襄想让乡绅们募捐,可是乡绅们都不肯掏钱,蔡襄又开始坐立不安。蔡襄为民建桥的诚心感动了南海观音,观音决定帮助蔡襄渡过难关。南海观音幻化成一位艳丽的姑娘来到万安渡,并宣称有谁能用钱掷到她身上,她就以身相许,许多乡绅垂涎观音的美貌,纷纷拿着金银砸向观音,可是一连3天没有一个人掷到观音,观音看到周围的金银已经够建桥使用了,把金

洛阳桥传说

银送到蔡襄府上后离开了。洛阳桥才得以修建成功。

⊙**历史评述**

蔡襄发动建造的洛阳桥，不仅是我国现存年代最早的跨海梁式大桥，也是世界桥梁史上筏形基础的开拓者，更是我国桥梁史上真正的历史丰碑。

梁式古桥中的精品

⊙桥梁漫话

平安桥位于福建晋江市的安海镇。安海镇在古时候又被称为安平镇，因此平安桥又被称为"安平桥"。平安桥全长为2 491米，约合5里，因此在当地又被称为"五里桥"。又因其在安海镇西侧，也被俗称为"西桥"。平安桥横跨于安海港湾，处于晋江与南安交界的地方，是世界上最长的古桥，其建筑水平堪称梁式桥梁的世界巅峰之作。

平安桥始建于南宋绍兴八年，历经13年才得以建成，其间辛苦自不必说。平安桥全桥采用花岗岩石和沙石构筑而成，桥身全长为2 491米，桥面宽3～3.6米，是世界上最长古代桥梁。平安桥桥面都是采用巨大的石板铺设，桥两侧设有栏杆。桥板阔而厚，最长的竟然有10多米，厚0.4～0.8米，每块桥板

世界上最长的古桥平安桥

重10吨有余。安平桥的桥墩有361座，桥墩长4～5米，宽为1.8～2米，桥墩的形式分为方形桥墩、两头尖端船形桥墩、半船形桥塄，都是使用大型的花岗岩条石纵横交错砌成。

平安桥桥墩的设计也是依据安海港水流的湍急而设，方形桥墩设于平缓的港道口；两头尖端船形桥墩设立于水流较急的主港道，两头尖尖便于湍急的水流通过。

据记载，修建平安桥所使用的巨型花岗岩石都是来自泉州府附近的石窟，采集到石料后再由海运运送至安海镇。也有一部分巨型石料由金门岛开采，经由海运运送至安海港，进行桥梁的修建。

平安桥上修筑休憩亭5座，每隔约一里设立一座休憩亭，供行人休息使用。桥东端称为水心亭，桥西端称为海潮庵，桥中部设立的中亭规模最大，宽约有10米，在中亭周围立有历代以来修桥的石碑记录16块。中亭前伫立着两尊护桥将军，身披盔甲、戴头盔，双手执剑，形象十分威武，是出自宋朝的石雕艺术品。在这三座休憩亭中间还筑有两座雨亭。

平安桥两侧设有石栏防护，石栏柱上有石狮、石蟾蜍等惟妙惟肖的雕像，雕刻手法夸张、表现别致，是宋朝石雕的杰出代表。

和很多的古桥一样，平安桥在经历过风袭、地震、浪花的长期打击后，破坏较为严重，在明清时期也曾经过多次修缮。近年来由于地理变迁，安海港河床被淤泥填高。新中国成立后根据实测，平安桥桥长一度缩减至2 100米左右，桥墩也减少至331座，平安桥两端一度成为陆地，使得这座水上平桥成为陆地长桥。为了保护国家重点文物以及发展晋江旅游事业，晋江政府于1981年动工，在平安桥两端

平安桥桥上的休憩亭

挖沙返水,使平安桥从"陆上长桥"恢复为"水上平桥"。

⊙ 史料链接

横跨安海港的平安桥,修建耗时13年之久。桥梁建好后,也留下很多关于平安桥修建时的传说。

相传很久之前,安海港常年遭受洪水与海潮的侵袭,老百姓们苦不堪言,天天祈神拜佛,但还是改变不了这种苦难,有人说这是东海的黑龙与南海的赤龙在作祟。有一位在安海修炼的道人知道了这件事情,想要为民除害,就趁黑龙与赤龙玩累了睡着时,用仙术镇住了两条孽龙,想用它们的身躯去填常年遭受水患的安海港。道人幻化出两个巨大的簸箕用来运送这两条孽龙,等道人把孽龙铲到簸箕上时,原来孽龙横卧的地方留下了两个巨大的窟窿,经过长期的水流积聚,就变成了现在有着黑色淤泥的龙湖和有着赤色淤泥的虺湖。道人挑着两条孽龙走到一个叫大山后的地方,跨越大山时不小心步子迈得过大,压断了挑着孽龙的扁担,两条孽龙从仙术中惊醒过来,趁道人不注意,肉身化为两个土堆,真身飞到天上去了。道长看到孽龙逃走,郁闷不已地回到灵源山继续修炼。

又过了很多年,安海镇大雨下个不停,附近水域中的大水全都越过石壁峡,冲着安海港来了。此时已经得道成仙的道长在灵源山看到又是那两条孽龙在作祟,于是运起功夫,用仙气吐出一条彩色锁链,一直从安海镇横跨海湾到达南安的水头镇,孽龙被吓得魂飞魄

平安桥传说中的孽龙

散,逃回到大海去了。人们见彩色锁链吓退了孽龙,又怕它们以后会再回来作怪,就提议用巨型长石将锁链连接的地方铺砌起来,建造一条长久的锁蛟龙玉带,又可以镇退孽龙,还方便两岸老百姓往来,于是这座长达5里的跨海长桥就建立起来了。

⊙历史评述

平安桥是世界上最长的古桥梁,也是世界上梁式桥梁的巅峰之作,自古以来就是商旅往来贸易的重要港口。平安桥横跨安海港湾,为当地贸易的运作起到了重要的作用。

横贯于湖面上的"玉带"

⊙桥梁漫话

在江苏苏州的澹台湖面上,横贯着一座如玉带一样的桥梁,它就是宝带桥,又名为长桥。桥梁全长317米,桥身宽4米,桥两端宽6.1米,桥体呈喇叭形,由53孔桥洞组成,是我国现存古代桥梁中最长的一座多孔石桥。其桥身长,构造精巧,桥孔多,被列为中国四大古桥之一。

宝带桥于唐元和十一年开始修建,于唐元和十四年建成,前后历时3年,由时任苏州刺史的王仲舒主持建造,至今已有千年历史。在历史的长河中,宝带桥也曾千疮百孔,于明正统年间重新修建。在清咸丰年间和抗日战争期间,遭到英帝国主义和日本侵略者的严重毁坏。新中国成立后,人民政府依据明正统年间重修宝带桥的规模,重新修缮了这座古桥,并将沉入河中的四座石狮子打捞出来,放置于桥梁两端。在离宝带桥北端约2米的地方有一座石塔,高约3米;桥体中间27孔与28孔之间也矗立着一座同样的石塔,这些附属物为宝带桥增添了几分姿色。

宝带桥桥身使用坚硬素朴的金山石建筑而成,桥型属于多孔薄墩联拱石桥,桥型设计不仅经济美观,而且也很实用。为适应大型船舶的通过,宝带桥中间部分开设有3个大

苏州宝带桥

孔，其余桥孔均为小孔，这样做能够降低桥面，节省工程量。

宝带桥修建的位置位于大运河与澹台湖贯通口上，与运河平行，处于苏州至杭州、嘉兴等地区的要隘。自古江南为鱼米之乡，历朝历代帝王都以此地为敛财征税重地。隋炀帝开通大运河以方便粮食、财宝的运送。宝带桥所处的位置刚好是一段南北方向的运河，秋冬季节不利于背纤，而纤道在这里被一道三四百米的缺口所阻。此处河流湍急，不能填土作堤，只能以桥梁代替堤坝。时任苏州刺史的王仲舒为了保证漕运的畅通，下令修建桥梁，又捐出自己的玉质宝带作为建桥的桥资，因此桥梁建成后，被称为"宝带桥"。

宝带桥，桥如其名，委婉秀丽，长如飘带，相融于周围的湖光山色中。特别是中秋之夜，桥孔倒映，犹如圆月，与倒映在湖水中的月亮相映，这就是传说会在中秋之夜在宝带桥能够看到54个月亮的原因了。

宝带桥的建成不单大大改善了运河和澹台湖之间的交通，也因其自身建造结构复杂却又拥有轻盈之态，风格壮丽，奇巧多姿而闻名天下，成为苏州名胜。

⊙ 史料链接

关于宝带桥的来历还有个很有意思的传说：

相传在澹澹湖中有一个水怪，澹澹湖虽小，却因为水怪的存在经常是白浪滚滚，很是险恶。人们摆渡过湖经常是提心吊胆，可是没有更好的法子。

天庭里有个仙女，过着无忧无虑的生活，又时常感觉到寂寞。她听其他偷偷下凡的仙女说，在人间有个地方叫姑苏，那里山青水秀，物产丰饶，人们过的日子胜过天堂。仙女被描述中的姑苏所吸引，终于悄悄地离开天庭。她驾着祥云来到太湖上空，只见风平浪静，七十二岛瑰丽多姿，就像七十二颗珍珠散落于太湖上；仙女继续向东飞过天平山、灵岩山来到姑苏城上空，只见姑苏城里行人车马熙熙攘攘，隐约可闻丝竹管乐之声传来。仙女驾着祥云又来到澹澹湖，看见湖中一叶小渡船正在湖中与凶恶的湖浪搏击，而澹澹湖两岸则聚集着的南来北往的过客。仙女动了恻隐之心，解下腰间佩戴的玉

宝带桥传说中的仙女

带,向湖面抛去。玉带飘到湖面变成了一座有着很多孔的石桥,湖水也在玉带飘落的瞬间风平浪静。人们这才知道是玉带镇住了在湖水里作祟的水怪,两岸人们纷纷向仙女磕头感谢,并将这座石桥取名为"宝带桥"。

而实际上宝带桥名字的由来是为了纪念王仲舒捐玉带建桥的义举。而这一名字也恰到好处地解释了这座石桥,宝带桥全长317米,从远处看就像是一条飘动在湖面上的玉带,轻盈、壮丽。

⊙历史评述

宝带桥作为多孔薄墩联拱式石桥,拥有上千年历史沉淀,其建筑结构复杂而又轻盈,其中桥梁中央三孔联拱非常高,用以通大型船舶,两旁联拱一点一点下降,为一条弓形的弧线状,如同一条玉带般浮于湖面,绮丽多姿,风格壮丽。宝带桥是全国重点文物保护古建筑。

山水园林里的古桥

⊙桥梁漫话

在苏州古城的东南边，有一座横跨京杭古运河的桥梁，它就是灭渡桥。灭渡桥所在的地理位置为水陆要津，是苏城通往吴江的必经之地，自古行人商人往来不断。虽然行人不断，但在这里最初是没有渡桥的，只有一个渡口，过往行人往往都

灭渡桥

要受到摆渡舟人的盘剥，后由一名出家人集资修建了一座桥梁，取代了原有的渡口，并为桥梁取名为"灭渡"。

灭渡桥始建于元朝大德二年，至今约有700余年。桥梁主体由武康石、青石、花岗石混砌而成，桥体造型为单孔拱式，桥体呈东西走向，全长81.3米，净垮为19.3米，高8.5米。灭渡桥在历史的长河中，先后由明朝正统年间苏州知府和清朝同治年间官府重修。1985年维护修缮时恢复了灭渡桥原有的石栏。灭渡桥于1982年纳入苏州市文物保护单位，于2002年被纳为省文物保护单位。

灭渡桥桥型为薄型单孔拱式，桥体跨度大，能够应付汛期水流湍急以及体积较大的船只频繁往来的需求。桥体拱顶与面石间没有填层，使桥身的坡长尽量加长，桥的两端设有53级石阶，使得灭渡桥高而不峻、平缓易行。灭渡桥桥体石端部还刻有兽面纹浮雕，估计为灭渡桥始建时遗留下来的。这些浮雕更增加了灭渡桥的历史厚重感，使得灭渡桥整体造型显得沉稳大方，是江南古桥梁中的成功作品。

⊙ **史料链接**

在苏州，有句谚语叫"造塔修桥全要神仙帮忙"，因此苏州城里的很多古桥梁的修造都有神仙的帮助的传说，灭渡桥也不例外。

相传，有个过路客商打扮的人来到渡口想要渡河，刚好在渡口有只渡船，摆渡人正在撒网捕鱼。客商打扮的人请他摆渡，但是摆渡人不予理睬，客商就对着摆渡人说好话："希望你一网网条大鲤鱼！"语音刚落，摆渡人果然捕到一条大鲤鱼。但是摆渡人仍然不理睬客商，继续撒网捕鱼。客商也不恼，仍然笑嘻嘻地对着摆渡人说好话："希望你一网网到一条更大的鲤鱼！"果然收网时摆渡人又捕到一条比之前更大的鲤鱼，摆渡人只认为是自己运气好，并没想到是客商在施法。如此反复了十几次后，摆渡人的船舱里已经有了十几条大鲤鱼，但是摆渡人仍然不理睬客商，没有要摆渡客商的意思。这时，客商恼了，口里的说辞立刻变了："船里鱼儿请听好，赶快跳到水里去！"一转眼船舱里的鲤鱼全都跳到水里去了。摆渡人看到鲤鱼都回到水里了，与客商吵了起来，更加不肯摆渡了。客商也不理睬摆渡人的吵闹，从腰间解下一条青色的腰带，向天上抛去。只见青色的腰带从云端落下来时，就变成了横架在河上的一座石桥。客商走上石桥，忽然不见了摆渡人这才恍然大悟，原来是遇到了仙人。

此后，想要渡河的人们再也不用觅船摆渡了，因为这座石桥的出现，取代了这里原有的渡口，使人们出行更加方便，因此得名灭渡桥。

其实，灭渡桥的修建跟神仙没有一点关系，而是跟一位昆山的僧人有关。灭渡桥所在的渡口是苏州到吴江的必经之路，灭渡桥没有修建之前，来往客商行人只能依靠摆渡过河，但是摆渡人却时常借机盘剥过往的行人。昆山的一位僧人敬修每每在此渡河便会受到摆渡人的气，因此发誓募捐集资建桥，并在同乡

至今仍在使用的灭渡桥

陈阶和张光福的帮助下，于元大德二年十月开工，工程历时一年半竣工。桥梁的建成取缔了原有的渡口，因此桥梁被取名为"灭渡桥"。

⊙历史评述

灭渡桥作为一座大跨度的单孔拱式桥梁，桥体较长，桥两端以53级石阶加长桥身，减缓桥体坡度，使得灭渡桥桥拱高而不陡；大跨度的单孔桥洞能够适应汛期湍急的河流，过往体量大的船舶的往返；整座大桥平缓易行，高而不峻，桥身使用武康石、青石和花岗石混砌而成，显示出历史上多次维护修缮的痕迹。桥体石端部刻有始建时遗留下的兽面纹浮雕，使得灭渡桥更显稳重大方，历史感更加厚重，堪称江南古桥梁中的成功典范。作为古桥梁的典范代表，为减轻灭渡桥的负重，苏州市政府在灭渡桥不远的地方修建新桥一座，并取名为觅渡桥，与灭渡桥两两相望。

颇具渊源的卢沟桥

⊙桥梁漫话

有这样一座桥梁，意大利人马可·波罗曾说它是"世界上独一无二的桥"。著名建筑学家罗哲文曾赞美它是古今世界一大奇观。你知道那是一座什么样的桥梁吗？原来，它就是位于我国热闹繁华的首都北京，现存华北古老的一座石造联拱桥——卢沟桥。

华北最古老的石造联拱桥 卢沟桥

卢沟桥也叫作"芦沟桥"，始建于1189年，于1444年重修维护，清康熙年间毁于洪水，又于1698年重建，几经周折才得见今日的卢沟桥。卢沟桥横跨永定河，全长266.5米，由11个半圆形的石拱组成。每个石拱长度不一，为16～21.6米。桥宽约8米，路面平坦宽阔，几乎与河面平行。每两个石拱之间有石砌桥墩，把11个石拱联成一个整体。由于各拱相联，所以这种桥叫作联拱石桥。桥身整体为石体结构，关键部位银锭铁榫相连。永定河发水时，来势凶猛，两岸河堤常被冲毁，但是这座桥从没出过事，足见它的坚固。桥的两旁汉白玉栏杆共281根，每根柱头都有神态各异、精雕细琢的石狮。石狮共501个，皆造型典雅，栩栩如生。它们或爬在雄狮背上，或依偎母狮膝下，或闭目静卧，或相互嬉戏，千姿百态，美不胜收。当地有歇后语"卢沟桥的石狮子——数不清"，由此可见一斑。

卢沟桥更是"燕京八景"之一"卢沟晓月"之地。"卢沟晓月"从金章宗年间就被列为燕京八景之一。桥东头更立有乾隆皇帝题写的"卢沟晓月"碑。每至黎明时分，晓月刚现，站在古桥上，凭栏远眺，看西山叠翠，月色妩媚，妙不可言。

1971年，北京市在距卢沟古桥约1000米远处又新建了"卢沟新桥"。这是一座17孔跨河公路桥，全长54.99米，宽15.5米。1985年又在旁边建了一座新桥，旧卢沟桥从此成为文物，不再通车。

燕京八景之卢沟晓月

⊙ 史料链接

"卢沟桥事变"又称"七七事变"，因其发生于1937年7月7日而得名。

日本侵略者自1931年"九一八事变"侵占我东北后，为进一步挑起全面侵华战争，陆续运兵入关。因卢沟桥是南下重要枢纽，又是北京咽喉要道，是政治上、军事上、经济上、交通上的兵家必争之地，桥边宛平县城更是捍卫北京城的军事要塞。侵华日军若占领卢沟桥，北京就是笼中之鸟，华北也唾手可得。于是几年间，日军已从东、西、北三面包围了北平。自1937年中旬，驻丰台的日军咄咄逼人，连续举行挑衅性的军事演习。

1937年7月7日，日军以一个士兵失踪为借口，强意进入宛平县搜查。中国守军拒绝这一无理要求。谁料日军竟炮轰卢沟桥，向城内中国守军进攻。中国守军第29军军长吉星文率军给予还击，这便拉开了全国抗日战争的序幕。日本开始全面侵华，抗日战争随即爆发。

"卢沟桥事变"涌现了许多值得铭记的英雄。如第29军副军长佟麟阁、第132师师长赵登禹壮烈殉国。7月29日，第29军第38师在副师长李文田的率领下，发起天津保卫战。第38师攻击天津火车站、海光寺等处日军，斩获颇众。但遭日机的猛烈轰炸，伤亡亦大。排长申仲明亲赴前线，指挥作战，最后不幸战死。驻守在卢沟桥北面的一个连仅余4人生还，余者全部壮烈牺牲。

至今，卢沟桥的望柱以及宛平城城墙上，当年日军的弹痕犹斑斑可见。卢沟古桥只准许行人步行通过，为全国重点保护文物。目前，卢沟桥、宛平城、中国人民抗日战争纪念雕塑园以及中国人民抗日战争纪念馆，已经成为全国最大的纪念抗日战争的爱国主义教育基地。

卢沟桥事变

⊙ 历史评述

卢沟桥是我国古代劳动人民勤劳智慧的结晶，是中国古代桥梁建设技术高度的实物体现，也是古代建筑风格和文化的一种传承和保留。为现代学者对古代建筑的研究以及历史文化的了解提供了重大帮助。

卢沟桥作为神圣的中国人民抗日战争的爆发地点，它是那段历史的直接见证者，见证了中国人民团结一致，英勇斗争，舍生取义，最终打败日本侵略者的历史过程。同时，抗日战争也使中国战场成为世界反法西斯战争中的一个重要战场，为世界反法西斯战争的胜利做出了卓越的贡献。

三、近、现代桥梁中的杰作

中国第一座"桥坚强"

⊙桥梁漫话

钱塘江是浙江省最大的一条河流，它素来以江水湍急、潮势凶险而闻名。但是，在巨浪冲击下，有一座桥却始终坚强地屹立在那儿，昂首面对着那湍急的水势，不离不倒，那便是"钱塘江大桥"。

钱塘江大桥是我国著名桥梁专

钱塘江大桥

家、工程教育家茅以升先生主持设计的。它1934年8月开始动工，直到1937年10月才完工，中间历时3年多。钱塘江大桥全长1 453米，上层是为双车道，宽约6.1米，两边则是人行道，宽度约为1.52米，下层是单线铁路。

钱塘江大桥的桥身上有18孔，孔间跨距为66米，它还有15个桥墩，桥下距水面有10米的空间，这样能让轮船顺利经过。在铁路与公路桥之间，有一个10米多高的"M"形钢架撑托着公路的桥面。这种构造既承担了运载时的重力，又凝聚了桥身的承重能力，巧妙地使这条长达一千多米的"巨龙"横卧江面，颇为壮观。迄今为止，钱塘江大桥已经有"76岁"了，它就像一位老人，用他那苍老的背脊驮着一个又一个的行人。他早已远远超过当初的设计寿命。它依旧屹立不倒，被人们亲切地称为"桥坚强"。

钱塘江大桥的北岸是青山巨塔，南岸则是广袤的平原，大桥的建立，使钱塘江两岸的山峰、绿水、古塔、完美而又和谐地融合在一起，构成了一副壮丽雄伟的美丽图画，为雄壮的钱塘江平添一丝祥和与静谧。

⊙ **史料链接**

1937年7月7日,举国震惊的卢沟桥事变爆发了,天津、北平相继沦陷。钱塘江大桥的设计师茅以升非常爱国,而且对时局也非常了解。于是,他做出了一个震惊中华儿女的决定——他要炸桥,炸掉自己亲手建造的"孩子"——钱溏江大桥。1937年8月13日,淞沪抗战爆发了,接下来的两个月,淞沪抗战格外激烈,烽火连天的硝烟已经弥漫到杭州上空。这时,钱塘江大桥的施工也进入了最重要的阶段。9月26日,钱塘江大桥的下层单线铁路桥开始通车。茅以升盼望着上海能够阻挡住日军侵略的步伐。却没有想到,持续了三个月的淞沪会战最终以上海沦陷而结束,杭州也危在旦夕。

茅以升已经明显地感到自已已无力把握这座大桥的命运。1937年11月16日,茅以升接到南京政府的命令:如果杭州不保,就炸毁钱塘江大桥。当晚,茅以升把钱塘江大桥所有的致命点一一标记出来。整个通宵,他连接好了100多根引线,从各个引爆点全部接到南岸的一所房子里。一整晚,茅以升都一直陪伴着历经艰险建造起来的大桥,直到亲眼看到最后一根引线接好。茅以升后来回忆这件事情时说道:炸桥那天是我一生中最难忘、最难受、最难挨的一天。

1937年12月23日下午1点,茅以升接到了炸桥的命令。当天下午5点,日军的先头部队已隐约可见,人群被强行拦阻,所有的引线都点燃了。随着一声巨响,钱塘江大桥就这样"壮烈地"沉入到了江底。

在大桥炸毁的那天晚上,茅以升透过苍茫暮色,默默地凝视着由他一手炸毁的大桥,看着江北岸愈来愈亮的火光,茅以升满腔悲愤地在书桌前写下8个字:"抗战必胜,此桥必复。"他的

茅以升亲手炸毁的钱塘江大桥

愿望直到1948年才得以实现。抗战胜利之后，在茅以升的亲自主持下，钱塘江大桥被修复，成为浙赣线上的关键性工程之一。

⊙历史评述

钱塘江大桥是由我国著名的桥梁工程师茅以升主持设计、施工的一座现代化桥梁，首次成功地采用了气压法沉箱掘泥打桩，打破了当时洋人认为这个地方不可建桥的预言，让中华民族的志气得以高涨。公路、铁路能并行通车的钱塘江大桥建成，为浙赣、沪杭铁路复线的重要枢纽。同时，这雄伟壮丽的钱塘江大桥，也抒发出无数中华儿女自立于世界民族之林的豪情壮志，而铭刻其中的"殚精竭智千日功，通车之日却炸桥"的惋惜痛心也让我国人民永志难忘。钱塘江大桥是中国历史上第一座由我们人民自己动手设计并建造的现代化大桥，在我国桥梁史上留下了辉煌的一笔，同时也是中国铁路桥梁史上的一个划时代的里程碑。

它承载着厚重历史

⊙ **桥梁漫话**

波涛汹涌、水流湍急的大渡河从四川省的西部源源不断地流淌着。在大渡河之上,有一座建立于清康熙年间的著名的悬索桥。这座悬索桥自建成时就成为了甘孜州的门户,康藏交通的咽喉,以及四川内地通往青藏高原的重要通道。它就是在我国历史上具有重要意义的泸定桥,也称为大渡河铁索桥。

大渡河悬索桥

泸定桥始建于清朝康熙年间,于康熙四十五年建成。康熙皇帝亲自为此桥题写"泸定桥"三字,该桥是一座悬索桥,总长约103米,宽3米,分为桥身、桥台、桥亭三部分。桥身由13根碗口粗的铁链组成,每根铁链由862~997个由熟铁手工打造的铁环相扣,共有12 164个铁环,总重量达21吨。桥栏由左右两边各2根铁链组成,桥面由有9根并排的铁链组成,把桥底链上铺满木板,再把两边的扶手与底链之间用小铁链相连接,这样就把13根铁链连为一个整体,构成了泸定桥。泸定桥的桥台是以地龙桩和卧龙桩的固定为基础,坚实可靠。两岸的桥台上都建有桥亭,既可防止雨水侵蚀落井,保护好泸定桥的基础,也是官府征收过桥税费的场所。东桥亭内有康熙"御制泸定桥碑",记述造桥的缘由始末,西面有康熙亲自书写的"泸定桥"三字

泸定桥三字碑

碑。东桥亭背后还有观音阁,登上观音阁,泸定城全城面貌可以一览无余。

泸定桥桥西头堡的地下,是建设泸定桥的关键所在。堡基地面以下是落井,落井里埋着用生铁铸造的地龙桩和卧龙桩,这些铁柱子重量足足有18000斤,也只有这样坚实可靠的铁桩,才能架筑起坚固的泸定桥,使得其经历风风雨雨,依然牢固稳妥。

走在泸定桥之上,低头便是波涛汹涌的大渡河,如此艰险的条件,让我们不难想象出当时的条件下,建设此桥需要多大的人力物力,需要建桥工人何等的精神和体力!

⊙史料连接

泸定桥是一座由清朝康熙帝御批建造的悬索桥,它始建于清朝康熙年间,于康熙四十五年建成,基础稳固,建筑风格也颇具特色。1935年5月,红军主力部队从战略需要出发,为保留主力部队实力,放弃了对会理之敌的围攻,迅速挺进到了天险大渡河。大渡河水势汹涌,两岸石壁陡峭,河床极深,河水湍急,通过这样的急流唯一的办法就是过桥,而河上只有一座桥,那就是泸定桥。红军以合理的战略战术,强渡大渡河、飞夺泸定桥,把蒋介石的部队远远地甩在身后。此事件是中国近代史的一座丰碑,也使得泸定桥因此而闻名中外。由此,泸定桥在中国共产党的历史上有着重要的历史纪念意义。

泸定桥自清朝至今,经历了岁月的风霜,积淀了百年的人文精神,是一座富有历史意义的

红军飞夺泸定桥

桥。1950年，泸定城以北新建了川藏公路钢索悬桥，泸定桥就开始慢慢退出历史舞台，不再承担交通的作用。1961年，国务院公布了第一批全国重点文物保护，泸定桥位列其中。1977年对整个桥梁进行了重新修整，同时在岸上还建造了陈列红军史迹的展示馆等，作为历史纪念向人们展示。

⊙历史评述

泸定桥作为一座历史名桥，在经历过300年的历史风雨后，它身上积淀着丰富的人文情怀和历史情怀。它的建成，在当时的社会条件下，是先人们克服种种困难，战胜大自然精神的一种直接的体现，汇聚了先人们智慧的结晶。在中国共产党的历史上，卢沟桥又有着巨大的历史意义，不仅展现了我国红军千渡大渡河、飞夺泸定桥的英武神采，还大大地提高了当时我军的整体气势，极大打击了敌人的嚣张气焰，为红军的发展提供了有利时机，鼓舞了民众的精神。

如今，泸淀桥已经成为了国家重点保护单位，深厚的历史底蕴以及人文精神，使其成为一种历史的见证，向人们娓娓讲述着曾经在这里发生的历史故事。

连续箱梁桥中的冠军

⊙桥梁漫话

在云南省怒江傈僳族自治州的首府六库，有一座全国闻名的大桥，叫作六库大桥。它横跨怒江，所以又叫作六库怒江大桥。此外，它还与多条主要的交通干线向接连，例如东六公路和跃片公路等。

从昆明开始，向西直走大约240千米，就可以看见一个V字形的垭口，前面尽是翻滚的怒江急流。

六库大桥

顺着这条急流，一直走大约1小时，就可以看见一个高耸在江边的新城，那就是著名的六库怒江大桥的所在地。六库怒江大桥目前是中国一座横跨度最大的混凝土连续箱梁桥。全桥一共长达337.52米，主要跨度154米。整条桥桥面的宽度平均为11米，两边都有人行道，每边人行道宽2米。全桥总共高19米，洪水设计率为1%，能够抵抗八级地震的烈度。桥的两边都有大理石砌成的围栏，围栏上面均设有路灯。桥的两头都设有彩灯，每到晚上，桥上的彩灯和汽车灯光互相辉映，六库桥变成一个不夜之桥。在全国同一类型的桥梁中，六库怒江桥排列第一位，它的单空的横跨度也位居全亚洲第二名。

如今，六库怒江大桥已经成为一个国内著名的旅游景点。由于它的建成使用，极大地加速了当地经济的发展。六库怒江大桥的建成具有划时代的意义,它使得这里从一个落后的小村落变成一个越来越接近世界的繁荣都市。

⊙史料链接

　　六库有大约10万的居民。当时,这里的交通非常不方便,经常发生塞车的情况。为了改善此地的交通,20世纪80年代开始兴建六库怒江大桥。

　　和润培是当年修建六库怒江大桥的指挥部常务副指挥官。他回忆道,当年接下建设任务的是重庆市桥梁工程公司。这家公司具有丰富的建桥经验。当时因为施工地两边河畔的地质很不稳定,到处都是坚固的岩石,用钢钎都打不进去,所以,建设初期仅仅打桩就用了一年半的时间!江的两边全是悬崖峭壁,常用的打基础的小炮一点也起不了作用。最后,和润培想出了一个大胆的办法,他指挥全体工作人员一次性在江的西岸填上900千克的炸药,填得满满的,最后一起点燃炸药,在震耳欲聋的爆破声中,岩石终于成功爆破了!此后,大桥的一切建设工作才正常地进行。

　　从1985年开始,直到1991年,一共花了6年的时间,这座宏伟壮观的六库怒江大桥终于面世了。在竣工仪式的当天,人潮涌动,彩旗到处飘荡着,整个六库镇的人们都沉浸在一片幸福的海洋之中。和润培到现在都还记得竣工当天自己激动不已的心情,男儿有泪不轻弹,但是当天他还是为自己的这一杰作留下了幸福的泪水。

　　为了这大桥,怒江老百姓和所有的施工工作人员,乃至交通部部长,都为这座大桥倾注了无数个日日夜夜的汗水。当大桥最终完成的那一天,谁都无法不激动。在六库怒江大桥的东面桥头,有一个漂亮的雕像,雕的是一对快乐的又弹琴又跳舞的傈僳族青年,这座雕像命

正在建设的六库怒江大桥工地

名为"欢乐的傈僳"。这个名字起得是如此贴切。一座大桥让傈僳族人走上大山，走向现代文明的幸福之路。

⊙历史评价

六库怒江大桥于1991年落成，极大地方便了当地人们的日常生活。在没有六库怒江大桥时，这里还是一片很落后的山村，当地人们和外界的联系很少，几乎没有几个人能够出去和外面的世界接触。自从六库怒江大桥建成通车，这里的面貌就完全改善了。六库怒江大桥成了一个著名的旅游景点，带动了当地旅游业的发展。经过20多年的洗礼，六库怒江大桥风姿依旧，骄傲地耸立在人们的眼前。

长江上的"争气桥"

⊙桥梁漫话

在江苏省境内,南京市西北部的长江面上,下关和浦口之间,有一座连接津浦线与沪宁线两条铁路干线,横跨长江的大桥,就是我国桥梁史上著名的南京长江大桥。它是继武汉长江大桥和重庆白沙陀长江大桥之后的我国第三座跨越长江的大桥,也是我国最长的长江大桥。1968年,南京长江大桥以"最长的公铁两用桥"被载入《吉尼斯世界记录大全》。

南京长江大桥

南京长江大桥是一座最具中国特色的大桥,从大桥的设计到施工再到建筑材料上,全部都是中国特色、中国制造,完全依靠中国人自己建造、完全采用国内建筑材料,没有任何外援和外来设施,中国人独立自主,依靠自己的力量建造的双层式铁路、公路两用大桥。

南京长江大桥采用优质的合金钢杆件材料加上现场铆接拼装进行架设,全铁路桥长6 672米,公路桥长4 588米,共有10孔钢筋梁,9个桥墩,每跨有160米的跨度距离,而桥下可以供万吨巨轮并行行驶。桥栏杆上共有1 048盏照明灯,桥墩上也有540盏由金属制造的卤素灯,在夜晚时,这些灯同时亮起来可谓是百花齐放,把整个江面都照耀得如同白昼。再加上桥两边公路上的150对玉兰花灯,桥头堡和大型雕塑上的228盏钠灯,使得夜幕下的南京长江大桥如彩虹凌空,光彩无比。远远看去,有一种"疑是银河落九天"的美妙意

南京长江大桥栏杆上的浮雕作品

境。

在南京长江大桥公路正桥两边的栏杆上，当时的设计者在其上面添加上了200幅用铁制作而成的浮雕作品，显示出了深厚的文化内涵和历史内涵。太阳刚刚升起之时，远望南京长江大桥，有一种肃穆庄严、恢弘壮观的感觉，优美的自然环境加上南京长江大桥自身的恢弘气势，使其成为了金陵四十景之一。

⊙ **史料连接**

在20世纪50年代，我国提出了建设南京长江大桥的构思，大桥工程局承担了该桥设计任务，成立了以王旭森为主的南京长江大桥设计组。1958年9月，经过国务院批准，南京长江大桥建设委员会成立。同年10月，以同济大学桥梁专家李国豪为主，南京长江大桥的技术顾问委员会成立。后来经过多方协作，在胡兢铭起草的《设计意见书》的基础上，南京长江大桥设计方案出炉。最后经过多方面考察，确定了南京长江大桥的主设计师——梅旸春。梅旸春在对大桥的整体风貌以及当时的地基基础进行综合性考察之后，在同济大学、中国科学院、地质研究所等一系列高等院校和科研机构的大力支持下，完成了南京长江大桥的设计工作。

南京长江大桥于1960年1月18日正式开工建设，当时中国的国内经济状况不如，广大工人们在建设施工过程中，经常是饥饱不定，但是他们任劳任怨，不畏艰难险阻，克服种种压力，保证了南京长江大桥的顺利建设。在广大工人们日夜兼程的努力工作下，在全国人民的支持下，经过8年的精心建设，1968年9月，铁路桥全线通车，三个月之后，公路桥也通车。至此，南京长江大桥在

正在建设的南京长江大桥

中国人自己的努力下圆满建成。

工程技术人员和人们不畏艰难、不畏国外部分人的偏见，克服艰难险阻，终于成功建成令世人惊叹的南京长江大桥，为中国人民争了口气，因而在当时，南京长江大桥被称为"争气桥"。

⊙ 历史评述

南京长江大桥是我国首座依靠中国人独立自主设计，完全取材国内的建筑材料，自行建设的公路、铁路两用大桥。它打破了在我国凡重大工程依靠外援支持的模式。此大桥的设计与建设，做到了完全依靠国内资源，大大提升了中国人民的志气，提升了民族自尊心、自信心，在中国桥梁史上留下了辉煌的一页，有着重要而深远的意义。

南京长江大桥连接着津浦线与沪宁线两条铁路干线，地理位置非常重要，自建成起，在连接南北交通方面就起着至关重要的作用。

南京长江大桥以其完美的设计、精致的建设及完美的施工，处处彰显着中国人独特的桥梁建设风格，体现着中华民族的自信心，同时也体现着中国路桥建筑行业实力的提升。

万里长江第一桥

⊙桥梁漫话

有一座桥，静静地横卧在长江上，展示着巍峨的雄姿。有一座桥，它默默承载着长江南北的铁路运输要务。这座桥就是被称为"万里长江第一桥"的武汉长江大桥。

武汉长江大桥

武汉长江大桥连接了武昌和汉阳两岸，是我国跨越万里长江修建的第一座桥梁，在中国桥梁史上具有不可动摇的历史意义。武汉长江大桥始建于1955年9月1日，在1957年10月15日建成并通车，仅用了两年零一个月。大桥是双层钢桁梁桥，上层为4车道公路，宽18米，下层为长1670米的铁路。其中正桥长1156米，武昌岸的引桥长211米，汉阳岸的引桥长303米，正桥有2座桥台，8墩9孔，每孔跨度128米。

武汉长江大桥的外观建设具有浓厚的中国民族建筑特征：在桥面两侧的铸铁镂空栏杆上，铸有惟妙惟肖的飞禽走兽；大桥左右两侧各有143块花板对称排列，花板的内容有"孔雀开屏"、"鲤鱼戏莲"、"喜鹊闹梅"、"玉兔金桂"等，大都取材于我国劳动人民所喜闻乐见的题材，贴近人民的生活。一幅一幅图案，严整而美观，充满了韵味。武昌、汉阳两地建有桥头堡都离地面35米高，堡亭圆顶，两层四方八角，镶有重檐和红珠。桥头堡内的底层大厅里，有大型雕塑。从底层大厅一直上七楼至顶亭，有电梯和扶梯供选择。其他装饰性建筑协调精美，更加衬托出了大桥的雄伟瑰丽。

⊙ **史料链接**

新中国成立之初,国家优先发展重工业,铁路运输的重要性逐渐凸现出来了,建造跨越长江天堑的大桥被提上了议事日程。武汉长江大桥被百废待兴的新中国列入第一个五年计划的重点工程项目。

1950年初,中央人民政府下达指示,要铁道部着手准备武汉

正在建设的武汉长江大桥

长江大桥的建设,并成立"武汉大桥测量钻探队",大桥的筹建工作开始了。当时召集了最优秀的专家,调动了全国最先进的设备,可以说是举全国之力去修建武汉长江大桥。

"集全国优秀人才,建长江第一大桥"的动员令一下,各地优秀的桥梁专家、技术人员以最快的速度汇聚武汉。他们有的来自茅以升的中国桥梁公司,有的来自铁道部北京桥梁事务所,有的来自东北的哈尔滨铁路局。1955年2月成立了武汉长江大桥技术顾问委员会,主任是著名桥梁专家茅以升,委员包括罗英、陶述曾、李国豪、张维、梁思成等。

全国人民全力支援建桥所需的钢材等材料和设备,参战人员废寝忘食,不计报酬,把施工地当成自己的家,吃在工地,住在工地。为了保证万无一失,铁道部还请苏联桥梁专家、苏联科学院院士西林一行人组成一个专家组,提供技术指导。

据说当时建桥时,本来是有九个桥墩,而现在人们看到的是八个。其中有一个是用作试验的桥墩,苏联专家西林提出了管柱钻孔基础的创议,即将空心管柱打入坚固的河床岩面,并在岩面上钻孔,在孔内精确地灌注混凝土,使其牢牢插入在岩石内,紧紧地固定住,然后再在上面修筑承台及墩

身。在桥梁建成之后，工作人员就把这个试验桥墩炸掉了。有了这种技术的创新，桥梁的工期不仅缩短了，而且投资成本也节约近40%。

⊙历史评述

大桥建成之后，将武汉三镇紧密地连为一体，促进了武汉快速发展。放宽视野，大桥将京广铁路连接起来，对解决长江南北的铁路运输困难局面具有重大的意义。

随着国民经济的不断发展，大桥的通过量也在不断增加，带来的直接和间接经济效益更难以估量，在国民经济建设中发挥了无可替代的重大作用。武汉长江大桥凝聚着设计者匠心独运的机智和建设者们精湛的技艺。它不仅改善了南北交通，而且提升了中国桥梁建设水平。它的存在对当时满怀豪情地想通过自力更生、艰苦奋斗来建设新中国的全国人民是一个很大的鼓舞。它是长江上一道亮丽的风景，也是一座历史丰碑。

"天下第一"大石桥

⊙桥梁漫话

从20世纪50年代末到20世纪90年代末的40年间，我国建成的100米跨径以上的特大型石拱桥有16座，而跨径最大的石拱桥要数天下第一大石桥——凤凰县的乌巢河大桥了。

乌巢河大桥是我国著名桥梁专家田云跃主持设计的，于1988年开始动工，1990年12月底竣工。

凤凰县的乌巢河大桥

乌巢河大桥位于乌巢河幽谷之上，方便了乌巢河两岸人民的交流。整座大桥以青灰色云岩作为石料，采用了全空石肋拱式结构修筑，桥身长241米，宽8米，高42米，主拱横跨120米，为世界之最。

乌巢河大桥的结构精美，气势恢弘，质量上乘，造价低，是我国建设史上的一页新篇章。它120米的跨径，是20世纪特大型石拱桥中最大的跨径。它被建筑师赋予了四项突破性科研成果，成为了20世纪一流的石拱桥。乌巢河大桥开创了公路大石桥的新水平，它从理论、跨度、结构、工艺、施工技术全面占据了世界石拱桥的领先水平，给凤凰人民带来了光荣，也是中华民族的骄傲。

乌巢河大桥桥东是高耸入云的大马山，桥西是直插云霄的骆驼山，而乌巢河大桥横跨东西，如巨龙腾飞，气势宏伟。又因其地处险要地势又造型柔美,乌巢河大桥成为了苗寨的一大景观。它盘绕山间,气势磅礴。俯瞰桥下,流水潺潺,再加上农舍翠竹掩映,别有一番诗情画意。立于桥上,清风习习,青山绿水,远处更是有奇山异石,真是令人心旷神怡。如果此时还意犹未尽,也可沿着桥头缓步下桥至小河边,沿着河岸往上走不到百米,便可看见一单孔小石桥,朝上而望,下面小石桥,上面大石桥。小石桥布满青苔,大石桥云峰耸立,不由得让人想起李白的诗句:"江城如画里,山晚望晴空,两水夹明镜,双桥落彩虹。"此情此景,怎不让人沉醉?

⊙史料链接

1991年1月12日这天,对凤凰人民有着非常重要的意义。因为那一天,正是乌巢河大桥通车的日子。

乌巢河是凤凰沱江的主要源流之一,两岸斜谷峭壁对峙,地势险要。由

乌巢河桥正式通车

于地势险要,人烟稀少,交通闭塞,以前苗族人民的经济和文化非常落后。1985年,国务院为了解决老、少、边、穷地区交通不便的问题,下达了"以工代赈"的政策修建公路,而凤凰县政府抓住了这个千载难逢的机会,决心修筑"凤腊公路"。这条公路要经过乌巢河谷底,这样老百姓的田地就会被毁坏,所以,建筑师们不断勘探比较,商议改架高桥,以减少路程,不破坏谷底,不毁坏田地,得到了当地群众和政府支持。经过大家的努力争取,乌巢河大桥在1990年底终于修建成功,但是远远望去,跨河的两根石肋很细,人们怀疑此桥能否通车。田云跃认为,乌巢河大桥的结构,从理论到实践都是可靠的,从上部到下部的工程质量都是上乘的,他相信自己的计算验算符合客观实际,所以毅然决定1991年1月12日举行通车典礼。通车半年后,湖南

省交通科研所对乌巢河大桥进行了静载试验，数据结论证明，它的成功是石拱桥有史以来的不朽之作。

乌巢河大桥建成后，很多国内和海外的知名人士都慕名前来参观，而乌巢河大桥也成为了凤凰古城的一个亮丽的新景点。

⊙ 历史评述

乌巢河是凤凰沱江的主要源流之一。凤凰地势险要，是湘西最复杂的地带，属于大断层区，但是这些没有难倒它的设计者。事实证明，乌巢河大桥的技术革新，是一种大胆的尝试。乌巢河大桥采用双石肋全空式上部结构，不仅节省了材料和劳动力，降低了桥梁的建造价格，对地面和拱架的承载力也大为减轻。这是中国历史上从未有过的，也是世界上非常罕见的。

新中国成立后，第一任交通部部长王首道曾为乌巢河桥题了"天下第一大桥"六个大字，这六个字也被刻在石碑上立在了桥头。从此，荒凉的苗山想起了清脆的汽笛声，乌巢河大桥把苗山和外面的世界联系起来了，为边远山区架起了沟通的桥梁，带动了当地的经济发展，也成为了当地旅游业的一道亮丽风景。

沅水上的风景线

⊙桥梁漫话

历史古城常德市素有"西楚唇齿"、"川黔咽喉"之称，其"三山三水"之一的沅水穿城而过，自然环境优美。沅水时而蜿蜒曲折，时而笔直通透，时而狭窄幽静，时而宽阔舒展。一篇《桃花源记》，让湖南常德拥有了"世外桃源"、"福地洞天"的美誉，常德因此有"桃花源里的城市"之称。而在美丽的常德，横跨在沅水上的沅水大桥则在组成一道亮丽的风景线的同时，成为常德的交通经济命脉。

沅江是湖南省的第二大河流，分南北两源。南源龙头江，源自贵州省都匀的云雾山；北源重安江，源自贵州省麻江县平月间的大山。两个源头在湖南省芷江县汇合流入湖南，到常德德山附近注入到洞庭湖中，成为湖南省的主要水系之一。而沅水大桥则是沅江上的第一座大桥。

沅水大桥

常德沅水大桥全长为1407.86米，始建于1983年10月1日，历时3年，于1986年10月1日建成正式通车。该桥由湖南省交通规划勘察设计院设计，湖南省公路局工程处施工。

常德沅水大桥是亚洲最长最大的斜拉桥，所谓斜拉桥是指不同于以往用梁或桁架梁作主要承重结构的梁式桥，而是将主梁用许多拉索直接拉在桥塔上的一种桥梁，是由承压的塔、受拉的索和承弯的梁体组合起来的一种结构体系。这种结构可使梁体内弯矩减小，降低建筑高度，减轻了结构重量，节省了材料。常德沅水大桥主跨120米，桥的宽度为19.5米，边墩区引桥跨度25米，通航水位最高为39.8米，桥下净空8米。所有的桥梁材料以混凝土为主，坚实可靠，稳固性较强。常德沅水大桥的建成，为当地的车辆运输、海路运输都提供了良好的条件。

⊙史料连接

常德沅水大桥的建设经历了一个相当波折的过程，而首先纠结的就是桥梁的建设方案。

当时，全湖南省桥梁专家齐聚一厅，就这座大桥的桥型设计各抒己见，各种方案五花八门，最后呈现出两种意见：一种是以湖南省交通厅总工程师向光湖为代表的"独塔"派；一种是以全国桥梁专家上官兴为代表的"双塔"派。双方各抒己见，争论不休，最后在常德召开了全国桥梁专家学者论证会，但就桥型问题的争议也没有得到统一。1981年12月，经过多方协商讨论，交通部最终确定，常德沅水大桥为斜拉桥的设计方案。

在当时的中国，从技术到建桥经验上，斜拉桥都还是一个空

正在建设的沅水大桥

白点。斜拉桥如何建,又成了一个问题。1982年,全国桥梁专家进行第二次对讨论设计,对所有设计人员的方案重新比较分析,1983年4月,最终确定其中三个设计方案。1983年5月24日交通部又重新批复为"连续梁桥"方案,同意将1981年原批准的斜拉桥方案改为预应力混凝土单箱室连续梁方案,就是以预应力混凝土作为上部结构主要建筑材料的桥梁。

在改革开放初期,无论技术和经验都很缺乏,但是经过湖南省交通厅优秀的工程专家学者和建设工程队伍的不断努力,使得常德沅水大桥以惊人的面貌出现在了人们的视野中。

1986年10月1日,常德沅水大桥终于全面竣工通车,两岸居民过江不用再靠划船而行,它的建成为当地的百姓带来了福运,为当地交通的发展提供了便利条件。

沅水大桥通车仪式

⊙历史评述

常德沅水大桥是沅江有史以来的第一座大桥，大桥的建成通车，结束了多年来江南、江北居民坐船过江的历史，同时沅水大桥也是国家第一次批复的是"双塔斜拉桥"，更是当时亚洲最长最大的斜拉桥。这座桥的建造应用了许多新技术和新工艺。如在沅水上架设的64米高，1000多米长的缆索吊装钢铁双塔；高20米，直径8米的双壁钢围堰，以及钢围堰整体装运和整体吊装，在全国都是第一次。

同时，常德沅水大桥位于常德市城区国道207线和国道319线的交汇处，该桥西通贵州、云南，北达湖北、陕西，为常德的经济发展、商业、农业产品输出创造了条件。

横贯黄浦江的公路线

⊙桥梁漫话

黄浦江,始于上海市青浦区淀山湖,全长约113千米,是上海地区的重要水系,它将上海分割成了浦西和浦东。在黄浦江闵行至西渡渡口下游1.5千米处有一座两千多米长

奉浦大桥

的大桥横跨其上,来往的行人、车流络绎不绝。虽然桥身看起来已经有点陈旧,但在奉贤,年纪稍大的人,都对这座桥有着不一般的感情,它就是横贯黄浦江的主要公路线之一——奉浦大桥。

奉浦大桥是上海黄浦江闵行至西渡地区的命脉,是继松浦大桥、南浦大桥、杨浦大桥后跨越黄浦江的第四座大桥。1995年10月大桥正式建成通车,全长2 201.8米,其中主桥长545.3米,宽18.6米,在其上共设有4条车行道,主桥净空高28米,净空宽105米,在该桥上可通行5 000吨级船舶。大桥主桥的上部结构为预应力钢筋混凝土连续箱梁,下部结构为钢管桩基础,这样的设计使得该桥的建设成本低、实用性强。

奉浦大桥是上海浦东浦西发展、沟通的纽带,也为一直划小船跨度黄浦江的闵行段浦东浦西人们出行提供了有利条件。

⊙史料链接

交通的顺畅对一个地方的经济发展有着重要的影响,而黄浦江作为上海的重要水系,在提供上海水源的同时也是上海经济发展的重要交通条件。

奉贤位于上海长三角地区，北大门西渡与闵行隔河相望，因无大桥可通，历来人们都是靠小船渡江。由于奉贤偏远的地理位置，经济实力位于上海各区县的较低水平，仅高于交通更加不便的崇明县。

改革开放以后，随着经济快速发展的需求，来往于闵行、奉贤的人流量开始增多，渡江成了难题。虽然黄埔江已有三座大桥，但绕行距离远、时间长，使过江成为影响奉贤发展的主要问题，车辆过江时常发生候渡现象，最长候待渡时间长达3小时，形成奉贤交通的"瓶颈"，影响奉贤的经济发展。

1992年春，邓小平视察南方发表重要谈话，中国改革开放注入新的动力。奉贤县政府认为首先要抓住机遇加强基础设施建设，以路桥建设为重点，改善奉贤的投资环境。经过再三考量，上海市计划委员会发文同意奉浦大桥工程项目立项，但要求建设资金必须由奉贤县负责筹措。

奉贤县开始多方面联系筹资，并将筹资重点放在境外上。终于，功夫不负有心人，奉贤县政府和澳门一家公司取得联系，并成功为大桥建设筹足资金。1994年3月15日，大桥建设正式开工，由上海市城建设计院设计，李坚任总设计师；铁道部第十二工程局总承包施工，计勖林任总指挥。

李坚与黄锦源、涂永明等设计人员经过实际的调查分析，决定奉浦大桥采用预应力混凝土连续梁结构。这样能够在保持桥梁质量的同时，降低造价，缩短工期。在解决上海软土地基建造大跨径预应力连续梁的难题时，设计人员又采用斜桩和长桩相结合的桩基方案，使得该桥不仅顺利建成，而且在全国同类型桥梁中处于领先地位。

奉浦大桥1995年10月26日成功建成通车，并成为S4高速公路的唯一跨江大桥。从此，奉贤县因奉浦大桥打通了大通道，经济、社会的发展得到了质的飞跃和提升。

正在修建的奉浦大桥

⊙**历史评述**

奉浦大桥是黄浦江上第一座大跨度预应力混凝土连续梁桥，大桥的建成，改善了闵行、西渡地区的交通状况，缩短了奉贤和市区往返时间，缓解了"渡江难"问题。同时，奉浦大桥的建成，还有效改善了奉贤甚至整个上海地区的投资环境，土地使用价值增值，有效地提高了社会效益和经济效益。奉浦大桥的建成改变了过去闵行奉贤隔河相望的状况，使得杭州湾北岸地区的开发建设真正起步，同时推动了整个浦西以及上海地区的建设发展进程。

四、我国著名的桥梁设计师

我国古代的桥梁大师

⊙大师漫话

始建于隋凯皇十五年的赵州桥，一千多来栉风沐雨，历经了无数的水灾与战乱，依旧巍然屹立于洨河之上。除了一些石拱坍塌了之外，其余都保存得非常完好，这在桥梁史上十分罕见。它之所以历经沧桑却保存完好，都应该归功于设计师李春。

李春是隋朝时期最有技术的造桥匠师，他在隋凯皇十五年到大业初设计建造了赵州桥，成就了我国建筑史上的一大奇迹。可以说，李春在极大程度上使中国桥梁建造走进了一个新的局面，也为中国桥梁建造技术总结出很多原理和技术。

赵州桥设计师 李春

唐中书令张嘉贞在著作《安济桥铭》中记载道：赵州桥作为隋代匠师李春的作品，以其奇妙特别的制作工艺被人们所称颂。可以看出，李春的智慧和能力历来为人们所称道。虽然我们在现当代无法从史书上了解到他的生平事迹，但是从他为中国建造这样一座堪称奇迹的桥梁来说，我们不难看出他是一个有天赋和创新精神，且才华出众的桥梁建筑大师。

李春在设计建造赵州桥时，有"三绝"为人们所敬佩。

首先，中国人在传统意义上把弧形的桥洞和门洞等建筑称之为"券"，普通石桥的"券"基本上都是半圆形的，但是在设计赵州桥时，李春考虑到桥的跨度十分大，单单从头到尾就有37米多长。如果按照中国人传统的造桥方式，把券修建成半圆形，那么桥洞就必须高达18.52米。这样一来，桥建成之后，马和行人过往就会非常困难。

面对这种情况，建筑师李春灵机一动，做出了一个决定，不按照传统建半圆形的"券"建造，将赵州桥的券建成小于半圆的一段弧度，这样一来，不仅以一种创新的方式轻松减低桥的高度，还节省了石料和人力，让桥的整体弧度更美观，方便马车行人过往。

其次，李春将券的两肩的"撞"也进行了巧妙改造，改变了传统的用石料砌实，而是在券的两肩各砌上两个小券。这种创新不单大大节省了石料，让桥的重量减轻了500吨，而且当河水涨高时，还可以减少洪水对桥的阻力冲击，使水畅通无阻。

最后，李春用洞砌并列式的方法把赵州桥每道窄券石块之间都打上了铁钉，使其连接成整体。并列式的修建方法加强了桥的稳固性和安全性。

⊙史料链接

在隋朝时期，赵州桥一带是重要的物资集散之地，但每到夏秋之际，洨河河水都会泛滥成灾。根据相关的文献记载，赵州桥在建成之后的1 300多年间，曾历经11次较大洪灾，却都安然无恙。这充分说明了李春设计拱桥是符合当地实际情况的，非常有远见。

另外，在拱形的设计上，李春也独具匠心。根据桥址的地理位置和其他特征，摒弃了传统的半圆形拱的建造方式，创造性地建造出了前所未有的大跨径单孔坦拱。由于两岸地势低平的缘故，如果采用以往的半圆形拱，

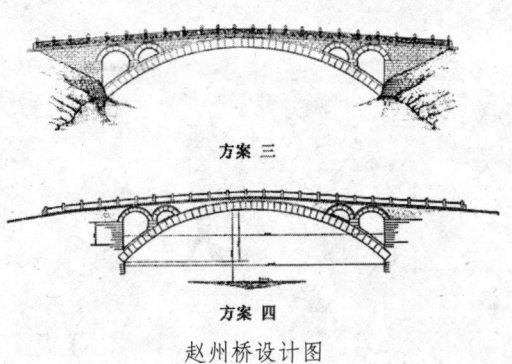

赵州桥设计图

则会减损丧失了桥梁本身所具备的陆路交通的作用，同时还会增加成本，这样就显得得不偿失了。因此，李春在总结经验的基础上，采取了增大跨径、降低拱矢的"坦拱"方案。这样就极大地降低了桥的坡度，也缓解了人与车马的通行压力。

⊙ 历史评述

在封建社会，像赵州桥这样突出的技术成就和像李春这样杰出的桥梁专家并没有得到足够重视，甚至在史书里也极少会提及。所以，现在我们除了知道隋朝工匠李春设计并建造了这座举世闻名的大桥之外，对其他却一无所知。但有一点我们可以肯定：李春作为我国古代的桥梁大师将永载史册，并永远为后人所牢记。

赵州桥不仅受到了我国人民的赞扬，更受到世界建筑界的褒奖。其历史越是久远，设计理念就越发得到社会各界的赏识和赞扬。作为世界上保存最完好、最古老的一座单孔石桥，它不仅体现了中国隋朝建筑师李春的智慧和远见，更为中国古代文化增加了浓重的一笔。

中国现代桥梁之父

⊙ **大师漫话**

茅以升在我国可谓是无人不知,无人不晓。他是我国著名的桥梁专家、土木工程学家,同时还是一名工程教育家,被誉为我国现代桥梁之父。他设计并主持修建的现代化桥梁钱塘江大桥,是我国铁路桥梁史上一个里程碑。他在我国桥

著名桥梁专家茅以升

梁建筑方面所作出的贡献是别人无法比拟的。在铁路科学研究方面,也是一位开拓者。

1896年,茅以升出生在江苏省镇江市一个普通人家。他自幼聪颖好学,10岁那年端午节在家乡看赛龙舟时,文德桥倒塌,死伤很多人。这一事件给他幼小的心灵带来了沉重的冲击,便励志要建造最结实的桥。此后,他时时处处都留心桥的信息,并细心地钻研学习。

中学毕业后,茅以升以优异的成绩考取了唐山工业专门学校土木系,毕业后还被清华学堂以官费保送到美国留学。留美3年之后,茅以升放弃国外优厚的条件,做出回国报效祖国的决定,第一份工作就是在交通大学唐山学院出任教授。后来,又先后出任多个名牌院校以及水利部门的要职等。

当时矗立在中国大地上的很多桥梁都是出自外国人之手,当筹划建造钱塘江大桥时,茅以升就下定决心一定要国人自己来修建,以实力来证明,中国人是完全有能力建造这样一座现代化大桥的。从1933年后的4年里,茅以升

钱塘江大桥开工纪念

将所有的心思放在了钱塘江大桥的设计和修建工作上。因为钱塘江的地理位置比较特殊,是出了名的难以治理的水域,而且地质条件非常复杂,因此要想顺利在江面上架起一座桥梁,绝非易事。

当时工程技术界都认为这是一个十分困难的事情,茅以升冒着巨大的压力,满怀信心,迎难而上,志在必得,一定要将钱塘江大桥建成。在建造的过程中,面对层出不穷的问题,茅以升想尽办法解决,先后采用"射水法"、"沉箱法"、"浮远法"等先进技术,攻克了一个又一个的难题。在抗日战争前期,钱塘江大桥的建造始终没有停止,最终在抗日战争打响之后建成并顺利通车。在抗日战争的吴淞战役中,钱塘江大桥在运送物质、车辆等方面发挥了重要的作用。杭州沦陷之前,茅以升奉命炸毁了他心爱的大桥,为的是阻止日寇的南侵。抗战胜利后,茅以升又主持了修复大桥的工作。如今钱塘江大桥在国家经济建设中还在发挥着非常重要的作用,为新中国的建设立下了汗马功劳。

20世纪50年代时,茅以升又受命建造我国第一座横跨长江的大桥,武汉长江大桥。武汉长江大桥的建成,沟通了南北交通,是我国南北铁路连接在一起的枢纽。不仅如此,在北京人民大会堂的修建中,茅以升也承担了结构设计等方面的工作。

⊙ 查漏补缺

茅以升小时候勤奋刻苦,加之其天生聪慧,深得爷爷喜欢。在爷爷教他学习古文时，往往在抄写的过程中就会背诵了。特别是在摘抄《东都赋》时，赋文优美的语句和意境深深地吸引住了他。等爷爷抄完，他兴奋地要给爷爷背诵一遍，爷爷开始怎么也不相信这么长的赋文他能背诵，而当他熟练背完时，爷爷真是又惊又喜，不禁惊叹：这孩子太聪明了！

读书期间，只要看到有关桥的语句，茅以升赶快摘抄下来，并牢记在心里。看到关于桥的画面，他也是赶快就照着画下来。当他学习了神笔马良的故事后，心里就牢牢记住了"勤奋"二字的重要性，并在今后的生活和学习中始终不懈努

留学期间的茅以升

力，为他以后的成功奠定了基础，对他一生的影响至深。茅以升这种勤奋学习的精神，给后人起到了很大的鞭策作用。

⊙ 历史评述

茅以升自幼刻苦学习关于桥梁方面的知识，励志建造最结实的桥。在美国学成之后，他不忘报效祖国，克服重重困难，建造成中国第一座铁路、公路两用的现代化大桥，开创了我国桥梁史上的先河，为我国桥梁事业，乃至世界桥梁事业作出了巨大的贡献。茅以升一生中还写出了大量桥梁方面的论文，并被翻译成其他语种广泛流传。在教育方面，茅以升通过言传身教，培养了很多卓有成就的建筑工程师，堪称一代楷模。

半个多世纪的坚守

⊙大师漫话

有这样一位桥梁设计师默默地坚守在工作岗位上，一干就是半个多世纪。他就是武汉长江大桥和南京长江大桥这两座举世闻名的大桥的主要设计者——王序森。

武汉长江大桥和南京长江大桥的设计者　王序森

王序森是我国著名的铁路桥梁工程专家，祖籍是广西桂林，于1913年出生在江苏南京，1922年就读于一所教会举办的小学。教会小学的课程分两部分，一部分由老夫子教中文知识，另一部分则由外国人教英语课程。教会小学的三年学习经历给他的中文、英文打下了坚实基础。1925年王序森考入当时的江苏省立第一中学（也就是现在的南京中学），在初中学习阶段，他对科技产生了浓厚的兴趣，并于1928年考入上海交通大学。在学习了三年的预科之后，一直对科技有着深厚兴趣的王序森又攻读了土木科，并获得了学士学位。在读大学期间正逢"九一八"事件，热血沸腾的王序森多次参与了学生游行，此后更加发愤图强，学习专业知识，暗暗下定决心，要以科技之路拯救国家。

1935年，大学毕业的王序森进入津浦铁路工作，主要的工作就是旧桥检测和旧桥加固。他在工作中积极地将在学校学到的理论知识与实际问题有效地结合，使自身的技术水平得到大幅度提升。

1938年起,王序森开始参加各种铁路、桥梁的建设与加固,他刻苦钻研,有效地掌握了工程中钢梁配制的技术。1944年,王序森考到芝加哥BURLINGTON铁路公司进行桥梁实习。在美国实习的两年时间里,王序森在当地一位桥梁工程师的配合下,完成了密苏里河上一座大桥的设计以及一些其他桥梁的加固设计,受到桥梁工程师的赞许。除此之外,王序森趁着学习空档到各地桥梁公司的制造厂进行实地考察,并且掌握了现代桥梁建设中钢结构配制方法。

回国后的王序森被安排到中国桥梁公司上海分公司工作,参与了钱塘江大桥、黄浦江越江桥梁工程的基础修复设计工作。新中国成立后,他主持沪杭线的桥梁修复设计工作,并且为在战火中被破坏的跨长为92.4米的41号桥提出了落水钢梁补充配制半孔的安装方案,这一建议很快被实施,使这几座大桥快速修复通车。

由于战争的破坏,我国很多桥梁都遭受到不同程度的损毁。新中国成立后需要开展大规模的桥梁修复工作。他为鸭绿江上两座大桥的修复提出了重要意见,并被采纳。1953年,他参与并负责武汉长江大桥上部结构方案的设计,同年调到武汉长江大桥工程局。武汉长江大桥工程局是我国唯一一所集工程设计、施工、科研为一体的工程局,在这里王序森凭着十几年对桥梁建设的丰富经验,与著名的桥梁专家刘曾达以及全局的技术人员一起解决了很多桥梁技术难题。

王序森与武汉长江大桥主要设计人员

四、我国著名的桥梁设计师

⊙ 查漏补缺

我国的万里长江第一桥——武汉长江大桥，是我国桥梁建造一个重要的里程碑。王序森参与了大桥的设计并担任技术指导工作，在建造过程中解决了很多重大的技术问题，也提出了很多建议与措施。武汉长江大桥是新中国成立后修建的第一座大桥，面对初建大桥中很多复杂技术方面的问题，主要是靠苏联专家帮忙解决。王序森在美国学习的桥梁知识与苏联专家有很大的差异，他就主动学习俄文，钻研相关资料，很快就能看懂专业的俄文书籍，并且在工程施工过程中将在美国所学与苏联的技术进行融合，提出了很多好的建议与措施。

南京长江大桥则是我国自主研发、自主建造的大型桥梁工程，也是由王序森主持设计的，他同时还负责大桥的钢梁设计以及协助审定大桥的施工设计。在南京长江大桥的建造过程中，由于同苏联关系紧张，苏联提供的钢材不能满足大桥的需要，于是王序森与鞍钢技术人员进行深入研究，终于研制出了适合南京大桥需要的16锰钢，及时保证满足了大桥的钢梁需要，而且这一钢梁至今仍被广泛使用在桥梁建造、造船等方面。

⊙ 历史评述

王序森不仅积极完成各个大桥的桥梁建设，同时还投入了大量精力到国际技术研讨和交流中，多次前往不同国家进行桥梁技术实地考察，以及参加各项国际性的研讨会。他一方面勤勤恳恳、全身心投入桥梁建设的工作中，一方面将在国外学习到的先进知识融合到工作中，同时也为我国培养了大量的桥梁建设技术人才。

豪情万丈的资深专家

⊙大师漫话

他除了桥梁力学专家的身份之外,同时还是一位杰出的教育家和社会活动家。他就是在工作中豪情万丈的资深桥梁专家——李国豪。

李国豪是广东省梅县人,1913年生于一户普通的农民家庭。他人穷志不穷,读完中学之后直接考入同济大学土木系。他不仅学习成绩优异,而且是第一个获得德国洪堡基金会奖学金的中国人。因抗战爆发,他延至1938年赴德国达姆施培特工业大学留学,在1940年获得双博士学位。因祖国的号召,李国豪放弃了国外的优越的工作和生活条件,回归祖国。他参加了一系

资深桥梁专家　李国豪

列桥梁设计工作,后来成为知名的中国科学院院士。在2005年,享年95岁高龄的他是全国第一批桥梁专家中最后去世的一位。

李国豪在自己的土木世界里带给中国以不可磨灭的影响,他的桥梁工程学科达到了国内领先水平,在国际上也享有名望。

李国豪在母校,实施了同济

李国豪做桥梁实验

大学的"两大转变",一是学科上的转变,增加了德语系列,并且实现了传统教学方法的转变,成为理论和实践结合的生活学科;二是将土木为主的单一性的科目向以理工综合性学科为主的多科型转变。这两大转变为建立一个综合性和国际化的大学打下了一个坚实的基础。不仅如此,他还在追随时代的脚步上,提出了建设科学和科研两个部门,以理论为基础,加强对实践的操作性,让学生参与实际的建设,真正做到实践为主,理论为辅。李国豪为此身体力行,亲自出访海内外,为我国新时期的大学教育作出了杰出贡献。

实践是李国豪毕生推崇的思想。在结构力学和桥梁工程方面,他坚持科研选题,以"必须具有工程背景,必须解决实际问题"为准则,提倡以较高水平的理论基础来解决较为尖端的实践问题,强调在实践中发展理论,让自己的思想提高一个层次。

他审时度势,在国内首次提出了大跨叠合梁斜拉桥的建桥方案,对上海南浦大桥、广东虎门珠江大桥的设计提出了建设性的意见,赢得了中国桥梁赶超世界先进水平的机会,是我国大跨桥梁自主建设的首要功臣和学界先驱。

⊙ 查漏补缺

一说到李国豪,大家就会想起那个少年维特,总是一个人在那里静静思考,仿佛什么都不能阻止他的思考。广东梅县是一个足球之乡,正是因为足球,李国豪爱上了运动,爱上了在广阔的知识世界里畅想。他有一个很明显的特点,往往在不固定的时间里进行独立思考,从而获得自己想要的答案。李国豪一直都在为中国桥梁建筑方面而奋斗。他从没有忘记自己最初的梦想,那就是立志成为一个驾驭长江大河的桥梁大师,他为之奋斗了终生。

1941年,李国豪正在征图,汪伪政权在德国搞了个"大使馆",来笼络一些流失在外的科研人士,李国豪坚决不与汪伪政权发生关系,保持了一个爱国科学家的节操。当祖国建设发展需要人才之际,李国豪又毫不犹豫地回国,放弃了国外的一切。回到祖国后,他全身心地服务国家,带领中国桥梁建设走向世界，并超越世界。

⊙ 历史评述

　　李国豪一生是传奇的，每一个历史印记都显示出他的豪气万丈。他是全国第一批桥梁专家，创立了先进的理论，为综合性大学的建立奠定基础。他创立了梁桥荷载横向分布理论及桥梁空间分析，对武汉长江大桥晃动现象的本质做出了明确的解释，消除了海内外对中国桥梁建筑的怀疑。他是一个理论和实践结合的科研人士，实事求是、精益求精、严格科学的学术风格更是难能可贵，对于一个为爱而奉献，为科学而献身的人来说，一旦投入，夫复何求。

长江大桥建设第一人

⊙大师漫话

如果说谁是我国长江大桥建设第一人,那就是唐寰澄——我国近代最著名的桥梁专家之一。

1926年,唐寰澄生于上海,他从小接受良好的教育,刻苦用功。1948年,他毕业于上海交通大学土木工程系。唐寰澄才学渊博,思维敏捷,而且勇于开拓创新,在设计桥梁建设时,时常将美学艺术加注到设计方案中。

长江大桥建设第一人 唐寰澄

武汉长江大桥是万里长江上修建的第一座大型桥梁,也是我国第一座公路、铁路两用桥。武汉长江大桥的建成,引起了世界的瞩目,也在我国桥梁史上留下了重要的一笔。这座大桥就是唐寰澄设计的第一座大桥。

唐寰澄的一生都供献给了桥梁,他不仅是一位桥梁建筑设计专家,还是桥梁建筑美学专家和桥梁史学家。当年唐寰澄刚刚毕业就选择了在武汉工作,并从此扎根在武汉,把毕生的心血都奉献给了他所忠爱的桥梁事业。当时,我国的桥梁建设才刚刚起步,所见的桥不是遗留下来的古桥,就是在战争中被破坏的危桥,几乎没有新建的桥梁,更不要说是大桥了。当时我国在桥梁建设方面根本没有任何经验,唐寰澄认识到我国在桥梁建设方面的不足,一面博览群书、研读跟桥梁有关的古籍,积累、消化古人在桥梁建设方面的精华,另一方面走遍无数的桥梁,将研读来的桥梁数据跟实地考察的桥梁数据融合在一起，为古桥修复提供了详细、重要的资料。

唐寰澄不仅仅研究国内的桥梁，还研究国外桥梁。为了能更透彻地研究国外在桥梁建设方面的精髓，他自学了英文、德文，并且专门到国外实地考察核实了各种桥梁的相关数据。他将所学所见，相互结合，相互贯通，并且在工作中学以致用，最终在武汉长江大桥建设设计方案中脱颖而出，为武汉长江大桥的建设立下了汗马功劳。

武汉长江大桥建设现场

当时我国正在筹建武汉长江大桥，下令征集大桥的设计方案，唐寰澄为武汉长江大桥设计的方案得到周恩来总理亲自批准实施。在众多的设计中，唐寰澄的设计不仅达到了桥梁施工的中的各种要求，同时注重桥梁的美观，整个设计方案围绕建筑美学来进行，他设计的桥头堡方案既保持了中国传统风格，又与机械工程学、美学相结合，最终他的设计方案得到采用。唐寰澄为武汉长江大桥的建成做出了重要贡献。至今，唐寰澄还保存着他为武汉长江大桥设计的全部文稿和图纸。

⊙ 查漏补缺

唐寰澄经过多年的研读，积累了大量的桥梁知识，他将自己所熟知的，关于桥梁的一切知识都凝聚成一本本专著。他于1957年出版了中英文对照本，专门介绍我国古桥梁的《中国古代桥梁》；后又凭借《桥》获得了首届全国优秀图书奖，并且应美国运输科学研究学会的邀请，参加了由16个国家桥梁专家出席的研讨会，同各国专家一起撰写了《世界桥梁美学》一书。该书出版后，唐寰澄荣获美国国家工程师学会特别奖。2000年，年近75岁的唐寰澄又凭着自身渊博的知识以及丰富的桥梁建设设计经验，出版了《人间万古彩虹飞——世界桥梁趣谈》一书，书中的桥梁知识涵盖了古今中外各式桥梁，行文优美，引人入胜，获得了全国优秀科普作品奖。2008年，82岁高龄的唐寰澄获得年度最高荣誉——茅以升桥梁大奖。唐寰澄凭借着对桥梁的热爱，于2010年、2011年又先后出版了《中国木拱桥》《中国古代桥梁新版》二书。

⊙ **历史评述**

唐寰澄作为我国现代著名的桥梁专家，在沿长江、黄河各处的大桥上都留下了他的身影，特别是我国第一座长江大桥的建设，他设计的大桥建设方案更是作出了不可磨灭的贡献。他用他一生的建桥的经验，写下了无数关于桥梁的专著，留下无数珍贵的资料，为我国现代桥梁建设提供了翔实的数据。

华裔桥梁大师

⊙ **大师漫话**

他是移居国外的桥梁设计奇才，也是一流的铅笔画家，同时也是马拉松爱好者。也许他在国内并不是非常出名，但是在世界桥梁设计领域，余永耀绝对是一位重量级的名字。这位世界著名的桥梁设计师是华裔桥梁设计师中的佼佼者，在世界桥梁领域享有很高的赞誉。他一生中留下了葡萄牙"瓦斯科·达·伽马"大桥、香港青马大桥、美国旧金山大桥这些堪称经典的伟大作品。

余永耀是华裔莫桑比克人，祖籍广东。他20世纪60年代去英国留学，经过在布莱顿大学建筑设计学院多年的寒窗苦读，获得了硕士、博士学位。学业有成后，余永耀开始了自己的桥梁建筑生涯。他最擅长的是桥梁绘画设计，并且铅笔画堪称一绝。余永耀的桥梁铅笔绘画非常自如流畅、透视精准，绘画功底甚是深厚。在多年工作积累下，余永耀将自己的桥梁绘画设计整理成了厚厚的一本铅笔绘画集，并在英国出版。这本桥梁设计绘画集一经出版即引起了英国当地的轰

桥梁设计奇才　余永耀

余永耀设计的葡萄牙瓦斯科·达伽马大桥

动,得到了英国女王的高度赞扬。

在余永耀的一生当中,桥梁设计作品遍布世界各地。从欧洲到美洲,从亚洲到中东,很多国家都给予了余永耀设计的作品以高度的赞扬和评价。这其中,香港青马大桥和葡萄牙瓦斯科·达伽马大桥是余永耀桥梁设计的杰出代表作。他在工作过程中,每到一处都会用画笔记录下施工现场的情况。

葡萄牙瓦斯科·达伽马大桥是余永耀的得意之作。它是葡萄牙最长,欧洲第二长的跨海大桥。瓦斯科·达伽马大桥位于葡萄牙首都里斯本的塔霍河上,1995年开始建造。大桥的建设动用了3300人,历时18个月,在1998年世界博览会召开前竣工通车。整座大桥设计宏伟壮观,设计使用寿命达到120年,可以抵御8.7级地震。大桥主桥的长度达到826米,有八条行车线,每日可供52 000余辆车辆通行。

余永耀大师的另外一个令人称道的桥梁设计作品就是位于香港的青马大

桥。香港青马大桥是一座公路铁路双用悬索式吊桥。大桥横跨马湾海峡，连接青衣岛和马湾之间，全长2 600米。大桥1992年开始兴建，经过5年建设，1997年顺利竣工。由于大桥没有设计人行道，所以人们无法步行上桥参观，但是在远处观看时，也能体验到青马大桥的恢弘气势，令人不禁为余永耀的设计而叹服。

⊙ 查漏补缺

余永耀是长跑爱好者。尽管他已年过七旬，但仍然坚持每天长跑，还多次参加在自己设计的葡萄牙瓦斯科·达伽马大桥上举办的半程马拉松比赛。余永耀热爱运动，经常参加南欧华人华侨的一些聚会，与老乡和同胞们畅谈友谊。

⊙ 历史评述

余永耀作为世界著名的桥梁设计师，一生致力于现代桥梁设计事业，取得了辉煌的成就。他所设计的香港青马大桥、葡萄牙瓦斯科·达伽马大桥和

余永耀设计的美国旧金山市大桥

美国旧金山大桥无一不是现代桥梁史上的杰出代表作品。余永耀是世界华人中的佼佼者，在桥梁设计领域取得了惊人的成就，让中华同胞为之骄傲，也激励着年轻的桥梁设计工作者更加努力地学习工作。

他用生命绘制钢铁彩虹

⊙ **大师漫话**

　　横卧在黄浦江上的南浦大桥享誉海内外。上海南浦大桥的修建使用，在很大程度了缓解了浦东、浦西人们交通上不畅的难题。可以说，这是一项意义非凡的举措。南浦大桥的设计者是一个非凡的人，在我国的桥梁建设中，他功不可没。他就是用自己的生命来绘制钢铁彩虹的建筑大师——项海帆。

　　项海帆出生于1935年，幼时的他亲眼看到了日本帝国主义对中国人民带来的巨大灾难和耻辱。在他12岁时，有幸看到了由茅以升大师设计建造的钱塘

建筑大师项海帆

江大桥，被深深地震撼，并自此励志要为祖国建造最大、最漂亮的大桥。因为这次经历与桥结缘，自此他开始专注桥，并成为李国豪教授的开门子弟。在"文革"期间，项海帆受到了严重的打击，但出于对桥梁事业的爱好，他一直都没有放弃自己毕生的事业。蒙冤多年之后，他重新开始了对桥梁的研究。此后几年他做出的显著成绩逐渐被外界认识，并完成了一些风洞实验，创立了一些理论。

　　20世纪80年代，中国桥梁事业的发展得到提速，但和国外相比，还是非常落后的。对于这种现状，项海帆深感忧虑，下定决心要尽快扭转这种局面。1987年，一些日本桥梁专家参与研讨南浦大桥的建造方案，这让项海帆深感耻辱，后来经过一番努力，他有幸成为南浦大桥方案的设计者。万众瞩

南浦大桥

目,上海南浦大桥成了世界的焦点,尽管存在诸多的困难,但项海帆等人在前人经验教训的基础上,率先采用一些新技术,针对黄浦江的特点,在大桥安全性上做了大量的工作,确保大桥能抵御超大级别的大风。后来经过风洞实验,结果表明安全没有问题,这项研究也荣获了上海科技进步一等奖。

随着南浦大桥的建成,上海浦东、浦西人们再也不用为过江而犯愁了。而且这南浦、杨浦、松浦、奉浦、徐浦等大桥对上海经济的发展起到了极大的促进作用,同时也能带动整个上海乃至长三角地区经济的快速发展。这是我国桥梁史上的一个壮举,充分展现了中国桥梁设计与建造的能力,在国际桥梁事业中的地位也得以提升。

项海帆为我国的桥梁事业作出了非凡的贡献。另外,他也是一名博士后导师。项海帆的主要工作是教学,主张学生一定要灵活应用,而不是单纯地学些书本上的教条。为了培养更多、更好的接班人,他要求学生在实践中发现问题,破除一些陈旧的观念,开创新的观点。在教学中,很多学生都深切地感受到了项海帆教授的魅力,并从中学到了很多书本上没有的知识。在项海帆的影响下,他的学生可谓是长江后浪推前浪,也在桥梁事业上取得了突出的成绩。

⊙查漏补缺

项海帆生于动荡的抗日战争年代。他在8岁那年正读小学四年级,在老师和其他同学的帮助下,一起策划了一场抵制日语课的活动。虽然事后受到了学校的严厉警告处分,但是在项海帆幼小的心灵里,爱国的热情却永远没有减退,以后更激发了他的民族自尊心。

一次在清明节回乡扫墓时，他见到了钱塘江大桥，顿时被这座大桥的恢弘气势所吸引，对桥的热爱由此被激发，他下决心长大了在桥梁方面有所建树。虽然项海帆在桥梁事业上已经成绩显著，但是每每提起这些童年往事，他都依旧激动不已。

⊙ 历史评述

项海帆作为我国桥梁专业的大师，成功设计并修建了南浦大桥，其意义是深远的。南浦大桥的修建成功是中国人的骄傲，在一定程度上彰显了我国桥梁事业的实力和技术力量，向世界证明了我国桥梁事业的发展步伐。另外，项海帆还是我国大跨桥梁抗风研究的开拓者以及风工程学科的主要带头人。多年来，他先后承担了多项国家级的重大项目，并多次获得科技成果奖，同时他还编写出了一批有价值的建筑学的著作，为我国的桥梁和建筑事业作出了突出的贡献。在教书育人方面，项海帆注重实践应用，非常重视对人才创新的培养，为中国桥梁界培养了一大批优秀的人才。

业绩斐然的新世纪设计师

⊙ **大师漫话**

说起徐升桥，可能很多人都不知道，但是提到广州新光大桥，很多人都会点头赞叹。这座建立在珠江景观长廊上的新地标桥梁，主要设计者就是徐升桥。在众多的桥梁工程中，他取得了斐然的成绩。

徐升桥，1991年毕业于湖南长沙铁道学院桥梁、隧道与结构工程专业，主攻桥梁工程专业，目前，在中铁工程咨询集团桥梁工程设计院担任总工程师。徐升

广州新光大桥设计者徐升桥

桥从事桥梁建设工作20多年来一直兢兢业业、努力钻研专业知识，积极投身我国的桥梁工程建设事业，前后主持了由铁道部、北京市等牵头的桥梁建设设计项目与科研项目。

由徐升桥为主设计建造的广州新光大桥的主体，采用了三跨连续钢桁拱与混凝土三角钢构筑的新型组合结构，这种技术难度极大。徐升桥带着他的技术团队经过3年的时间，对这种新技术的桥梁受力原理、关键构造方法、工程施工中的新方法以及新工艺进行了深入研究与工程实践，成功地取得六项骄人的成绩。

徐升桥设计建造的广州新光大桥

这些成绩包括：成功设计并建造了新型组合大桥头，是世界上第一座三跨连续钢桁拱桥与混凝土三角钢构架的桥梁；找到了拱桥大节段使用小型机具进行安装的新方法，被评为国家一级工法；大型深水基础不封底单层钢板桩围堰施工法，将大桥施工过程中钢结构的用量减少为每米18吨，大幅度地降低了工程成本，使大桥造价低于同类型跨度的桥梁，此项技术获得了国家发明专利；使用不封底式钢板桩围堰灌注混凝土，在施工中节省约8 000立方米的混凝土；在江面不完全断航的情况下，用两天时间完成了主拱拱肋中段的施工安装工作。

广州新光大桥的建成，为我国在以后的新型桥梁设计建筑中使用大跨度桥梁的建设积累了雄厚的实力。

在交通运输的快速发展中，高速铁路与客运专线修建数量越来越多，而且在这些工程中桥梁所占有的比例也越来越大，甚至能占到了线路总长的50%左右。列车在高速铁路运行时对桥梁线路的平顺性要求很高，在高速铁路都采用无砟轨道技术后，对桥梁控制变形的要求也越来越高。徐升桥对高铁常用的跨度梁设计参数、高铁箱梁动力性能判定方法等内容，经过深入研究，总结出一整套适用于高速铁路建设的设计理论以及设计方法，解决了列车在高速行驶状态下桥梁结构的实用性，以及列车在运行过程中的安全、舒适等问题。

⊙ **查漏补缺**

　　随着我国交通运输业的高速发展，桥梁建设对跨越的公路和铁路的运营影响已经成为桥梁设计方案时主要考虑的因素，因此在桥梁建设过程中，桥梁转体新工艺成了新时代桥梁建设工程的技术措施，在桥梁建设中进行了大规模的应用。徐升桥带领着技术团队不断地克服在创新桥梁转体施工中遇到的困难，从而取得了一系列的成就。

　　2002年，徐升桥在北京市五环路斜拉桥的施工中提出了"转体桥梁重心称重工法"的设计方案，使有关部门提出的安全要求得到了最大限度的满足。2006年，善于创新的徐升桥在北京市东六环西侧辅路的施工中，又提出了"双幅桥梁同步转体"的理念，并且在工程中实施成功，使桥梁的造价大幅度降低。2007年，徐升桥再次发挥他的创新理念，将节段悬臂灌注施工的预应力混凝土施工方式改为转体法施工方式，并在实际施工中成功实践。这是一种采用六边形花瓶式桥墩与墩顶转体工艺结合在一起的新技术。2008年，徐升桥根据澜沧江的特殊地理环境，提出分别沿两岸山坡拼装拱肋颈性骨架，以及二次竖转来完成大桥拱肋拼装的设计方案。这比之前用缆绳索吊在江面上进行大桥拱肋的拼装更加安全，而且新的方案极大地缩短了大桥的建设工期。

北京市六环路斜拉桥效果图

⊙ **历史评述**

近年来，徐升桥以及他带领的团队出色地完成了各种复杂的桥梁建设项目。徐升桥以其博学的知识和大胆创新的理念，成功地取得了多项重大技术创新的成果，并多次获得国家级嘉奖。荣获"国务院特殊政府津贴"，是"新世纪百千万人才工程"的国家级人才。荣获"北京市劳动模范"、"全国五一劳动奖章"、"全国劳动模范"的光荣称号。

世界级的桥梁专家

⊙ **大师漫话**

在国际上,有一名著名的华裔桥梁设计大师,他用自己的智慧建造出许多著名的桥梁,方便了人们的生活。外国媒体对他的评价是"太阳总是照在他的桥上"。他为中国桥梁事业作出了贡献,为中国桥梁史上增添了绚丽色彩。他就是世界级的桥梁专家——邓文中。

桥梁专家邓文中

邓文中出生于广东肇庆,因为家境一般,后来进了一家职业学校。在学校期间,他刻苦努力,每天起早贪黑地学习,最终顺利获得土木工程学位,并有机会到德国进修深造,获得了博士学位之后,在纽约一些外企任公司要职。在国外期间,邓文中设计了一些比较知名的大桥。但作为一个中国人,他内心里还是很希望能为祖国的桥梁事业贡献出自己的一份力量。20世纪80年代末,邓文中对重庆产生了浓厚的兴趣,并在重庆组建公司,开始建造世界上最漂亮、最适合重庆的桥梁。

在重庆期间,他先后担任要职,设计并组织修建了多座桥梁,这些桥梁个个神采奕奕,风采各异。特别是在修建菜园坝长江大桥时,邓文中亲自出任技术总监,设计的桥梁外形漂亮,富有时代气息,在材料的选用上也非常结实耐用。这座桥创造了多个世界第一，比如，是世界上是最大的同时跨公路轻轨的大桥，采用世界上最大的缆索吊机，等等。菜园坝长江大桥还摘得重庆市最佳创意奖。

菜园坝长江大桥

重庆的不少大桥，都是邓文中专门为重庆精心设计的。在建造这些桥梁之前，他花费了大量的时间和精力研究重庆的特殊地形，因地制宜地建造符合当地地形的桥梁，在外形方面尽量是采用轻盈的造型，这样可以保证桥梁的美观性。在地段选取上，更是根据长江水位的变化，既确保结实耐用，又兼顾到桥梁的漂亮。在建造桥梁时，邓文中与时俱进，所建成的桥梁和城市高楼林立的格调非常符合，人文性和地域性兼顾，实现了艺术美。

重庆大桥的建造，只是他在国内的突出成就。他还为德国设计了世界上最大跨度的斜拉桥。美国最早的大跨度预应力混凝土大桥也是邓文中主持建造设计的。美国、加拿大等一些知名的大桥也是出自邓文中之手。邓文中建造的桥梁遍布世界，称其为世界顶尖级的桥梁大师一点也不为过。

⊙ **查漏补缺**

邓文中是华裔，但在他的内心深处，仍觉得自己是一名真正的中国人。他很长一段时间生活在重庆，并为重庆作出了不凡的贡献，2008年6月4日，是邓文中一生中最高兴的日子，他正式成为一名名正言顺的重庆人了，他被授予"重庆市荣誉市民"的证书和证章。浓郁的中国情结，对祖国深深的爱，在这个桥梁大师的身上体现出来了。

邓文中被授予重庆市荣誉市民

对重庆的这些桥,他都把其比作是自己的孩子。他经常牵挂着重庆的桥,非常喜欢这些桥,每年都要抽时间去重庆看看那些矗立在江上,由自己设计的大桥。这些桥都非常别致,就像一个个活生生的生命一样,都是他的心血。为百姓修建最漂亮的大桥,是邓文中此生最快乐的事情,修桥是他最大的嗜好。

⊙历史评述

　　邓文中是世界级的著名的桥梁专家。他一生设计的大桥遍布世界,总数多达100多座,其中有很多都创造了世界记录,并享有"邓文中的桥永不落日"的美誉。他对中国桥梁建设的发展也作出了突出的贡献,特别是在重庆修建了几座举世闻名的大桥,为我国桥梁事业的快速发展起到了很好的促进作用。他还以作为一名中国人而自豪,并希望能借着当下桥梁事业的发展,中国能成为一个桥梁大国、强国,在世界桥梁史上写下辉煌。

五、雄伟壮观的新时期桥梁

独一无二的东方女神

⊙ **桥梁漫话**

　　杨浦大桥是独一无二的"东方女神"。它是一座双塔双索面铁合梁桥。它横跨黄浦江，是我国自主设计和建造的一座斜拉桥。杨浦大桥始建日期是1991年4月，两年后的1993年9月竣工。杨浦大桥全长7 654米，其中主桥长达1 172米，桥宽30.35米，全桥共设有六条车道。整条主桥就像一个矗立在黄浦江上的骄傲的女神，在全世界同类型的斜拉桥中，杨浦大桥的美是位居第一的。

　　继上海南浦大桥建成之后，杨浦大桥就是上海第二座建成的横斜拉桥，同时它也是全世界主跨径最大的斜拉桥。杨浦大桥全长7 654米，桥高48米，桥下还可以正常通过5.5万吨的大轮船。桥的两边各有一座倒V形的主塔，塔高

"东方女神"杨浦大桥

208米。桥面两旁设有宽达2米的人行道，还有专门的电梯供游客们上桥观光。

杨浦大桥倒V型主塔

杨浦大桥两座倒V形主塔就像两把锋利的剑直刺向天空中。主塔的两边有32条钢索，把主塔和桥梁连接在一起，犹如一把三角形的扇子那样展开。远远遥望，又像两把巨大的琴弦，正在中国的最东方弹奏着一曲气势蓬勃的奏鸣曲。邓小平88岁的那一年，亲自登上了杨浦大桥并为桥提名。

杨浦大桥就好像一条巨大的彩虹，横跨黄浦江。整条大桥设计精细，气势宏伟，再加上优美的造型，使得它成为上海著名的旅游景观。

杨浦大桥位于上海市杨浦区与浦东新区之间，大桥距离苏州河口仅仅5.3千米，距离南浦大桥11千米，距离吴淞口20.5千米。杨浦大桥是整个上海市内环线的咽喉，连接着浦东新区和浦西老市区。

值得一说的是，在两座主塔的两侧，都有32对拉索，整条桥一共有256根。最长的拉索长达330米，每一条拉索都是由高强钢丝组成。杨浦大桥的主要设计单位是上海市市政工程设计院，合作的单位有三个，分别是上海城市建设设计院、同济大学和上海城市建设学院。桥的建设由黄浦江大桥指挥部承担。

⊙史料链接

上海杨浦大桥是上海市内环线的一个重要组成部分，位于上海市杨浦区与浦东新区之间。它的建成大大地促进了浦东的经济发展，同时极大地改善了上海内城区的交通。

正在建设的杨浦大桥

在苏州河以北,杨浦大桥当时是唯一的一条越江工程。杨浦大桥的诞生,对上海来说具有划时代的意义,大桥的施工质量和速度都达到了世界一流的水平。

⊙历史评述

杨浦大桥的建成通车,创造了上海市建桥历史上一个新的奇迹。整个大桥的建设质量和速度都已经达到了世界级的水平。在几百年的世界建桥历史上,这是一件屈指可数的辉煌事迹。杨浦大桥的建成不但引起了国内外所有同行的热烈关注,还得到了无数专家的高度称赞。

大桥的设计创新又美观,602米的主桥跨度成为当时世界斜拉桥的第一

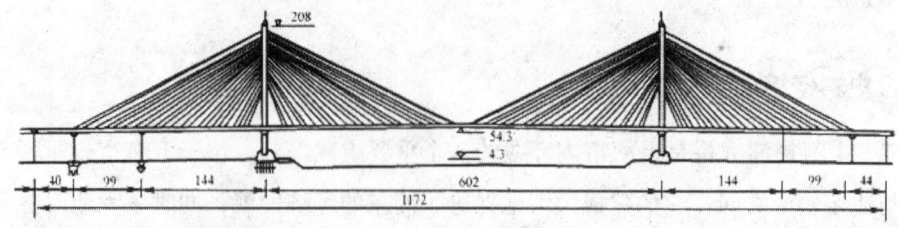

杨浦大桥设计图

位。杨浦大桥的建成极大地提高了中国斜拉桥建设的水平，不但让世界对中国的桥梁建设刮目相看，还使得中国桥梁建设踏进了世界前列。

　　杨浦大桥已经成为上海交通路线的一个重要节点。它东与浦东的罗山路立交桥连接，西和浦西的内环线高架道路接通，同时和南浦大桥构成上海内环线交通的重要枢纽。它加快了浦东经济的发展，也极大地缓解了上海交通紧张的情况，对整个上海市的发展和开发具有极其重要的意义。

优雅的东方"美人鱼"

⊙ **桥梁漫话**

一条优雅的东方"美人鱼"在江苏省东南部静静矗立着，它就是连接南通和苏州的大桥——大名鼎鼎的苏通大桥。

苏通大桥东面108千米是长江入口，西面82千米是江阴长江公路大桥。苏通大桥同时连接了多条高速公路，分别有宁通高速公路、苏嘉杭高速公路、盐通高速公路、通启

苏通大桥

高速公路和沿江高速公路，是江苏省内一条重要的交通干道干道。

苏通大桥又称苏通长江公路大桥，坐落于江苏省东南部，介于苏州市和南通市之间。苏通大桥是交通部特别规划的一条高速公路大桥。它是连接沈阳、上海，直达广东深圳的东部沿海大通道G15沈海高速公路的交通枢纽。苏通大桥全长32.4千米，是由三部分组成，分别为南北接线和跨江大桥。其中，南线部分长约9.2千米，北线部分长约15.1千米，跨江大桥则长达8146米。跨江大桥的组成比较复杂，主跨是1088米的双塔斜拉桥，外加辅桥和引桥。其中，主桥净高62米，宽达891米，可以通过5万吨的货轮和4.8万吨的船队。苏通大桥于2003年6月开始动工，于2008年6月正式竣工，整个工程历时长达5年。

建设苏通大桥是一个庞大的工程，主跨跨径为1088米，目前为止是世界上第二大跨径的斜拉桥，仅次于世界第一大的俄罗斯跨东博斯普鲁斯海峡的俄罗斯岛大桥。其次，苏通大桥的主塔也是位居世界第二的桥塔，主塔高达

300米,与位居世界第一的俄罗斯岛大桥的主塔仅相差20米。主桥的两个主墩采用的是灌注桩,全桥一共使用了131根直径2.5米左右长达120米的灌注桩,是世界上群桩基础最大规模的一座桥。在主桥的建设里,最长的一条斜拉索是577米,目前也是全世界最长的一条大桥斜拉索。

大桥的主要工程量巨大,全桥一共包含的混凝土就高达149.3万立方米,使用的钢材高达23万吨,钢箱梁也达4.9万吨。除此之外,还有斜拉索6278吨,317.6万立方米的填挖方。苏通大桥的建设技术水平非常高,难度极大,目前也是我国建桥历史上一座建设技术最具挑战性、科技含量最高、建设的标准最高的现代化桥梁工程。

⊙史料链接

苏通大桥目前已经在世界纪录协会打破了多项世界纪录。它的跨径长达1088米,目前排名世界第二,是全世界斜拉桥中跨径最长的一条桥;目前世界上排名第一的是日本明石海峡大桥,总跨度1991米。于此不同的是,日本的明石海峡大桥是一条悬索桥。

苏通大桥的主墩面积大约有一个足球场那么大,需要在水深40米的软土地基上建设起来。交通部总工程师凤懋润评价说:它是世界上所有桥梁中入土最深和规模最大的群桩基础。苏通大桥的建设象征着中国已成为桥梁建设强国。

2008年4月28日,当主跨长达1088米的苏通大桥正式宣布通车的那一刻开始,就成为了世界上跨径最大的斜拉索桥,宏伟壮观的身影就像一条优雅的美人鱼,横跨在长江上。

未竣工时的苏通大桥

1991年，国家就已经开始研究苏通大桥的建设方案，直到2000年才完成方案的确定。2001年国家正式批准苏通大桥的建设，2002年3月苏通大桥建设项目的公司正式确立，2005年7月灌注工程正式完成，2007年1月终于实现南北合拢。2007年6月，作为世界第一大跨径斜拉桥的苏通大桥实现了中跨合拢，2006年10月高塔施工正式完成。直到2008年3月，经过了5年的艰苦建设，最后于2008年3月正式交工验收，6月30日正式通车。

⊙ 历史评述

苏通长江大桥的建成，连接起了我国东部沿海南北向高速公路的主通道G15，完善了国家和江苏省的干线公路网络，同时在一定程度上促进了长江沿岸区域的均衡发展和整体大开发战略。大桥的建成也有利于长江的航运条件改善，并缓解航运过江的交通压力，对于江苏省乃至长江三角洲区域的经济发展都有十分重要的意义。

从桥梁建筑层面来说，苏通长江大桥可以称得上是我国桥梁建筑史上规模最大、建设条件最为复杂的一项特大型桥梁建设工程。这座大桥的工程艰巨程度、规模之浩大、桥梁设计和建设技艺的高超精湛可以说代表了中国当代桥梁建筑的最高水平。这座大桥的顺利建成也向世界宣告：中国已经从建桥建设大国迈入建桥建设强国的行列！苏通长江大桥就是这一转变的标志性桥梁建筑。

隐藏在海上的巨蟒

⊙桥梁漫话

在杭州湾口东北部，舟山群岛的西侧，隐藏着一条海上的巨蟒，它就是起始于上海浦东芦潮港，横跨杭州湾北部的一条万米大桥——东海大桥。

东海大桥

东海大桥的起点是上海浦东新区的芦潮港，北部和沪芦高速公路相连接，南部横跨杭州湾北部海域，一直延伸至浙江嵊泗县的小洋山岛。东海大桥全长32.5千米，是上海政府列出的当年"一号工程"。

东海大桥工程作为一个重要的配套工程，是上海国际航运中心深水港工程的一部分。它的作用十分巨大，涉及洋山深水港集装箱疏运、供电、通讯和供水各个方面。东海大桥一共可以分为海上段、港桥连接段和陆上段三个部分，第一部分是海堤到大乌龟岛25.5千米的海上段，第二部分是2.3千米的陆上段，第三部分则是大乌龟到小洋山岛3.5千米的港桥连接段。全桥一共长约32.5千米，桥宽31.5米，总共设有6条标准的带有紧急停车带的车道。车速的设计大约是每小时80千米。

建设中的东海大桥

东海大桥于2002年6月正式开工建设,施工进行了35个月,于2005年5月正式竣工通车。大桥平均宽约31.5米,设有上下两幅桥面,6个双向车道设计时速80千米。大桥的设计标准完全符合高速公路的要求,设计的使用基准期是100年。东海大桥主航道离海面净高40米,其高度相当于一幢10多层高的楼。长达1.22千米的深海大堤介于大乌龟山和颗珠山之间。东海大桥最大的奇迹是建设的效率和速度——建设东海大桥面临的是风急浪高的大海,但是建设者们运用了高超的技术,仅仅用了3年的时间就完全实现了大桥的建设!

⊙史料链接

东海大桥是一座用新技术、新工艺和新的理念建设的大桥,蓝色的主基调是与海天共一色。全桥长达32.5千米,设有双向可以通过50000吨级轮船的通航道。

东海大桥浓缩了科技精华,大桥和天空、海水都呈蓝色的一片,从高处看美轮美奂,桥身弯曲地伸向远方,犹如一条海上巨蟒横跨东海。科技人员在缺少工艺标准和现成的海上桥梁施工规范的情况下,解决了建桥过程中遇到的一系列难题。他们利用全球卫星定位系统来定位打桩,海上的防腐、吊装和超大体积混凝土箱梁预制等难题都一一解决了。

海天一色的东海大桥,在正式通车的7年里曾经面对过无数次的安全考验。高达159米的主塔有两座,牢牢地耸立在海中,远远看去就像两个巨人的身影。主塔的建设也创造了一个国内新纪录,是国内最高的海上混凝土浇注的大桥主塔。7年以来,成功地抵抗了"云娜"和"蒲公英"两次大台风的袭击。192根极长的钢缆和主塔紧紧地连接在一起,犹如巨人有力的大手臂,紧紧地把桥面拉起来,高悬

海天一色的东海大桥

于海面上。

到2008年，东海大桥工程就已经成功获得了国家的24项专利，设计建造者公开发表了学术论文96篇之多。东海大桥建设时期一共投资了71.1亿元，从准备阶段到施工一共用了41个月的时间，它平均比世界水平节约了60%的投资，建设效率高了50%！

⊙历史评述

东海大桥凭着"东海长虹"的理念，于2005年成功诞生。它是中国东部的一条亮丽的彩虹。它就像是中国东海海面上的一条巨大的蟒蛇，蜿蜒曲折地延伸在海面上。大桥高雅的颜色基调是大桥桥梁个性和外观形象的直接体现。目前，东海大桥是世界上排名第一的最长跨海大桥，是实实在在的一座"世界之桥"。

独特的"日月拱桥"

⊙ 桥梁漫话

从高空俯瞰，宛若一只洁白的蝴蝶停落在碧绿色的江面上，白绿相称，显得格外漂亮。但它不是蝴蝶，它是一座著名的建筑——白色的天津大沽桥。

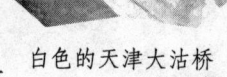
白色的天津大沽桥

这座桥于2003年7月开始修建，历时1年多，到第二年的10月主体完工，2005年11月正式通车使用。天津大沽桥的构思是"日月生辉"，所以也被叫作"日月拱桥"。其建造寓意深含，朝向东方的大拱象征着刚刚升起的旭日，而朝向西方的小拱则象征着夜晚升起的皎洁的月亮。两个拱成了绝妙的观赏平台，能让人欣赏海河的美丽景色。

天津大沽桥的修建贯通了河北区与和平区，位于解放桥和北安桥之间，整个桥长为154米，桥面最宽的地方为59米，主跨和边跨分别为106米和24米。传统的中国人都讲究对称美，不过随着现代气息不断注入建筑行业，对称美已经不适合社会发展的需求，因此建筑者凭借独特的视角、全新的构思理念，设计出一大一小的两个拱圈，其中大的长达140米，高为39米，略微向东方倾斜；而小拱圈的高度要矮上24米，向西倾斜。大小拱圈分别象征着太阳和月亮。

天津大沽桥在追求美观的同时，更注重的是桥梁的安全性能，为了减轻桥面的重量，小拱圈由88根拱圈系在桥的两侧，这样独特的设计，将普通桥梁的支撑力变成吊杆的拉力，在提高安全系数的同时，还能节省桥墩的数量。横跨海河而河里没有桥墩，显得气势磅礴。同时在大桥拱圈的地方，还伸出两个半圆的观景平台，这种设计在世界桥梁史上都不曾有过，具有开创性意义。在结构特点上，天津大沽桥采用独特的桥梁设计理念，在确保桥梁安全的前提下，让整个桥体显得非常窈窕。

天津大沽桥建设现场

在海河同时修建的五座桥梁中，天津大沽桥是最先开始通车的。在修建的过程中，施工遇到了很多阻力，比如拱桥和风撑的走线可能会破坏整个桥梁的风景，而在桥梁上安装灯具时，这个问题就更加凸显。施工人员为此进行了周密的设计，最终设计出了具有环保、节能，却不失美感的照明系统。每当夜晚来临，桥上灯火同时打开，夜色下，赤橙黄绿青蓝紫七种颜色，就像是一条美丽的彩虹挂在空中，各种颜色都能让人感受到不同的意境，真是美不胜收。

⊙ **史料链接**

如此漂亮的天津大沽桥是华裔桥梁大师邓文中的杰出之作。当时，天津大沽桥在招标时，吸引了很多桥梁大师和知名公司前来，最终经过一系列严格的评审，在国际上非常知名桥梁大师邓文中的设计方案通过了审核。天津大沽桥最大的特点就是外观漂亮，日月同在，寓意深远，建成后深受人们的喜爱。

在2006年召开的国际桥梁大会上，天津大沽桥一举摘得尤金·菲戈奖，这是天津桥梁首次获得全球性质的大奖，是我国桥梁第三次获得该奖项。这标志着天津的桥梁事业有了很大的进步,更在国际上提升了中国桥梁事业的位置。尤金·菲戈奖是以桥梁大师命名的,每年进行一次评审,表彰那些通过想象和创新建成的具有代表性的桥梁。

⊙ **历史评述**

　　天津大沽桥横跨在海河之上,通车使用后,已经在天津交通运输中发挥了重要的作用,在一定程度上促进了天津市经济的发展。它的外形相当漂亮,素有"日月拱桥"的美称,大小拱一个象征着太阳,一个象征着月亮,观赏平台能让行人观赏到海河美丽的风景。邓文中大师在设计桥梁时,将现代气息融合到桥梁中,与现代化城市的发展步调一致,非常符合现代审美观点。在设计技术层面,采用沥青混凝土桥梁进行铺装,这里面技术含量非常高,将沥青混凝土和钢结构桥面进行紧密结合,大大提高了桥梁的安全性能。

天津大沽桥高达30米的主拱气势雄伟

世界首座弧线斜拉桥

⊙ 桥梁漫话

南京长江大桥上游有个大胜关，在离它20千米之处，江面上横跨着世界上首座弧线形钢塔斜拉桥。这座钢铁大桥就是进入新世纪后我国自主设计建设的南京长江三桥。南京长江三桥是江苏省规划建设五大战略性通道中的一个通道，对于江苏省的经济建设发展具有极其重要的作用。这座桥的建设也是我国桥梁建筑的一个新篇章。

南京长江三桥

南京长江三桥于2002年10月开始确立项目，历时两年半建成通车，比原规划的4年建设期整整提前了一年半。这在世界桥梁建筑史上也可以称得上是一个神话了，这是中国现代建桥速度、质量和管理的完美体现。南京长江三桥的建设充分体现了我国桥梁工作者在桥梁设计创新、施工和质量控制方面达到的世界级水平。

南京长江三桥南接南京的绕城公路，北接宁连高速公路，全长将近15千米。南京长江三桥江面之上的跨江桥身全长达到了4.74千米左右，大桥的全线按照双向六车道的高速公路标准建设。南京长江三桥设计的行车速度为100千米/小时，桥梁的宽度为32米，通航的最高水位为8.71米。南京长江三桥的最大跨径为648米，大桥建成时名列中国第一大桥，世界第三大桥。

建设中的南京长江三桥

南京长江三桥是中国首次采用钢塔架设的方法建设的跨江大桥。在建设这座大桥之前，我国国内根本没有钢塔桥，日本是钢塔桥最多的国家。国内关于这类桥梁的建设经验几乎为零，没有任何可以借鉴的先例。由此南京长江三桥当初在桥梁设计和施工过程中遇到的困难可想而知。然而，就是在如此困难的条件下，我国的桥梁建设者们大胆创新，勇于攻克一个又一个技术难关，终于做到了中国钢塔桥的从无到有，并且无论从设计到施工质量甚至建设管理方面都无可挑剔。

由于南京长江三桥建设对于南京市经济发展的意义十分重大，为了使这座大桥早日建成通车，南京长江三桥建设指挥部和全体建设者们把自己全部的身心都投入到了大桥的建设当中，是他们用高度的责任心和不眠不休的付出，铸就了这座中国桥梁史上不朽的辉煌。

⊙史料链接

南京长江三桥不单丰富了中国现代桥梁建造的经验，同时在桥梁建设过程中，也提升了我国桥梁施工设备的国际领先水平。因为南京长江三桥有两个"人"字形的高塔，高达215米，所以需要极高的塔吊。为此，南京长江三桥的指挥部直接从国外定制了两台特大型的塔吊，每台塔吊的高度达到了惊人的252米，是世界上最大的塔吊。

为建设南京长江三桥定制的特大型塔吊

南京长江三桥在建设过程中曾经遇到过两大难题：一是大桥的深水基础施工，另外一个就是仅仅两年半左右的钢塔桥建设周期，要在2005年台风来临之前完成大桥的合龙。这两大难题无一不是世界性的桥梁建筑难题，就是国外桥梁专家也认为这是不可能完成的任务。然而在大桥指挥部邀请专家多方征求建议和反复论证下，他们拿出了切实可行的建设方案，并在全体长江三桥建设者们的共同努力下，奇迹般地完成了这个看似不可能的壮举。

⊙历史评述

南京长江三桥是长江江苏段上游的第一座跨江大桥，也是沿江大开发的一个重要通道。这个江苏省五个战略性跨江通道之一的桥梁，是江苏省南京市"富民强市"计划中的重要一环。南京长江三桥的建成，形成了南京市大外环的交通格局，可以说是彻底解决了困扰南京市很久的过境问题。南京长江二桥、宁六公路、南京市绕城公路共同组成了南京市的内环快速通道。同时，长江三桥还和宁淮高速以及南京四桥等组成了外环快速通道，将宁沪高速、宁通高速、宁马高速等许多高速公路连成一体，完善了整个南京市的交通大格局，对南京市沿江开发战略和长三角一体化、都市圈的共同繁荣都有着积极的作用。

杭州湾的钢铁巨龙

⊙ 桥梁漫话

在我国浙江省杭州湾海域广阔的海面上横卧着一条钢铁巨龙，远远望去，蜿蜒曲折，甚是壮观。这座从浙江省嘉庆市海盐一直延伸到宁波市慈溪，全长36千米的海上大桥就是著名的杭州湾跨海大桥。这座跨海大桥比中东巴林和沙特间的法赫德国王大桥还要长11千米，已经进入了世界纪录协会世界最长跨海大桥的候选名单。杭州湾跨海大桥是目前世界第三长的跨海桥梁，仅次于青岛胶州湾跨海大桥和美国庞恰特雷恩湖桥。

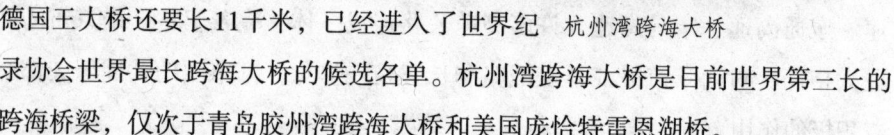

杭州湾跨海大桥

杭州湾大桥于2003年11月14日开工建设，2007年6月下旬全线贯通，并于2008年5月1日正式启用通车。大桥建设为常规的双向六车道高速标准桥面，桥宽33米，整座大桥全长36千米，大桥的主航道桥下净高达到47米。杭州湾跨海大桥是同三线（沈海交速）这条国道主干线跨越杭州湾的快捷通道，大桥建成以后大大缩短了宁波和上海两地的距离。根据杭州湾大桥的设计，桥上通车速度达到每小时100千米，使用年限为100年。

杭州湾大桥建设方面有三个亮点：第一个是杭州湾大桥的长桥卧波设计理念。设计方参考了江浙一带的吴越文化，将这座跨海大桥的桥型设计成西湖苏堤的形态。整体杭州湾大桥呈现一个优美的"S"形曲线，将景观与桥梁建设巧妙地结合到了一起。这样的设计使得杭州湾大桥成为集交通与观光于一体的综合性桥梁，也让乘车通过杭州湾大桥的司机和乘客，在通过大桥时有一种观光旅游的愉悦心情。第二个亮点是杭州湾大桥桥下航道的设计。由于杭州湾的自然环境比较

长桥卧波设计理念

恶劣，时常会有台风，或是龙卷风形成，杭州湾大桥设计的"长桥卧波"形态大大提升了桥的安全稳固性。同时大桥还留出了两处分别宽为448米和318米的桥下通道，便于钱塘江潮和过往海轮顺利通过。

杭州湾大桥的第三个特点就是独特的海上平台建设。在离大桥南岸14千米的地方，本来有一个沉积的淤滩，建设者们在这里建设了一个类似石油平台的海上平台。这个平台可以便于人们观光和休闲，出现危险时还可以作为救援之用，是杭州湾大桥上的一个桥中转运站。两个足球场大小的平台已经成为了杭州湾大桥上的一处观光胜地。

杭州湾大桥的建成是对我国现代桥梁建设能力的又一次肯定，在中国乃至世界桥梁建筑史上都留下了浓墨重彩的一笔。这样现代化巨型工程的建设，是中国改革开放现代化建设的最好体现。

⊙ 史料链接

杭州湾大桥这座世界第二长的跨海大桥建设也创造了许多桥梁建筑的新纪录。整座大桥消耗钢材超过76万吨，水泥将近130万吨，石油沥青1万多吨，加上其他木材、混凝土等，还有各类桩基达到了7 000多根，大桥用料开创了国内特大型桥梁之最。杭州湾大桥的水中区钢管桩工程的规模也是中国建桥历史上的第一。

在杭州湾大桥建设技术方面，它所应用的50米箱梁上运架设技术，将运输重量的原世界记录900吨刷新到了1 430吨，创造了世界上同类地形，同类技

术桥梁建设技术的新纪录。

此外，值得一提的是杭州湾大桥的投资，完全依靠浙江省本地政府和当地企业的自身投资，充分展现了浙江省的经济实力。除了地方政府投资以外，浙江省民营企业的投资占到了总资本的50%，例如雅戈尔、方太厨具等都有参与。

⊙历史评述

杭州湾跨海大桥的建设对于杭州经济建设发展具有十分重要的作用，同时也能加快台州、宁波等地融入长三角经济区的速度。整体上来说，杭州湾大桥对浙江省的全省发展都具有积极的促进作用。这座我国第二长，也是世界第二长的跨海大桥将世界上最长的两座桥梁都划入中国的国境之内，向全世界展现着中国高速发展的繁荣经济。同时，也向世界桥梁建筑同行们展现了中国桥梁建设者大无畏的拼搏精神和与世界建桥技术接轨的现代化建桥理念。杭州湾大桥的建设也证明了我国桥梁建设已经处于世界领先水平，能够建成与其他世界名桥比肩的顶尖桥梁。

环岛路上的飞鸿一抹

⊙桥梁漫话

在流光溢彩的厦门环岛路上,有着飞鸿一抹。原来,那就是厦门最美丽的濒海大桥——演武大桥。人们常常可以站在那里凭栏远眺,看看海上升起的一轮明月,看看水天一色水随天去。这时,桥已经不再是冰凉的建筑物了,而是一道重要的观海之凭。

演武大桥自建成以来,一直毁誉参半,有人说它破坏了自然景观,也有人说它让厦门变得更加便利、美观了。无论如何,演武大桥的确给人们带来了视觉享受。人们一来到演武大桥,眼前就可以看到厦门最美的风景。鼓浪屿、大海、船、远山尽收眼底,伴随着海风阵阵,好不惬意!尤其是从厦门大学白城沿着海边向厦门大学西村的那一段,演武大桥矗立在身侧,宁静的海滩上鲜有游客,好一条美丽的散步道,真是怎么走都惬意呀!

厦门最美丽的濒海大桥 演武大桥

建设中的演武大桥

演武大桥的外观非常独特，采用了低桥位设计方案，临海见海，又满足了交通和旅游休闲功能。其上部的结构是流线型鱼腹式箱梁，下部则为柱式椭圆形的桥墩。如此构造让大桥紧紧地贴伏在海面上，就好像是波涛起伏一般。演武大桥与闻名遐迩的鼓浪屿隔海相望，让景观与交通得到了有机结合。此外，它也是厦门国际马拉松赛道的组成部分。

就这样，演武大桥紧贴在海面上，缓缓地延伸着，宛如波浪起伏。远远望去，就像一只展翅飞翔的白鹭；稍稍移近，又像一条腾空的白龙；再走近，它就变成一条跃出水面的大白鲸了。总之，这简捷流畅的线条和精美灵动的造型，让我们领悟到了桥梁的视觉美感。

演武大桥位于厦门大学的后海，为跨海而建，盘盘旋旋。每到夜晚，桥上就会亮起白色的灯，让它看上去宛如海龙王的三公子。夜幕降临之际，大桥的魅力也开始真正散发出来了。只见那银白色的灯光，在黑夜里反射着白色的影子，让整个大桥都被一圈模糊的光晕包裹着，仿佛是一条银龙温柔地匍匐在漆黑的大海上。桥的尽头是拉得很远的环岛路，那长长的海岸线、金色的沙滩共同构就了演武大桥的经典灿烂。

⊙史料链接

演武大桥位于厦门环岛路海军码头，由于建在古演武池和演武场的遗址上，在其西侧隔海的对面有一座郑成功的塑像，为了纪念郑成功和尊重历史，特以当地地名"演武"来命名这座大桥。

2003年9月6日这一天，是演武大桥最具有历史意义的一天。因为从这天起，厦门环岛路海军码头到演武路段海湾桥这一段正式通车了。至此，厦门环岛路西南段开始全线贯通，厦门也从此增添了一道亮丽的风景线。演武大桥是世界上桥位最低的海湾桥，低桥位段的桥面只有5.5米标高。

演武大桥包括主线桥和互通式立交桥，总投资5.6亿元，历时两年多才建成。桥全长有2.2千米，其中主线桥长1.8千米，宽26米。桥面设置着双向6车道，桥面是改性沥青混凝土路面。另外，在与主桥平行的护岸上，还修建了一条人行观光道。

2008年，奥运圣火在厦门市的传递路线途经环岛路和演武大桥，全程为17.4千米，这次圣火传递的主题是"和谐之旅"。纵观整个传递路线，主要是在环岛路和演武大桥等区域，沿途风景非常好，演武大桥也为观看奥运圣火传递的中外人士留下非常美好的印象。

⊙ **历史评述**

演武大桥不仅造型优美，还在世界桥梁建筑史上占据着十分特殊的地位，是迄今为止世界上离海平面最近的一座跨海大桥。虽然它的这项世界之最并不是设计者的初衷，但不得不说，这是一份意外的收获。演武大桥之所以会紧紧贴附在海面上，是为了要保护厦门大学白城校区。演武大桥的外观

夜色中美丽的演武大桥

简洁明快，极具艺术欣赏性。它的建造，不仅丰富了厦门的景致，也缓解了厦门紧张的交通，完美地实现了景观与交通的有机结合。环岛路是厦门市规划"三环三辐射"道路网骨架之一，由此可见，演武大桥在发挥交通功能方面是功不可没的。

另外，演武大桥在体育活动上有也具有非常重要的意义，是厦门国际马拉松赛道的重要组成部分之一。

新世纪湛江的标志

⊙桥梁漫话

一到晚上,华灯初上,乳白色的月光洒向整个湛江,水面上倒映着桥上的灯光,海的明媚、海的神采飞扬跟大桥紧紧融为一体,构成了湛江最具代表性的画面,而视野中的这座桥,就是新世纪湛江的标志——湛江海湾大桥。

湛江海湾大桥

2006年年底,在风光旖旎的南国港城湛江的麻斜海湾上,一座长达4千米的双塔双索面斜拉桥横空出世了。它如同蛟龙出海、长虹卧波一般,拥有着非凡的气势。

湛江海湾大桥是广东省继虎门大桥之后建成的最大规模的桥梁工程,总投资约12.2亿元,全线包括了21千米长的一级公路和全长3 981米的桥梁。它作为一座双塔双索面的混合梁斜拉桥,东起吴川市的黄坡镇,途径湛江市坡头区,然后在平乐渡口上游1.3千米处跨越海湾,与湛江市开发区乐山大道汇合。其中,湛江海湾大桥所处海湾水面宽约2.5千米,最深的水深为25米。通航净宽为400米,净高为48米。

在湛江海湾大桥落成之后,使海南省、雷州半岛到珠江三角洲的行程缩短了40千米,这对改善湛江公路网络和促进珠江三角洲与雷州半岛之间的经济联系,以及顺畅大西南地区的物流有着非常重要的意义。另外,湛江海湾大桥还让城市的总体格局得到了最根本的改善。

整个工程历时4年多，凝聚了数千名来自全国各地的工人们的心血与汗水。终于，被誉为"广东第一桥"的湛江海湾大桥完整地呈现在了我们面前：它飞架东西两岸，如巨龙腾空一般，又像彩虹般飞跨在大海的上空，光彩夺目！

⊙史料链接

从湛江海湾大桥举行开工典礼起，到整个工程的完满结束，经历了一个接着一个的施工难点。湛江海湾大桥的主墩桩由东岸和西岸两个墩基组成，这是施工中第一个大难关，其中，最大的那个长度达到了106米，是广东省内桥梁施工中的"第一长"。2004年7月，湛江海湾大桥主墩最后一根桩圆满灌注结束，这标志着第一个难关攻破了——主墩桩基础终于圆满完成。

2006年6月15日，湛江海湾大桥最后一根斜拉索吊装完毕；2006年6月21日凌晨，又攻破了一次巨大的难题。当时的气温达到了29℃，湛江海湾大桥上的最后一块钢箱梁被起吊，重量超过了100吨的钢箱梁在距海面50米高的空中被稳稳地嵌在了主跨11.2米的缺口中，而且嵌得天衣无缝，达到了吊装最理想的效果，这让现场的人无比兴奋。

接着，大桥主桥主跨于2006年6月21日正式合龙；2006年11月初，顺利完成了世界级难题——钢桥面环氧沥青铺装施工。至此，为期近4年的湛江海湾大桥工程圆满结束。

湛江海湾大桥是一座见证湛江崛起的精神丰碑。施工者展现出了科学态度、创新精神和面对困难的坚忍不拔精神。

这1 000多个日夜兼程的施工让工作人员无比感慨：刚来工地时，几乎每个人都被湛江的大太阳晒蜕了几层皮；在大桥主墩第一条桩基施工时，主墩施工员整整"盯"了36小时，直到完成混凝土浇注2小时后才去休息；60岁的监理工程师杨为真刚做完手术，就开始连续8小时值班；还有数不清的施工者远离了亲人，一心扑在工地上……

⊙ 历史评述

　　凭借着施工者的智慧与辛劳，湛江海湾大桥让一个个奇迹得以实现，让一项项科技创新得以应用。4年的建设历程成就了一部波澜壮阔的桥梁建设巨著，谱写了一曲优美激扬的桥梁建筑乐章，同时，也唱响了湛江的奋进之歌。湛江海湾大桥是一座质量的丰碑——有着超长的桩基工程、超大的主墩承台和一流的主塔施工。在整个工程的建造当中，通过科学的管理和精细的操作，整个建设过程中没有出现过一个重大质量问题，也没有出现过一起安全事故，创造出了我国大跨度桥梁建设的奇迹。

长江上最新的桥梁

⊙桥梁漫话

2005年，长江上出现了一座新大桥，是我国最大跨径的组合型桥梁，在世界上排名第三，也是我国目前建造规模最大的一座桥梁。在建造的过程中，克服了重重困难。正是因为如此，这座桥在世界桥梁史上占了重要地位，它就是润扬长江大桥。

润扬长江大桥

润扬长江大桥在江苏省镇江、扬州两座城市的西面，是从2000年10月开始动工修建的，历经不到5年的时间，在2005年4月的正式建成通车，从此，正式结束了这两座城市只能通过舟船往来的时代，迎来了双向六车道通行的美好时代。

这座大桥全长35.66千米，它的北边是扬州，南面是镇江，横跨江连岛。桥梁建成后连接京沪、宁沪、宁杭三条高速公路。同时，还和几条主干道相互贯通，由此形成了一个庞大而重要的交通枢纽。润扬长江大桥的主桥长7.21千米，不包括一些延伸段。

南汊悬索桥和北汊斜拉桥是润扬长江大桥的主要结构。南汊主桥是单孔双绞钢箱梁悬索桥，跨径达1 490米。北汊桥是主双塔双索面钢箱梁斜拉桥，桥下面的通航宽度可以达700米，最高50米，可通行5万吨的货轮。

润扬长江大桥在世界上享誉盛名，它体现了我国现代桥梁建设的最高水

润扬长江大桥主缆

平。润扬长江大桥创造了多项中国第一。它的主跨径长达1490米，在我国是最大的，在世界上排名为第三。

能够承受6.8万吨的主缆拉力的润扬长江大桥，在全世界上都是十分罕见的。在修建大桥的过程中，17万立方米的大深坑，堪称为我国的第一大深坑。润扬长江大桥南汊215.58米高的悬索桥索塔，在国内也是最高的。大桥的两根主缆长达2 600米，在国内长缆中也是最长的。主缆中的钢筋多达2万多根，如果将钢筋首尾连接起来，能够环绕地球三圈。从钢箱梁的重量来看，润扬长江大桥一节钢箱梁就重达506吨，创造了国内的第一重。

另外，桥面铺装采用环氧沥青铺装，这在国内也是第一次使用。南汊主桥和北汊主桥分别是柔性的悬索桥和刚性的斜拉桥，刚柔相济是完美的组合。

它除了创下上述如此多的伟绩之外，也不缺乏艺术美感。远远望去，润扬长江大桥就像是一条银白色的丝带点缀在江面上，灵动而迷人。走在桥面上，大桥壮观的气势更是让人震撼！

大桥在建设成功之后，由于能够观赏到美丽的景色，因此成为世界级的大桥文化旅游景点，其主要部分就在镇江境内。在为游客带来便利的同时，它也带动了镇江旅游经济的发展。

⊙**史料链接**

凤懋润是交通部的总工程师，曾称赞润扬长江大桥是我国桥梁工程的品牌。这座桥完全是出自中国人之手，没有依靠外国人的技术和力量。在修建的过程中，没有出现任何事故，也没有不完美的地方，堪称是一座完美的世界级的桥梁。

润扬长江大桥联通了苏南苏北，意义重大。桥梁的通车改变了扬州同多地的关系，为扬州及苏北地区更好地融入长江三角洲创造了便利条件，让城市的综合竞争力得以提升。

⊙历史评述

润扬长江大桥的修建和投入使用，更好地连接了扬州和镇江两座历史名城。现在通过润扬长江大桥，只需要短短5分钟，就能到江对岸，大大缩短了通行的时间。润扬长江大桥对苏北尽快融入长江三角洲经济圈起到了促进作用，对加快多地经济的发展有重要意义。从更长远来看，它对全国经济的发展也有好处。润扬长江大桥在综合实力方面都凸显了我国桥梁事业的实力，加快了我国进入桥梁强国的步伐。

举世无双的珠港澳跨海大桥

⊙桥梁漫话

随着科技的不断更新与发展,关于桥梁的技术、艺术和学术都有了质的飞跃。在新时期,我国的桥梁工程也开始大展宏图。2009年,我国举世瞩目的珠港澳大桥开始动工了。这是一座连接着珠海、香港与澳门的巨大桥梁。它跨境跨海、工程规模宏大。大桥全长接近50千米,海中主体部分超过了35千米。珠港澳大桥将成为世界瞩目的宏伟工程,也是目前世界上在造的最杰出工程之一。

珠港澳大桥的设计寿命是120年,预计在2016年竣工。当这座大桥修建成之后,将会成为世界上最长的六线行车沉管隧道,以及世界上跨海距离最长的桥隧组合公路。

举世瞩目的珠港澳大桥

珠港澳大桥是珠三角环线高速的重要组成部分，设计时速为100～120千米。大桥横跨了珠江口伶仃洋的很大一片海域。它的出现让珠海、香港和澳门之间的联系变得更加紧密了。另外，这项桥梁工程的建设内容也非常广阔，不仅包括了珠港澳大桥的主体工程，还包括了珠海口岸、香港口岸、澳门口岸、香港接线以及珠海接线。

珠港澳大桥的主体工程运用了桥隧组合的方式，全长约29.6千米，海底隧道长达6.7千米。桥梁工程在美学上也有一定要求，所以珠港澳决定了大桥要建设景观工程，计划建造白海豚观赏区和海上观景平台。此外，珠港澳大桥还采用高标准的现代化科技，能抵抗8级地震与16级台风。

珠港澳大桥以景致秀美的香港大屿山为起点，跨越珠江口，最后分成一个Y字形，一边连接着珠海，一边连接着澳门。这个构想早在1983年时就提出来了。大桥的主航道将采用隧道形式，还会修建两个人工岛，用来转换桥隧，以保证不会影响到前往广州与深圳港口的航道。其海底隧道则采用两孔一管廊截面的形式，将是世界上目前规模最大、埋得最深、单节管道最长的海底公路沉管。另外，这些沉管一律采用工厂法流水预制，并在完成舾装之后再运到施工地点进行安装。

珠港澳大桥建成后，将会对珠江三角洲地区产生重要的影响，从珠海到香港的公路交通将大大缩短，从之前的三四小时变成几十分钟。

⊙史料链接

2010年12月15日，珠港澳大桥在珠海举行开工仪式，这个项目的总投资达720多亿元。在开工仪式的会场两旁，树立着两条醒目的大标语——"飞架粤港澳，共赢大发展"，表达了人们对这座大桥的期盼。当时，海面上停泊着四五艘工程船只，开始填海建造珠澳人工岛。就这样，拉开了珠港澳大桥的建设序幕。

2010年12月21日，正式签署了珠港澳大桥岛隧工程的设计与施工总承包合同，这项工程是珠港澳大桥中最核心、最关键的一个部分。这次签约标志

建设中的珠港澳大桥岛隧工程

着珠港澳大桥的主体工程建设开始正式启动。2011年11月18日下午，香港特区立法会财务委员会以高票通过了建造珠港澳大桥的485亿港元拨款。大桥珠澳口岸的人工岛是珠港澳大桥中重要的组成部分，东西宽930～960米，南北长1930米，整个工程的填海造地总面积达到了220万平方米。根据海水潮位的涨落情况，把人工岛的地面标高了5米，这对珠江口三百年一遇的洪潮有着极好的防御作用。

⊙ 历史评述

珠港澳大桥是我国第一座有关"一国两制"、联系三个城市的世界级跨海大桥，是世界上最长的跨海大桥。整个大桥工程的协调难度前所未有，大桥的着陆点、口岸模式、桥型线位、融资安排都应用了高科技的手段，是一个举世瞩目的壮举。

珠港澳大桥建成后，会让这三个地方融为一体，对珠港澳经济圈的形成具有重大的影响。大桥的建设是我国政府为珠海带来的福音，也是珠海繁荣昌盛的前兆！

"领先一步学科学"系列

神奇的海洋生物

主　　编	杨广军		
副 主 编	朱焯炜	章振华	张兴娟
	胡　俊	黄晓春	徐永存
本 册 主 编	谭湘贵		
本册副主编	郭龙伟	侯雪丽	
	王紫臣	倪亚静	

上海科学普及出版社

图书在版编目(CIP)数据

神奇的海洋生物/杨广军主编.—上海：上海科学普及出版社, 2013.7
(领先一步学科学)
ISBN 978-7-5427-5772-2

Ⅰ.①神… Ⅱ.①杨… Ⅲ.①海洋生物-青年读物②海洋生物-少年读物 Ⅳ.①Q178.53-49

中国版本图书馆 CIP 数据核字(2013)第 103567 号

组　　稿　胡名正　徐丽萍
责任编辑　徐丽萍
统　　筹　刘湘雯

"领先一步学科学"系列
神奇的海洋生物
主编　杨广军
副主编　朱焞炜　章振华　张兴娟
胡俊　黄晓春　徐永存
本册主编　谭湘贵
本册副主编　郭龙伟　侯雪丽　王紫臣　倪亚静
上海科学普及出版社出版发行
(上海中山北路 832 号　邮政编码 200070)
http://www.pspsh.com

各地新华书店经销　北京柯蓝博泰印务有限公司印刷
开本 787×1092　1/16　印张 13　字数 200 000
2013 年 7 月第 1 版　2017 年 4 月第 2 次印刷

ISBN 978-7-5427-5772-2　　定价：25.80 元

卷首语

  生命起源于远古海洋，从海洋中出现最原始的生命到现在的40多亿年的历史中，海洋生物进化经历了从最初的单细胞生物到地球上现存的最长、最重的庞然大物（如蓝鲸），丰富多彩的海洋生物世界在这几十亿年的生命演化过程中被创造。

  或许你曾经赞叹辽阔的海洋；或许你也曾惊讶海底的奇妙；或许你曾经为企鹅的憨态而发笑；或许你也曾经在水族馆为海豚的表演而喝彩；甚至儿时的你也曾问过爸爸妈妈，海底是不是真的有龙宫……

  海洋以博大的胸怀为地球承载着勃勃生机，也装上了我们的梦想和迷惘。事实上，她也确实给了我们很多，从我们的衣、食到住、行等，无一不有。

  时时刻刻的注视中，我们期待着那一份美好。让我们一起，走进本书，走进深蓝的世界，与那些可爱的生命体同行，一起玩转海洋生物的世界吧！

目 录

·生命源于远古海洋——海洋生物巡礼·

海洋如何形成——海洋的秘密 ……………………………… (3)
生物大观园——海洋生物简介 ……………………………… (8)
生命来自何方——生命起源于海洋 ………………………… (13)
生命走向何处——生物的进化 ……………………………… (16)

·不可小看它——海洋微生物·

小个子，大能量——海洋微生物简介 ……………………… (25)
我是植物还是动物——蓝细菌 ……………………………… (28)
生物进化的证据——海洋原绿藻 …………………………… (31)
海洋生物的噩梦——赤潮 …………………………………… (33)
美丽的夜光——发光杆菌和射光杆菌 ……………………… (37)

·海洋森林——海洋植物·

海洋初级生产者——浮游藻 ……………………………………… (41)
生物保护者——海草 ……………………………………………… (43)
彩练海底舞——底栖藻 …………………………………………… (46)
海上森林——红树林 ……………………………………………… (52)

·海洋大观园——海洋动物·

我造生物礁——有孔虫 …………………………………………… (59)
海底多孔动物——海绵 …………………………………………… (61)
浪中的闪光——夜光虫 …………………………………………… (66)
海底花园——珊瑚 ………………………………………………… (68)
海藻中的"蚕"——沙蚕 …………………………………………… (71)
我很美,别惹我——织锦芋螺 …………………………………… (73)
我能产珍珠——牡蛎 ……………………………………………… (75)
柔中有毒——水母 ………………………………………………… (78)
我含蛋白质最高——磷虾 ………………………………………… (85)
海底恶魔——大西洋盲鳗 ………………………………………… (87)
别让我绝种——日本七鳃鳗 ……………………………………… (89)
昼伏夜出的觅食者——海鳗 ……………………………………… (91)
爸爸有个育儿袋——海马 ………………………………………… (92)
双目同侧——比目鱼 ……………………………………………… (95)
我只有脑袋吗——翻车鱼 ………………………………………… (98)
扁体软骨鱼——鳐鱼 ……………………………………………… (103)

目录

我有发电器——电鳐 ……………………………………… (106)
谁来保护我——玳瑁 ……………………………………… (108)
极危的游泳健将——棱皮龟 ……………………………… (110)
美味的大马哈鱼——鲑鱼 ………………………………… (113)
我有毒,敢惹我吗——海蛇 ……………………………… (116)
永不停歇的泳者——金枪鱼 ……………………………… (119)
我有奇特的头——双髻鲨 ………………………………… (123)
捕食者——虎鲨 …………………………………………… (125)
真正的杀手——噬人鲨 …………………………………… (127)
最大的鱼——鲸鲨 ………………………………………… (131)
八爪鱼——章鱼 …………………………………………… (134)
传说的海怪——大王乌贼 ………………………………… (141)
潜水冠军——抹香鲸 ……………………………………… (145)
世上我最大——蓝鲸 ……………………………………… (149)
滑翔冠军——信天翁 ……………………………………… (153)
南极绅士——企鹅 ………………………………………… (156)

·人类最大的宝库——海洋生物资源·

丰富的食谱——海洋食品 ………………………………… (163)
保护人类的健康——海洋药物 …………………………… (165)
开辟新天地——海洋农业和新材料开发 ………………… (173)
向海洋要动力——生质能源 ……………………………… (175)
可持续发展——合理利用海洋生物资源 ………………… (179)
向生物学习——海洋生物的仿生学 ……………………… (184)

神奇的海洋生物

·不要摧残地球——保护海洋环境·

不能承受之污——倾废 …………………………………………(189)
生物的灭顶之灾——溢油 ………………………………………(191)
海面"红霞"——赤潮 …………………………………………(194)
人类的共识——制定保护海洋的法律法规 ……………………(198)

生命源于远古海洋

——海洋生物巡礼

　　远古的荒芜如何造就今日的繁华？生命的面纱又在哪里揭开？无论你身在何处，这里有的繁荣，都有你我的身影。追寻逝去的脚步，去探寻自然界那一份唯美的纯真。千百万年时间的交错，在这里涌现了奇迹的精灵，它们在海洋里生长，分支，进化。浩瀚的海洋孕育了形形色色的海洋生物。这里游弋着闪闪发光的夜光虫，也休憩着身体晶莹透明、随波逐流的水母，形态众多的珊瑚在这里繁衍，五彩缤纷的海葵和"顶盔贯甲"的虾蟹也不甘寂寞地占据一席之地，乌贼在这里"喷云吐雾"，海参在此处炫耀着自己的财富，而那憨态可掬的海豹、硕大无比的巨鲸却在这里叙述着远古的故事……

生命源于远古海洋——海洋生物巡礼

海洋如何形成
——海洋的秘密

当你和家人朋友一起游乐海洋馆的时候,你是否会为各种海洋生物的奇妙而赞叹?而此时你是否会想起,什么样的环境会造就如此绚丽的生命?你是否想起远古的地球如何形成今天的世界,为我们带来了丰富的生物资源?

◆海洋馆

你可能绝对想不到,海洋生物和我们有着不一般的亲缘关系,这又从何说起,让我们进入到海洋世界里,去探寻曾经发生的事实。

海洋的定义

约占地球表面积71%的盐水水域,我们称其为海洋。海洋中含有13.5

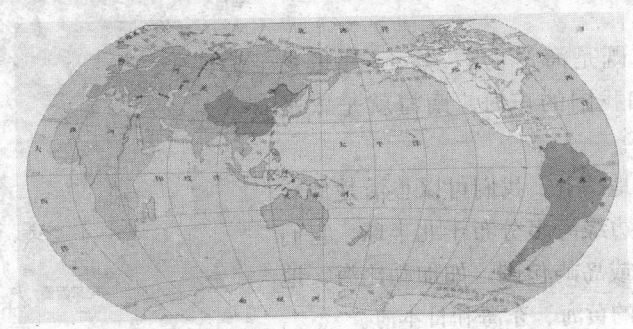

◆大洲与大洋

神奇的海洋生物

亿立方千米的水,约占地球上总水量的97.5%。全球海洋一般被分为四大洋和一些面积较小的海。四大洋为太平洋、大西洋、印度洋和北冰洋。

海、洋有别

海和洋是一样的吗?

我们平时都说海洋,尽管它们都是蔚蓝到碧绿,美丽而又宽阔,但海和洋不完全是一回事,它们彼此之间是不相同的。

洋,是海洋的主体。世界大洋的总面积,约占海洋面积的近十分之九。大洋的水很深,一般在3000米以上,最深处可达1万多米。因为大洋离陆地遥远,不受陆地各种因素的影响。在大洋中,其水色蔚蓝,透明度很大,水中的杂质很少。

海,是大洋的附属,在洋的边缘。海的面积约占海洋的十分之一,海的水深比较浅,一般低于3000米。因海邻近大陆,受大陆各种因素影响,从而使海水的温度、盐度、颜色和透明度,都受陆地影响,有明显的变化。

海的种类

海可以分为边缘海、内陆海。

边缘海

边缘海既是海洋的边缘,又邻近大陆前沿,如我国的东海、南海就是太平洋的边缘海。

从世界地图上,我们可以很清楚地看到,重要的边缘海多分布于北半球,它们部分为大陆或岛屿包围,如加勒比海、地中海、中国的黄海、东海和日本海。

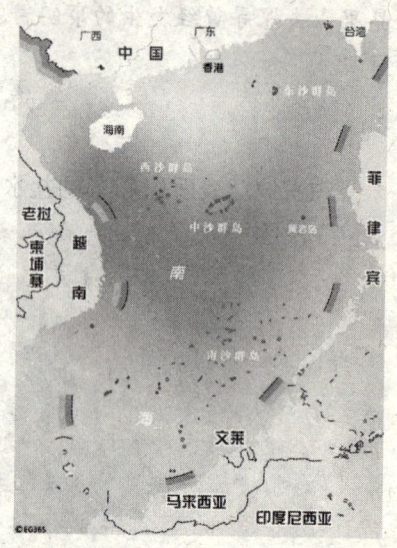

◆边缘海——南海

生命源于远古海洋——海洋生物巡礼

内陆海

内陆海，即位于大陆内部的海，如欧洲的波罗的海等，世界主要的海接近50个。各大洋海的数量随四大洋的面积大小而不同，太平洋最多，大西洋次之，印度洋和北冰洋差不多。

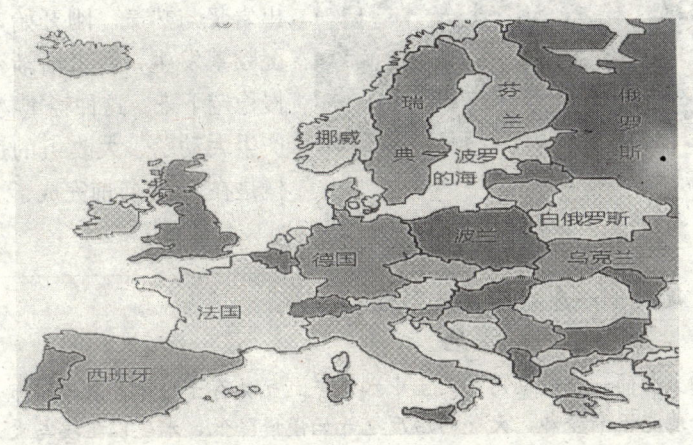

◆内陆海——波罗的海

海洋是怎样形成的？海水是从哪里来的？

要回答这个问题，还得先看看地球的形成。

大约在50亿年前，从太阳星云中分离出一些大小不一的星云团块。它们一边绕太阳旋转，一边自转。在这个过程中，互相碰撞，有些团块彼此结合，由小变大，逐渐成为原始的地球。星云团块碰撞过程中，使原始地球不断受到加热增温；在高温下，内部的水分汽化，与气体一起冲出来，飞升入空中。但是由于地心的引力，它们不会跑掉，只在地球周围，成为气水合一的圈层。

◆火山与闪电同行

 神奇的海洋生物

◆原始海洋模式图

然而位于地表的一层地壳，在冷却凝结过程中，不断地受到地球内部剧烈运动的冲击和挤压，从而变得褶皱不平，有时还会被挤破，形成地震与火山爆发，喷出岩浆与热气。刚开始，这种情况频繁发生，后来渐渐变少，慢慢稳定下来。这种轻重物质分化，产生大动荡、大改组的过程，大概是在45亿年前完成了。

 链接——原始海洋的形成

在相当长的一个时期内，天空中水气与大气共存于一体；浓云密布，天昏地暗，随着地壳逐渐冷却，大气的温度也开始慢慢降低，水气以尘埃与火山灰为凝结核，变成水滴，越积越多。由于冷热不均，空气对流剧烈，形成雷电狂风，暴雨浊流，滔滔的洪水，通过千川万壑，汇集成巨大的水体，这就是原始的海洋。

 知识窗

原始海洋的特点

原始的海洋，海水是酸性缺氧的，而不是咸的。水分不断蒸发，反复地成云致雨，重又落回地面，把陆地和海底岩石中的盐分溶解，不断地汇集于海水中。经过亿万年的积累融合，才变成了今天这样大体均匀的咸水。同时，由于当时大气中没有氧气，也没有臭氧层，紫外线可以直达地面。

生命诞生于海洋。大约在38亿年前，首先在海洋里产生了有机物，先有低等的单细胞生物。在6亿年前的古生代，有了海藻类生物，在阳光下进行光合作用，产生了氧气，通过慢慢的积累，形成了臭氧层。此时，生物才开始登上陆地。

最后，经过水量和盐分的逐渐增加，以及地质历史上的沧桑巨变，原始海洋逐渐演变成今天的海洋。

生命源于远古海洋——海洋生物巡礼

海洋生态

海洋是许多动植物以及微生物的生活之地,其中的绿藻是大气层氧气的主要生产者之一,而热带珊瑚礁是地球上物种最丰富的生态系统(甚至比热带雨林还丰富)。所以说海底是一个多彩的世界,人类对于深海生物的了解至今仍知之甚少。

> 生态系统(ecosystem)指由生物群落与无机环境构成的统一整体。生态系统的范围可大可小,相互交错,最大的生态系统是生物圈。

海洋拥有许多陆地上没有的动植物种类,其种类数量甚至比陆地上的更加繁多,而且海洋内仍有相当多未被发现的生物品种和许多陆地上没有或稀有的矿藏、金属。

◆ 珊瑚礁

 **本节回顾**

1. 海与洋的区别,如何分类?
2. 原始海洋是如何形成的,它有什么特点?

生物大观园
——海洋生物简介

◆丰富的海洋生物

浩瀚的海洋是生命的摇篮。海洋动物的体型和个体大小差别都很大,从几毫米的蜱螨类、棘头虫类到长达33米、重达170多吨的蓝鲸,更有聪明灵巧的海豚,可以说形形色色、千姿百态。海洋动物是我们人类所需要的动物蛋白的最主要来源之一。人类在工业、医药等许多方面也有赖于海洋动物。辽阔的海洋中,还有种类繁多的海洋植物。海洋植物可分为两类:低等的藻类植物,如我们常吃的海带,藻类大小悬殊,最小的单细胞藻类只有在显微镜下才能看到;而最大的巨藻长二三百米,称得上是庞然大物。高等的种子植物,如大叶藻、红树林等,种类很少。海洋植物可以称得上是海洋世界的"肥沃大草原"。它们不仅是海洋中鱼、虾、蟹、贝、鲸等动物的美味佳肴,而且还是人类理想的绿色食品;它们不仅是藻胶工业和农业肥料的提供者,而且还是制造海洋药物的重要原料。

生命源于远古海洋——海洋生物巡礼

海洋生物的定义

海洋生物是指海洋里的各种生物，包括海洋动物、海洋植物、微生物及病毒等。有海洋科技工作者通过对我国海洋生物的调查研究，已在我国管辖海域记录到了5个生物界、44个生物门共计20278种海洋生物。其中种类最多的是动物界，原核生物界种类最少。我国的海洋生物种类约占全世界海洋生物总种数的10%。

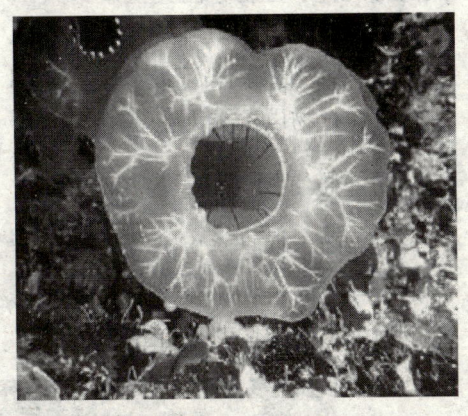

◆海洋动物

海洋生物的分类

海洋生物分类方法多样。按照传统分类方式，大致可以分为三类。

海洋动物

海洋动物是海洋中异养型生物的总称，是重要的生命支持系统，海洋动物作为生物界重要的组成部分其门类繁多，各门类的形态结构和生理特点有很大差异。微小的有单细胞原生动物，大的有长超过30米、重可超过190吨的蓝鲸。从海上至海底，从岸边或潮间带至最深的海沟底，都有海洋动物。

海洋植物

我们把海洋中利用叶绿素进行

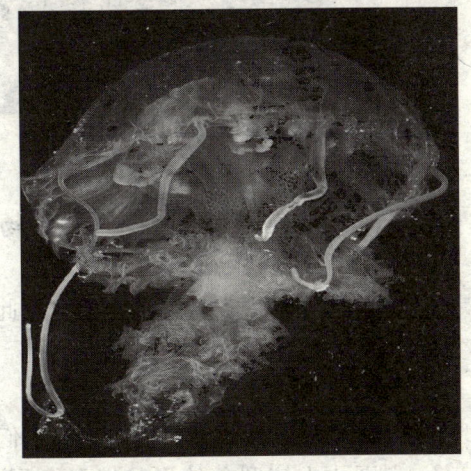

◆水母

 神奇的海洋生物

光合作用以生产有机物的生物叫做自养型生物。从低等的无真细胞核藻类到高等的种子植物，门类甚广，共13个门，1万多种。其中硅藻门最多，达6000种；原绿藻门最少，只有1种。海洋植物以藻类为主。

海洋微生物

海洋微生物是指以海洋水体为正常栖居环境的一切微生物。它们是海洋生物中不可替代的一类。

◆海洋植物

◆海洋微生物

海洋生物的价值

海洋生物与人类的关系密切，因此了解海洋生物意义重大。

科学研究

比如仿生学，早在远古时代，人们就已开始模仿生物了。舟船、舵和桨，就是古人依照鱼的形状以及鱼尾和鱼鳍发明出来的。依据海豚的体

生命源于远古海洋——海洋生物巡礼

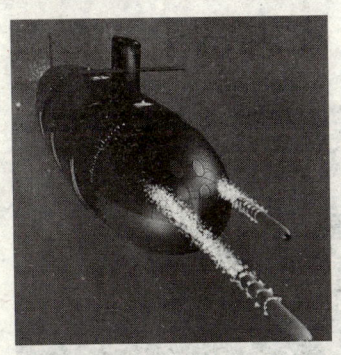
◆潜艇和鱼雷

◆海马

形、皮肤结构等特点，设计出的潜艇、鱼雷和小型船只的水下部分，可减少阻力20%～50%。

 食谱——海带炖排骨

配料：排骨500g，海带结150g，姜1小块，葱结1个，酒1大匙，盐适量，鸡粉适量。

操作：1.排骨洗净后入沸水中焯水，用清水冲洗干净，姜切成片；2.海带结用水泡透，洗净沙泥，用水煮开后，再用清水洗净，沥干水；3.锅中加入排骨、海带结、姜片、葱结和水，煮开后加酒，转小火煮2小时，用盐、鸡粉调味即可。

◆营养佳品——海带

 神奇的海洋生物

药用材料

海洋生物是生物活性物质的宝库。20 世纪 60 年代以来，已从海洋生物中分离得到 6000 余种结构明确的化合物，且其中有近 3000 种具有一定的生理活性。这些具有活性的独特化合物的结构，给药物学家提供了难得的药物设计分子模型，启迪着他们的药物设计思维。

◆可能的生物能源——巨藻

当然海洋生物的价值远不止这些，尚有可作为能源物质、新材料和作为农作物所用的化肥或用以观赏等许多功能，我们在这里不再一一表述，而且随着科学技术的进步，许多尚未发现的功能或许也会造福人类。

 **本节回顾**

1. 海洋生物的定义。
2. 海洋生物的分类。
3. 海洋生物的价值。

生命源于远古海洋——海洋生物巡礼

生命来自何方
——生命起源于海洋

生命是什么？生命是怎样诞生的？从古到今，这些问题争论了几千年。过去，人们只有通过想像的神话来作为这个问题的答案，如我国的"女娲造人"、西方的"上帝创世"等，但这些都不能代替科学的答案。本节我们将从生命的起源说起，一起来探讨生命来自何方

◆女娲造人

——海洋生物的归宿，以及原始地球如何产生生物。

生命的起源

地球在宇宙中形成以后，开始是没有生命的。那么生命是如何诞生的呢？有一种理论就是化学演化。

 链接——化学演化

化学演化就是说大气中的有机元素氢、碳、氮、氧、硫、磷等在自然界各种能源（如闪电、紫外线、宇宙线、火山喷发等等）的作用下，合成有机分子（如甲烷、二氧化碳、一氧化碳、水、硫化氢、氨、磷酸等等）。这些有机分子进一步合成，变成生物单体（如氨基酸、糖、腺甙和核甙酸等）。这些生物单体通过进一步聚合作用变成生物聚合物，如蛋白质、多糖、核酸等。这一过程叫做化学

 神奇的海洋生物

演化。

蛋白质出现后,最简单的生命也随着诞生了。这是发生在距今大约36亿多年前的一件大事。从此,地球上就开始有生命了。

科学故事——米勒人工合成氨基酸

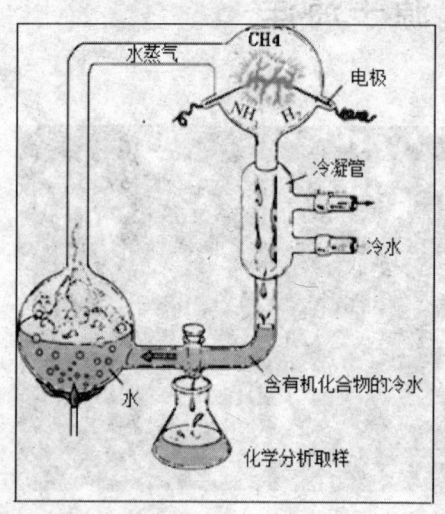

◆米勒实验的装置

1953年,美国芝加哥大学的"教授会"上,正在审议一位博士研究生斯唐来·米勒设计的实验方案。米勒的导师,是曾经获得诺贝尔奖的尤里教授。

教授们看清楚米勒的实验方案后,不禁大吃一惊:年仅23岁的米勒,竟然想在容器里人工合成氨基酸!

"氨基酸是构成生命的重要物质基础,还没有生命的地球经过几十亿年才孕育出来,怎么可能在试管中形成呢?"

"年轻人,不要浪费宝贵的时间和精力,这是绝对不可能实现的计划!"

这位乳臭未干的年轻人设计的实验方案,在一些教授看来只不过是个荒唐离奇的梦想,简直就是异想天开!

可是,尤里教授却镇定自若地说:"没有想过的,并不意味着不可能成功。"

米勒更是充满自信:"只要我们能模拟出原始地球的还原性大气,再模仿当时经常电闪雷鸣的自然条件,就很有可能产生氨基酸!"

正是由于他们从无机物中获得了氨基酸等一些重要的构成生命基础物质的有机小分子,从此揭开了生命起源的"神秘面纱"。

米勒人工合成氨基酸实验过程

他们将装置内的空气抽出,然后模拟原始地球上的大气成分,通入甲

生命源于远古海洋——海洋生物巡礼

烷、氨、氢、水蒸气等气体,并模拟原始地球条件下的闪电,连续进行火花放电。最后,在U型管内检验出有氨基酸生成。氨基酸是组成蛋白质的基本单位,因此,探索氨基酸在地球上的产生是有重要意义的。

 **讲解——氨基酸**

含有氨基和羧基的一类有机化合物的通称,生物功能大分子蛋白质的基本组成单位,构成动物营养所需蛋白质的基本物质,含有一个碱性氨基和一个酸性羧基的有机化合物。氨基连在 α—碳上的为 α—氨基酸。天然氨基酸均为 α—氨基酸。

α—氨基酸的结构通式:

$$\text{R}-\underset{\underset{\text{NH}_2}{|}}{\text{CH}}-\text{COOH}$$

构成蛋白质的氨基酸都是一类含有羧基并在与羧基相连的碳原子下连有氨基的有机化合物,目前自然界中尚未发现蛋白质中有氨基和羧基不连在同一个碳原子上的氨基酸。

 **本节回顾**

1. 哪种物质的出现,意味着生命形式的出现?
2. 米勒的成功给你怎样的启示?

生命走向何处
——生物的进化

生物进化是指一切生命形态发生、发展的演变过程。"进化"一词来源于拉丁文 evolutio，意为"展开"，一般用以指事物的缓慢变化和发展，由一种状态到另一种状态。1972年，瑞士科学家邦尼特最先将该词用于生物学中。

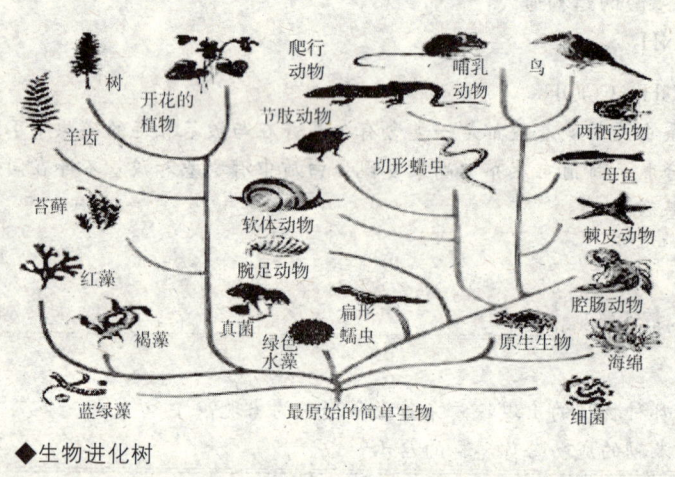

◆生物进化树

生物进化观点的起源

古希腊的亚里士多德通过对他那个时代有关动物的知识的系统整理，把540种动物按性状的异同分为有血的和无血的两大群，每群之下又分为若干类。他进一步提出生物等级即生物阶梯的观念，认为自然界所有生物形成一个连续的系列，即从植物一直到人逐渐变得完善起来的直线系列。

生命源于远古海洋——海洋生物巡礼

名人介绍——亚里士多德

亚里士多德是古希腊最伟大的哲学家、科学家和教育家之一。恩格斯称他是古代的黑格尔和"最博学的人"。公元前384年，亚里士多德生于希腊一个中等收入家庭，其父是马其顿国王腓力二世的宫廷侍医。公元前366年亚里士多德被送到雅典的柏拉图学园学习，此后20年间亚里士多德一直住在学园，直至老师柏拉图去世。苏格拉底是柏拉图的老师，亚里士多德又受教于柏拉图，这三代师徒被称为"古希腊三贤"。亚里士多德尊重老师而又不盲目崇拜，"吾爱吾师，吾更爱真理"就是他讲的。亚里士多德在许多方面都有自己的创新，一生勤奋治学，从事的学术研究涉及逻辑学、修辞学、物理学、生物学、教育学、心理学、政治学、经济学、美学等，写下了大量的著作。他的思想对人类产生了深远的影响。他创立

◆亚里士多德

他的著作是古代的百科全书，据说有170多部，流传下来的有47部。主要有《工具论》、《形而上学》、《物理学》、《伦理学》、《政治学》、《诗学》等。

了形式逻辑学，丰富和发展了哲学的各个分支学科，对科学作出了巨大的贡献。

公元前323年，亚里士多德的学生、希腊的实际统治者、马其顿人亚历山大病故，雅典立刻掀起了反马其顿的狂潮，很多人开始攻击亚里士多德。在朋友的帮助下，亚里士多德逃出了雅典，但是第二年他就去世了，终年六十三岁。

其实除了亚里士多德，在我们中国战国时期汇集的《尔雅》一书也记载了生物类型的变化；汉初的《淮南子》一书，不仅对动植物作了初步分类，而且提出了各类生物是由其原始类型发展而来的观点。

神奇的海洋生物

生物进化观点的发展

◆拉马克

◆C·R·达尔文

近代科学诞生以前，进化思想发展缓慢，当时广为流行的是神创论和物种不变论。这种观点直到18世纪仍在生物学中占统治地位，其代表人物是瑞典植物学家林耐 Carl von Linné，（1707～1778年）。他所提出的分类系统虽然有助于揭示生物物种之间的历史联系，但他却把物种看作是上帝创造的不可改变的产物。

法国学者布丰 Georges Louis Leclerc de Buffon，（1707～1788年）相信物种是变化的，现代的动物是少数原始类型的后代。

1809年，另一位法国学者拉马克 Jean Baptiste Pierre Antoine de Monet Lamarck，（1744～1829年）在其《动物学哲学》中，用环境作用的影响、器官的用进废退和获得性的遗传等原理解释生物进化过程，创立了第一个比较严整的进化理论。

1859年 C·R·达尔文发表《物种起源》一书，论证了地球上现存的生物都由共同祖先发展而来，它们之间有亲缘关系，并提出自然选择学说以说明进化的原因，从而创立了科学的进化理论，揭示了生物发展的历史规律。

生命源于远古海洋——海洋生物巡礼

 名人介绍——达尔文

C·R·达尔文,英国生物学家,进化论的奠基人。曾乘贝格尔号舰作了历时5年的环球航行,对动植物和地质结构等进行了大量的观察和采集。出版《物种起源》这一划时代的著作,提出了生物进化论学说,从而摧毁了各种唯心的神造论和物种不变论。除了生物学外,他的理论对人类学、心理学及哲学的发展都有不容忽视的影响。澳大利亚有以达尔文命名的城市。恩格斯将"进化论"列为19世纪自然科学的三大发现之一。

 知识窗

19世纪自然科学的三大发现

1. 细胞学说是19世纪30年代,由德国植物学家施莱登和动物学家施旺提出的。
2. 能量守恒和转化定律是多人研究的结果。
3. 生物进化论。1859年,英国博物学家达尔文出版了《物种起源》。其中提出了自然选择观点。

19世纪80年代以来,以A·魏斯曼(1834~1914年)为代表的新达尔文主义,把种质论和自然选择学说相结合,丰富了达尔文的进化理论。20世纪30年代以来,以T·杜布尚斯基(1906~1975年)等人为代表的综合进化论综合了细胞遗传学、群体遗传学以及古生物学等学科的成就,进一步发展了以自然选择为核心的进化理论。

生物进化的历程

植物的进化

地球上的生命,从最原始的无细胞结构生物进化为有细胞结构的原核生物,从原核生物进化为真核单细胞生物,然后按照不同方向发展,出现了真菌界、植物界和动物界。

19

神奇的海洋生物

植物界从藻类到裸蕨植物再到蕨类植物、裸子植物，最后出现了被子植物。

动物的进化

动物界从原始鞭毛虫到多细胞动物，从原始多细胞动物到脊索动物，进而演化出高等脊索动物——脊椎动物。脊椎动物中的鱼类又演化到两栖类再到爬行类，从中分化出哺乳类和鸟类，哺乳类中的一支进一步发展为高等智慧生物，这就是人。

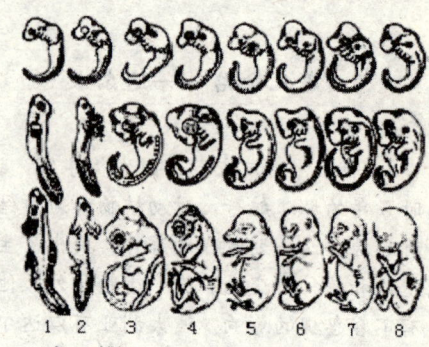

◆7种脊椎动物和人的胚胎发育比较

生物进化的规律

生物界的发展历史表明，生物进化是从水生到陆生、从简单到复杂、从低等到高等的过程，从中呈现出一种进步性发展的趋势，胚胎学证据证明了这一点。

进化中的特例

◆奔驰中的马

生物进化的道路是曲折的，表现出种种特殊的复杂情况。除进步性发展外，生物界中还存在特化和退化现象。

特化不同于全面的生物学的完善化，它是生物对某种环境条件的特异适应。这种进化方向有利于一个方面的发展却减少了其他方面的适应性，如马由多趾演变为适于奔跑的单蹄。

当环境条件变化时，高度特化的生物类型往往由于不能适应而灭绝，如爱尔兰鹿，由于过分发达的角对生存

弊多利少,以至终于灭绝。

对寄生或固着生活方式的适应,也可使机体某些器官和生理功能趋向退化。如有一种深海寄生鱼,雄体寄生在雌体上,雄体消化器官退化,唯有精巢特别膨大,以保证种族繁衍。

 小书屋

多倍体:由受精卵发育而来的、体细胞内含有三个或者三个以上的染色体组的生物。马铃薯是四倍体,香蕉是三倍体,而普通小麦是六倍体。

生物进化的方式

生物界各个物种和类群的进化,是通过不同方式进行的。物种形成(小进化)主要有两种方式:

渐进式形成

一种是渐进式形成,即由一个种逐渐演变为另一个或多个新种。渐进进化是达尔文进化论的一个基本概念。达尔文认为,在生存斗争中,由适应的变异逐渐积累就会发展为显著的变异而导致新种的形成。因为"自然选择只能通过累积轻微的、连续的、有益的变异而发生作用,所以不能产生巨大的或突然的变化,它只能通过短且慢的步骤发生作用"。

爆发式形成

另一种是爆发式形成,即多倍体物种形成,这种方式在有性生殖的动物中很少发生,但在植物的进化中却相当普遍,世界上约有一半左右的植物种是通过染色体数目的突然改变而产生的多倍体。物种形成(大进化)常常表现为爆发式的

◆动物化石

 神奇的海洋生物

进化过程，从而使旧的类型被迅速发展起来的新生的类型所替代。

 小知识——生物大爆发

被称为古生物学和地质学上的一大悬案——寒武纪生命大爆发，自达尔文以来就一直困扰着进化论等学术界。大约6亿年前，在地质学上称作寒武纪的开始，绝大多数无脊椎动物门在几百万年的很短时间内出现了。这种几乎是"同时"地、"突然"地出现在寒武纪地层中门类众多的无脊椎动物化石（节肢动物、软体动物、腕足动物和环节动物等），而在寒武纪之前更为古老的地层中长期以来却找不到动物化石的现象，被古生物学家称作"寒武纪生命大爆发"，简称"寒武爆发"。

与达尔文的主张相反，早期遗传学家如荷兰的德佛里斯（Hugo De Vries）弗里斯等相信，新种可由大的不连续变异即突变直接产生。

现代生物进化观点认为生物的进化既包含有缓慢的渐进，也包含有急剧的跃进；既是连续的，又是间断的。整个进化过程表现为渐进与跃进、连续与间断的辩证统一。

 **本节回顾**

1. 简述生物进化观点的发展过程。
2. 生物进化的方式有哪些？

不可小看它

——海洋微生物

  它们是一群生活在海洋中、我们无法用肉眼观察到的微生物，别看个小，可是它们的作用不可忽视。

  善待海洋，它们可以给我们美好的一面，成为海洋天然的清洁员。污染海洋，它们会马上变成恶魔，成为海洋中的传播死亡的死神。

  这些海洋中的微生物包括哪些呢？它们为何会如此善变呢？它们与人类到底是怎么一个关系呢？我们或许可以在这章找到一些答案。

不可小看它——海洋微生物

小个子，大能量
——海洋微生物简介

广义上，我们认为以海洋水体为正常栖居环境的一切微生物都属于微生物学的对象。狭义微生物学应包括细菌、真菌及噬菌体等对象。

海洋细菌是海洋生态系统中的重要一环。作为分解者它促进了物质循环；在海洋沉积成岩及海底成油成气过程中，都起了非常重要的

◆石油钻井平台

作用。当然还有一些自养菌则是深海生物群落中的生产者，它的巨大分解潜能几乎可以净化各种类型的污染，它还可能提供新抗生素以及其他生物资源。因此随着研究技术的进展，海洋微生物日益受到重视。

海洋细菌当然也不都是有利的，在特定条件下某些细菌的代谢产物如氨及硫化氢也可毒化养殖环境，从而造成经济损失。

海洋微生物特点

与陆地相比，海洋环境有几个特殊的特性：高盐、高压、低温和低营养。海洋微生物长期适应这样复杂的海洋环境而生存，因而有其独具的特性。

> 如何认识海洋微生物和陆地微生物的特点？
> 关键在于环境，海洋微生物的特点与海洋环境密不可分，陆地微生物亦然。

神奇的海洋生物

嗜盐性

海洋微生物最普遍的特点是其生长必需海水。海水中富含各种无机盐类和微量元素。钠为海洋微生物生长与代谢所必需。此外，钾、镁、钙、磷、硫和其他微量元素也是某些海洋微生物生长所必需的。

> **知识窗**
>
> **嗜冷微生物**
>
> 那些能在0℃生长或其最适生长温度低于20℃的微生物称为嗜冷微生物。嗜冷菌主要分布于极地、深海或高纬度的海域中。其细胞膜构造具有适应低温的特点。那种严格依赖低温才能生存的嗜冷菌对热反应极为敏感，即使中温就足以阻碍其生长与代谢。

嗜冷性

大约90％海洋环境的温度都在5℃以下，绝大多数海洋微生物的生长要求较低的温度，一般温度超过37℃就停止生长或死亡。

嗜压性

海洋中静水压力因水深而异，海洋最深处的静水压力可超过1000大气压。

低营养性

海水中营养物质比较稀薄，部分海洋细菌要求在营养贫乏的培养基上生长。

发光性

在海洋细菌中只有少数几个属表现发光特性。发光细菌通常可从海水或鱼产品上找到。因为细菌发光现象对理化因子反应敏感，有人就试图利用发光细菌作为检

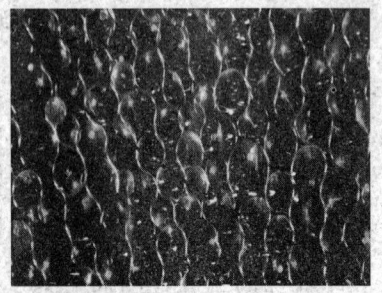
◆夜光藻属

不可小看它——海洋微生物

验水域污染状况的指示菌。

本节回顾

1. 生物的特性分析，首先要从哪方面入手？
2. 根据第1题的方法，试归纳海洋微生物的特点。

 神奇的海洋生物

我是植物还是动物
——蓝细菌

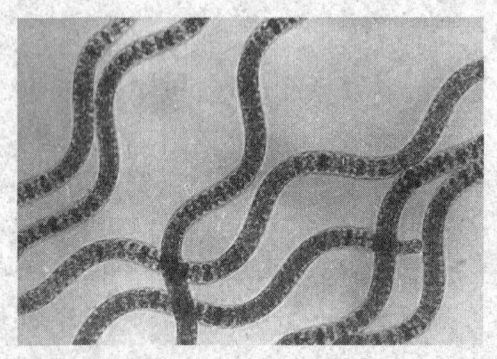

◆螺旋藻——蓝藻

蓝细菌是一类低等生物，有人把它归为微生物中的细菌，也有科学家认为应该归为低等植物，应为蓝藻。至今在分类上还存在归属问题。它是一类进化历史悠久、含叶绿素和藻蓝素（但不形成叶绿体）、能进行产氧性光合作用的大型原核微生物。它包括许多种类。

蓝细菌简介

蓝细菌在植物学和藻类学中被归为蓝藻门。

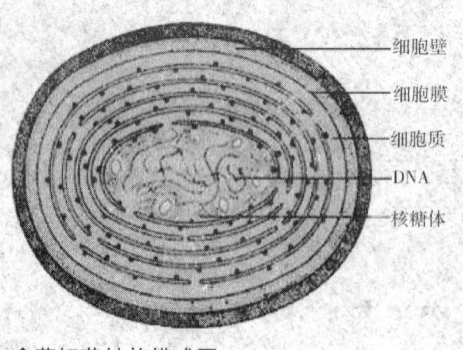

◆蓝细菌结构模式图

a.大约40亿年前处于熔化状态的地球

b.大约35亿年前，原始地球变冷，无任何生物，地球外围气呈蓝黑色

c.闪电

◆原始大气形成想象图

不可小看它——海洋微生物

由于它的细胞结构简单，只具原始核，没有核膜和核仁，只有拟核，具有叶绿素和藻蓝素，没有叶绿体，因此是一类原核生物。这一类细菌叫蓝细菌，它对于研究生物进化有重要意义。

蓝细菌是一种相当古老的生物，在大约50亿年前，地球本是无氧的环境，使地球由无氧环境转化为有氧环境，是由于蓝细菌出现后进行光合作用产氧所致。

蓝藻的分布

蓝细菌分布非常广，从热带到两极，从海洋到高山，到处都可以看到它们。它对很多环境都能适应，在土壤、岩石甚至在树皮或其他物体上均能成片生长。

许多蓝细菌生长在池塘和湖泊中，并形成菌胶团浮于水面。

但是有的在80℃以上的热温泉、含盐多的湖泊或其他极端环境中，也是占优势的或者是唯一能进行光合作用的生物。

蓝藻的价值

蓝藻是最早的光合放氧生物，对地球表面有氧环境起了巨大的作用。比如说有些蓝藻（如鱼腥藻）可以直接固定大气中的氮，以提高土壤肥力。当然还有的蓝藻是人们的食品，比如著名的发菜和普通念珠藻（地木耳）、螺旋藻等。

◆地木耳

蓝藻的危害

在一些营养丰富的水体中，有些蓝藻常在夏季进行大量繁殖，并在水面形成一层蓝绿色而有腥臭味的浮沫，称为"水华"，大规模的蓝藻爆发，

神奇的海洋生物

◆赤潮

被称为"绿潮",而在海洋发生的我们称之为赤潮。绿潮和赤潮引起水质恶化,严重时耗尽水中氧气而造成鱼类的死亡。

蓝藻的天敌

在自然界中,任何生物都有天敌,蓝藻也不例外,蓝藻等藻类是某些鱼类的食物,可以通过投放此类鱼苗来治理藻类,防止藻类爆发。

蓝藻的共生

一些蓝细菌还能与真菌、苔藓、蕨类和种子植物共生,如地衣是蓝细菌与真菌的共生体。

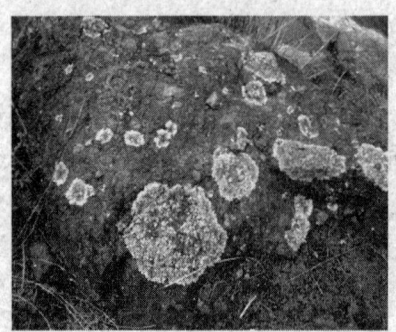

◆地衣

 链接——原生生物

地衣是由藻类(共生藻)和菌类(共生菌)共生而形成的生物复合体。共生藻经光合作用产生碳素营养供给共生菌,共生菌的菌丝组织编织成一个网状的骨架和厚实的皮壳,球形的、椭圆形的藻藻就充填在里面,除起到保护作用外,还通过吸水和失水作用,积累高浓度的可溶性矿物盐供给藻细胞。这样,就组成了一个个呈壳状、叶状、树枝状的地衣植物。地衣是生物界互利共生最典型的体现。

地衣对大气污染十分敏感,特别是对城市大气中所含的氟化氢、二氧化硫、一氧化碳等有害气体十分敏感,这些有害气体往往导致地衣体不同程度的解体死亡。利用这一特性,地衣可用于大气污染监测,是最佳的"生物监测指示植物"。所以有地衣的存在,说明当地的环境尚可。

不可小看它——海洋微生物

生物进化的证据
——海洋原绿藻

　　这是一种对生命的执著，它独自守候原绿藻门这一门生物。这是生物进化的证据，供给科学家以证明生物分类上的各门之间的联系。这是怎样的一种生物，它会带给我们惊喜吗？它最终的守候又将归于何处？它又流浪在何方？让我们一起关注。

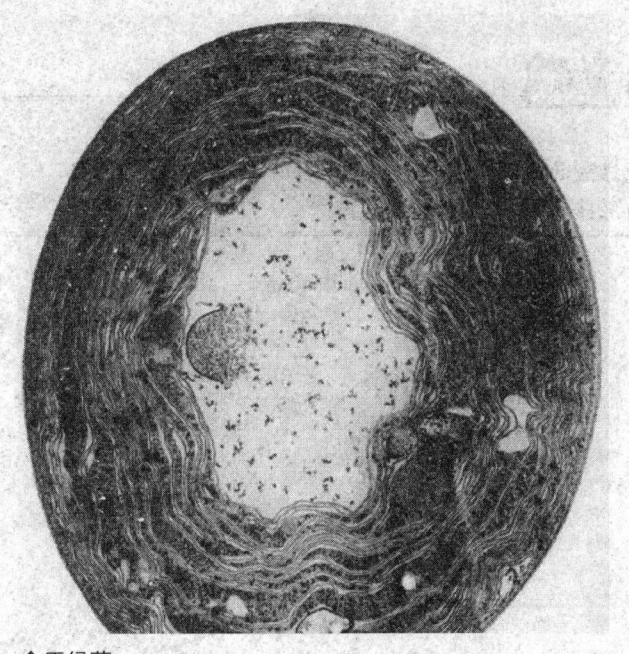

◆原绿藻

原绿藻的分类

　　这是附生在海鞘上的一种原核生物，以前归于蓝藻类中，而现在我们

神奇的海洋生物

认为原绿藻是原绿藻门的唯一种。

原绿藻的分布

它是单细胞、草绿色，主要聚生在珊瑚礁潮下带上部某些胶质的壳状动物体上，特别是死珊瑚体上的海鞘类。

分布：现在已在许多热带海域，包括中国的西沙群岛和海南岛的三亚西洲岛发现。这种原始海藻都与死珊瑚上的胶质的海鞘类动物共生，很多年以来，科学家们一直认为所有原核的藻类都属于蓝藻门。

本节回顾

1. 原绿藻的分类？
2. 原绿藻的分布？

不可小看它——海洋微生物

海洋生物的噩梦
——赤潮

赤潮是一个历史沿用名,其实它并不一定都是红色,由于引发赤潮的生物种类和数量的不同,海水有时也呈现黄、绿、褐等不同颜色,所以说其实它是各种颜色潮的统称。

"赤潮",国际上也称其为"有害藻华",赤潮又有人称其为红潮,是海洋生态系统中的一种异常现象。由海藻家族中的赤潮藻在特定环境条件下突然性、爆发性地增殖造成的。海藻是一个极其庞大的家族,除了少数一些大型海藻外,大部分都是非常微小的植物,有的是单细胞植物。

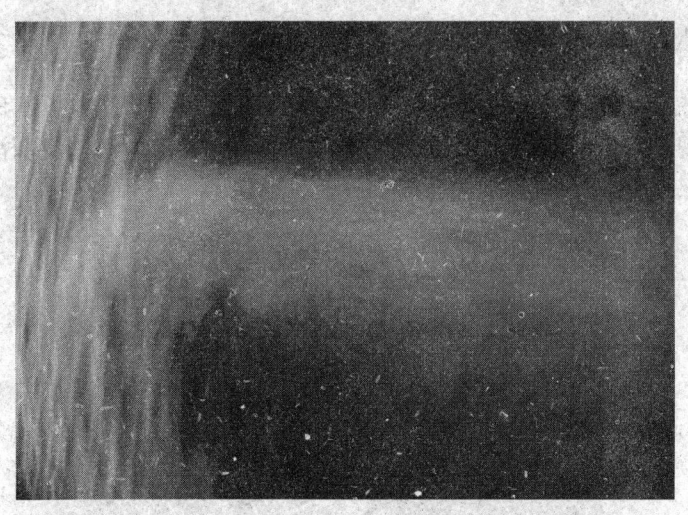

◆赤潮

昨日路程——赤潮

赤潮是一种灾害性的水色异常现象,在很早以前就有记载。如《旧

神奇的海洋生物

◆赤潮

约·出埃及记》中就有关于赤潮的描述："河里的水，都变作血，河也腥臭了，埃及人就不能喝这里的水了"。每当赤潮发生时，海水总是会变得黏黏的，还发出一股腥臭味，颜色大多变成红色或近红色。

1831～1836年，达尔文在《贝格尔航海记录》中记载了在巴西和智利附近海面发生的赤潮事件。

自食恶果——赤潮发生的原因

海水富营养化是赤潮发生的物质基础和首要条件

这些年，随着城市化和工业化的加快，生活污水和工业废水的大量排出而出现了海水富营养化，导致比如说东京湾、濑户内海、有明海等海域赤潮频繁发生。

◆赤潮

不可小看它——海洋微生物

水文气象和海水理化因子的变化是赤潮发生的重要原因

 链接——水华与赤潮

水华，是指在富营养化的淡水中，由于以原核生物蓝藻为主大量繁殖所致（当然也伴有少量真核的绿藻等）。主要的蓝藻有铜绿微藻、水花微囊藻、水花束丝藻、水花鱼腥藻等，它们的细胞内含叶绿素和蓝色素等，大量繁殖使水体变蓝或形成其他颜色，并带有腥味或霉味。

赤潮是指在富营养化的海水中，由于甲藻、硅藻等真核藻类的大量急剧繁殖（当然也有少量蓝藻、原核动物等），聚集漂浮于海面，使水体呈现红色或褐色等颜色的现象，主要发生在近海。

◆水华（一）

赤潮的颜色并不是都为红色的，而是由形成赤潮占优势的赤潮生物种类的颜色决定的，如以夜光藻为主形成的赤潮呈红色，而绿色鞭毛藻为优势种时为绿色，硅藻占优势则呈褐色，若蓝藻门的毛丝藻等大量分布时海水则为棕黄色。

◆水华（二）

从上述概念中，我们可以知道，其主要区别在于水华是淡水的藻类引起，而赤潮主要是指海洋中藻类引起的。因此虽然相似，但不可混为一谈。

海水养殖的自身污染亦是诱发赤潮的因素之一

 神奇的海洋生物

赤潮——海洋生物的恶梦

赤潮对海洋生物的危害极大，以鱼类为例，主要表现在以下三个方面：

一是大量赤潮生物集聚于鱼类的鳃部，使鱼类因缺氧而窒息死亡。

◆赤潮引起鱼类死亡

二是赤潮生物死亡后，藻体在分解过程中会消耗水中大量的溶解氧，使鱼类及其他海洋生物因缺氧死亡，与此同时还会释放出大量有害气体和毒素，严重污染海洋环境，使海洋的正常生态系统遭到严重的破坏。

三是鱼类吞食大量有毒藻类从而导致其死亡。

◆赤潮与渔业

不可小看它——海洋微生物

美丽的夜光
——发光杆菌和射光杆菌

它们是一群海洋中的时尚达人,喜欢把自己打扮得漂漂亮亮;它们是海洋中一群低调者,总喜欢把美丽藏在深处;它们是一群微不可见的生物,总是难觅踪影;它们就是海洋中的发光杆菌和射光杆菌。它们不仅在海洋中有分布,同样也出现在陆地上。

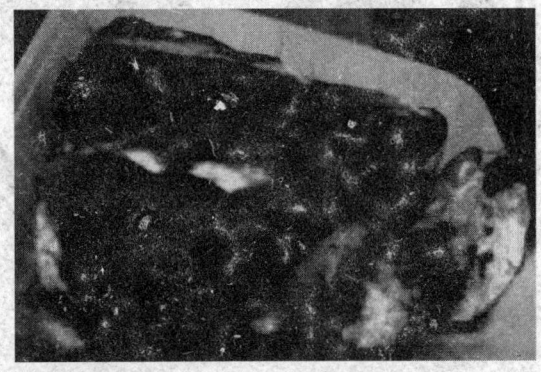

◆发蓝光的猪肉

发光杆菌和射光杆菌的分布

在海洋细菌中,还有一些细菌会发光,比如说发光杆菌和射光杆菌。发光杆菌属主要分布于海洋环境和海生动物的消化道中;也发现有的种类可作为海鱼的特殊发光器官的共生体。

模式种:明亮发光杆菌(Photobacterium phosphoreum)。

模式种

模式种:被首次发现,且被描述并发表的物种定为模式种。

 神奇的海洋生物

 友情提醒——食品安全标志

多种原因会造成猪肉发光，建议暂不食用。
这些食品标志，你认识吗？

◆食品安全标志

◆无公害农产品标志

◆有机食品标志

◆绿色食品标志

 **本节回顾**

1. 发光杆菌和射光杆菌的分布。
2. 食品标志的认识。

海洋森林

——海洋植物

神奇的海洋世界中除了动物和各种微生物,还有一类不可忽视的生命,那就是海洋植物。

这里不仅有低等的植物,同时也生活着各种高等植物。

它们是海洋中的生产者,为海洋生物提供了大量的能量和物质;它们是海中动物和微生物的栖息之所,为其提供了美丽的乐园;它们是海洋中的一道独特的风景,组成一片神奇的海洋森林。我们在这一章中,就为大家一一介绍这些不同寻常的精灵。

海洋森林——海洋植物

海洋初级生产者
——浮游藻

它们是海洋单细胞藻类，仅由一个细胞所组成。别看它结构简单，可它的作用不简单，作为海洋中最重要的初级生产者，它为大多数海洋动物提供了足够多的食物，使得海洋生物能够有今天这般的绚丽多姿，丰富多样。

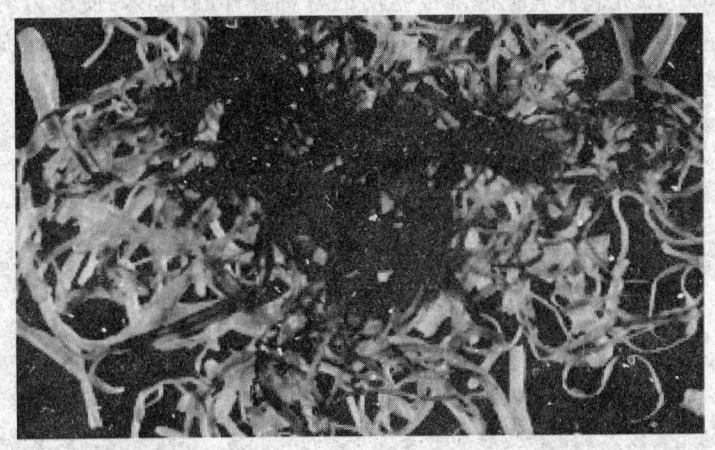

◆浮游藻

浮游藻简介

浮游藻是海洋单细胞藻，仅由一个细胞所组成。它们作为海洋中最重要的初级生产者，是一类具有叶绿素、能够进行光合作用并生产有机物的自养型生物；同时又是养殖鱼、虾、贝的饵料。目前已在中国海洋记录到的浮游藻有1800多种。

 神奇的海洋生物

 知 识 窗

光合作用

　　植物、藻类利用叶绿素和某些细菌利用其细胞本身，在可见光的照射下，将二氧化碳和水（细菌将硫化氢和水）转化为有机物，并释放出氧气（细菌释放氢气）的生化过程。

浮游藻的特点

　　浮游藻几乎不能运动，它们只能随波逐流地漂浮或悬浮在水中作极微弱的浮动。因此它们有适应漂浮生活的各种各样的体形，使浮力增加。例如：有的浮游藻细胞周围生出一圈刺毛（如上页图）；有的长有刺或突起物，这些东西增加了与水的接触面，因此可以产生很大的稳定性，使其能漂浮在有光的表层水中；而有的结成群体来扩大表面积便于漂浮，而且它们本身个体很小，也是对漂浮生活的一种很好的适应形式。

 万花筒

自养型生物

　　自养型，以大气中的二氧化碳或环境中的碳酸盐为碳素营养的一种营养类型，此类生物称为自养型生物。绿色植物和少数细菌为自养型，它们能将简单的无机物二氧化碳或碳酸盐合成复杂的有机物，供生命活动的需要。

 本节回顾

1. 什么是浮游藻？
2. 什么是光合作用？
3. 什么是自养生物？

海洋森林——海洋植物

生物保护者——海草

它们在海洋中飞扬生命，它们用生命守护海洋；它们是一群海洋中的植物——海草。你或许见过它们，一群看起来毫无用处的植物；你或许听过它们，一群常见的生物。然而，在现实生活中，你真正看见过它们的用途吗？你是否知道它们的用处呢？本节内容将带你进入这个世界。

◆海草

海草概述

海草是一类海洋单子叶草本植物的统称，它们一般都生活在温带海域沿岸浅水中。海草具有非常强大的适应水生生活环境的特点，比如说有发育良好的根状茎（水平方向的茎），叶片柔软、呈带状，花生于叶丛的基部，花蕊高出花瓣等。

海草常在沿海潮下带形成广大的海草场，海草场是高生产力区。这里的腐殖质特别多，是幼虾、稚鱼良好的生长场所，同时也有利于海鸟的栖息。海草正如陆上的植物一样，没有阳光就不能生存。

◆海草

海草的奉献

可以作材料

在我国的北方，沿海渔民常用海草作建造屋顶的材料。海草抗腐蚀、耐用。

大叶藻和虾形藻等干草，是良好的隔音材料和保温材料。

保护海岸

海草根系发达，有利于抵御风浪对近岸底质的侵蚀，对海洋底栖生物具有保护作用。海草场保护生物群落的作用不可忽视。

◆海草屋顶

◆海草床

海洋森林——海洋植物

海草食物

海草是海洋动物的食物。有些海洋动物是食草的，另外一些是靠吃"食草"动物来维持生命的，所以，海洋中的动物都是靠海草来养活的。由于海草的营养价值，海草也上了人们的菜谱。

◆海草食品

本节回顾

1. 什么是海草？
2. 海草哪些用处？
3. 你还能举出一些现实生活中海草的例子吗？

领先一步学科学 系列

神奇的海洋生物

彩练海底舞——底栖藻

底栖藻是一类统称，人们将栖息在海底的藻类称为底栖藻。它们有一些特殊的本事，比如说它们在退潮时能适应暂时的干旱和冬季暂时的"冰冻"等环境，而只要海水一涨潮，它们便又开始正常的生长发育。

◆长柄雀冠藻

底栖藻简介

底栖藻大部分是多细胞海藻，因此它们一般是肉眼可见的。有些小的种类只有几厘米长，如丝藻；最长的可达200米～300米，如巨藻。底栖藻的形态千奇百怪，多种多样：有的像带子，如海带；有的像绳子，如绳藻；有的却又是片状，如石莼、紫菜；有的像树枝状，如马尾藻。

海洋森林——海洋植物

底栖藻分类

底栖藻的分类方法有很多，我们可以按最容易理解的颜色，把海藻分为三大类：绿藻类、褐藻类和红藻类。

绿藻

绿藻，藻体呈草绿色。绿藻大约有6000种，绝大多数产于淡水，只有10%生活在潮间带或潮下带的岩石上，它们含有丰富的蛋白质，是海洋中小型动物的食物。其中最常见的多细胞绿藻有石莼（海白菜），它们为我们深深喜爱；当然还有浒苔，它可用来制作浒苔糕，味道十分鲜美。此外，还有羽藻、蕨菜、刺海松、伞藻等。

◆巨藻

褐藻

褐藻，其颜色必然是藻体褐色。褐藻中的大型种类，如我们常吃的海带可长到7～8米长；

◆石莼（亦称海白菜）

而另一种藻类——巨藻可长到300米长，素有"海底森林"之称。它们大多生长于低潮带或低潮线下的岩石上。

海带和裙带菜历来是人们喜爱的食品，而海带甚至被称为"海上庄稼"。海带因为含有丰富的碘，可以用来治疗因缺乏碘而引起的各种疾病，它还是提取碘、氯化钾等化学药品的重要原料，广泛应用于国防和医药工业。

神奇的海洋生物

◆海带

◆鹿角菜

巨藻是海藻中个体最大的一种海藻，我们称它为海藻王，它原来并不产于我国，于1978年首次成功地从墨西哥引进巨藻，目前在我国海域长势良好。它原产于美国加利福尼亚、墨西哥和新西兰沿岸。巨藻生长速度相当快，每天可生长60多厘米，全年都能生长，每3个月收割一次，其寿命很长，可生长十多年之久。

巨藻的用途十分广泛，可以用它作为许多产品的原料，比如说食物、燃料、肥料、塑料和其他产品的原料。巨藻也是一种很有发展前途的能源。因为可以用它来生产沼气，假如我们养殖4平方千米的巨藻，那么一年就可生产10万千瓦的能量，这将是非常可观的。我国常见的褐藻除了海带、裙带菜、巨藻之外，还有水云、索藻、酸藻、萱藻、囊藻、绳藻、鹅肠菜、网地藻、团扇藻、马尾藻、鹿角菜、羊栖菜等。

食谱——凉拌鹿角菜

用50℃左右的温水泡半小时到1小时，泡好以后用凉开水清洗一下，用盐、料酒、香菜、香油、醋、蒜泥一起凉拌就可以了，若泡的时间不够，可能稍苦。

海洋森林——海洋植物

红藻

红藻藻体的颜色呈紫色或紫红色,红藻多数喜居深海,红藻类约有2000多种,其中最为常见的种类有紫菜、石花菜、海萝、蜈蚣藻、海头红、鹧鸪菜等。紫菜通常呈紫红色,片状,鲜食或可以制成干品,干紫菜是市场上畅销的高级副食品。

石花菜是制造"琼胶"(俗称冻粉)的主要原料,它用假根状的固着器附着在礁石上,直立丛生。其种类很多,有石花菜、大石花菜、小石花菜、细毛石花菜、中肋石花菜等。琼胶广泛应用于食品、医药、细菌培养等,一些高档糖果也多用琼胶作填充物,透明软糖就是其中一种。

海萝可提取海萝胶,用于纺织工业;而鹧鸪菜是我们中国人自古以来用作驱除蛔虫的药用海藻。

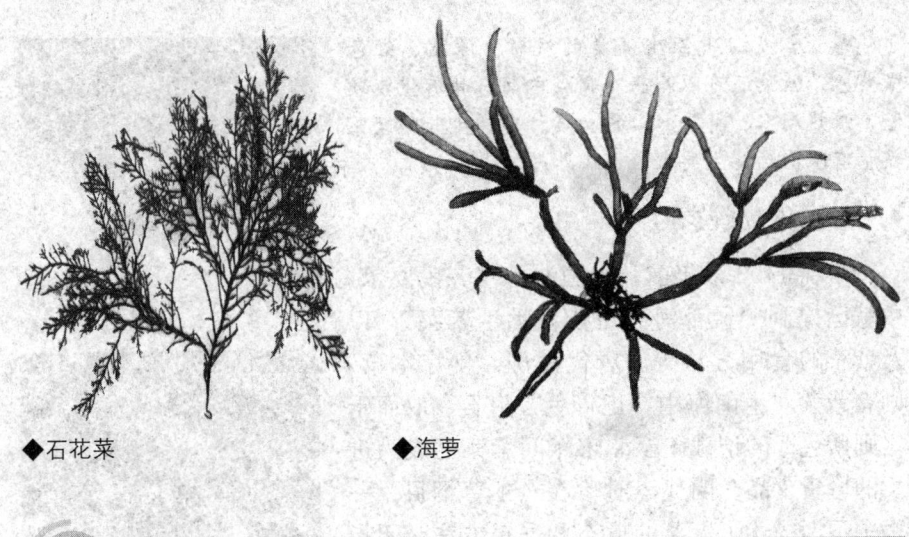

◆石花菜　　　◆海萝

链接——生物凝固剂

琼胶是从石花菜、江蓠等多种红藻植物提制的多糖。通常制成的商品有条状、有粉状。琼脂的最有用特性是它的凝点和熔点之间的温度相差很大。它在水中需加热至95℃时才开始熔化,熔化后的溶液温度需降到40℃时才开始凝固,所以它是配制固体培养基的最好凝固剂。用琼脂配制的固体培养基,可以进行高

神奇的海洋生物

温培养而不熔化，而在凝固之前接种时，也不致将培养物烫死。因此，琼脂是制备各种生物培养基时应用最广泛的一种凝固剂。

 小博士

培养基：培养基（Medium）是供微生物、植物和动物组织生长和维持用的人工配制的养料，一般都含有碳水化合物、含氮物质、无机盐（包括微量元素）以及维生素和水等。有的培养基还含有抗菌素和色素。

 广角镜——认识紫菜

紫菜，是海中互生藻类的统称。深褐、红色或紫色。紫菜还可以入药，制成中药，具有化痰软坚、清热利水、补肾养心的功效。自然生长的紫菜数量有限，产量主要来自人工养殖。

紫菜的光辉岁月

早在1400多年前，中国北魏《齐民要术》中就已提到"吴都海边诸山，悉生紫菜"，以及紫菜的食用方法等。唐代孟诜《食疗本草》则有紫菜"生南海中，正青色，附石，取而干之则紫色"的记载。至北宋年间紫菜已成为进贡的珍贵食品。明代李时珍在《本草纲目》一书中不但描述了紫菜的形态和采集方法，还指出紫菜主治"热气烦塞咽喉"，"凡瘿结积块之疾，宜常食紫菜"。紫菜的养殖历史很悠久。

食疗价值

中国古代已开始食用紫菜。始见载于晋代左思《吴都赋》的"纶组紫绛"，据吕延济注

◆紫菜

◆紫菜

海洋森林——海洋植物

其中之"紫"乃"北海中草"。唐代《集异记》有采紫菜的记载。元代时,"南澳紫菜"已开始出口外销。明代《五杂俎》指出人们将荔枝、蛎房、子鱼、紫菜作为福建的"四美",《随息居饮食谱》载"和血养心"。

约三百多年前中国福建已用洒石灰水或放竹帘等方法繁育紫菜,食用也普及至内地。20 世纪 50 年代,中国科学家研究出紫菜孢子的来源问题,为人工养殖创造了条件。

◆紫菜人工养殖

药用价值

紫菜性味甘咸寒,具有化痰软坚、清热利水、补肾养心的功效。用于甲状腺肿、水肿、慢性支气管炎、咳嗽、脚气、高血压等。

食谱、药谱——紫菜

1. 紫菜汤:紫菜 15g,加水煎服;或用猪肉与紫菜煮汤,略加油、盐调味食。本方独取紫菜软坚散结的功效。用于瘿瘤、瘰疬和痰核肿块。
2. 紫菜散:紫菜 15g,研成细末。每次 5g,蜂蜜兑开水送服。

本方取紫菜清热化痰,蜂蜜润肺止咳。现代用于肺脓疡、支气管扩张,咳嗽痰稠或腥臭。

本节回顾

1. 什么是底栖藻?
2. 底栖藻分为哪几类,分别有哪些代表植物?
3. 你还能举出一些是底栖藻的植物吗?

 神奇的海洋生物

海上森林——红树林

其实红树林是一种生态系统，我们这里所说的红树林是一种泛指，包括木本植物、藤本植物和草本植物等各种生长于这个生态系统中的植物。

我们甚至可以说红树林群落是地球上最奇妙、最特殊的生物群落，同时也是对生活环境非常挑剔的生态系统，因此它非常脆弱。红树林群落主要分布在以赤道为中心的热带及亚热带淤泥深厚的海滩上，在海陆交界的潮间带形成壮观的海上森林，森林在潮起潮落的过程中经受着海水不断的冲刷。

◆红树林

红树林的特征

因为生活在海陆交界这样一个特殊的环境，红树有了一些非凡的本领来适应这种环境。

海洋森林——海洋植物

胎生现象

红树林最奇妙的特征之一就是所谓的"胎生现象"，红树林中的很多植物的种子还没有离开母体的时候就已经在果实中开始萌发，长成棒状的胚轴。胚轴发育到一定程度后脱离母树，掉落到海滩的淤泥中，几小时后就能在淤泥中扎根生长而成为新的植株，未能及时扎根在淤泥中的胚轴则可随着海流在大海上漂流数个月，在几千公里外的海岸扎根生长。

◆胎生现象

支柱根

红树林最引人注目的特征之二就是密集而发达的支柱根，很多支柱根自树干的基部长出，牢牢扎入淤泥中形成稳固的支架，使红树林可以在海浪的冲击下屹立不动。红树林的支柱根不仅支持着植物本身，也保护了海岸免受风浪的侵蚀，因此红树林又被称为"海岸卫士"。

◆支柱根

呼吸根

红树林的第三个主要特征就是由于其经常处于被潮水淹没的状态，空气非常缺乏，因此许多红树林植物都具有呼吸根，呼吸根外表有粗大的皮孔，内有海绵状的通气组织，满足了红树林植物对空气的需求。每到落潮的时候，各种各样的支柱根和呼吸根露出地面，纵横交错，

◆呼吸根

53

 神奇的海洋生物

使人难以通行。

排盐抗旱

热带海滩阳光强烈，土壤富含盐分，红树林植物多具有盐生和适应生理干旱的形态结构。植物具有可排出多余盐分的分泌腺体，叶片则为光亮的革质，利于反射阳光，减少水分蒸发。

呼吸根

生活在海滩地带的许多红树植物的根系会产生相当多的向上生长的支根，这些根伸出泥土表面以帮助植物体进行气体交换，因此称为呼吸根。

红树林的作用

生物多样性提供了条件

◆食蟹猴

红树林为热带海鸟提供了栖息地，红树林群落中的植物种类虽然不多，但红树林却养育了为数众多的动物。红树林下的淤泥中是蟹类、弹涂鱼等多种动物的家园，红树林的树干和树枝是很多介壳动物的栖身之所，红树林的树冠则是热带海鸟的领地。

在东南亚加里曼丹岛的红树林中，有长相奇特的长鼻猴，雄猴长有巨大的鼻子。食蟹猴是东南亚另一种出现在红树林中的猴子。在恒河入海口处的桑达班红树林中则是现存虎最多的地方之一，那里也有世界上唯一现存的食人虎，人与虎之间形成了一种奇妙的关系。

红树林群落在世界上面积不大，但具有很高的生态价值，一旦被破坏

海洋森林——海洋植物

◆长鼻猴

将引起严重的后果。我国的红树林在过去破坏比较严重，现在有大面积红树林分布的地区多已经划归为自然保护区，而且有很多是国家级自然保护区，处于严格的保护之下。

由于红树林生长于亚热带和温带，并拥有丰富的鸟类食物资源，所以红树林区是候鸟的越冬场和迁徙中转站，更是各种海鸟的觅食栖息、生产繁殖的场所。

保护海岸

红树林另一重要作用是它的防风消浪、促淤保滩、固岸护堤、净化海水和空气的功能。盘根错节的发达根系能有效地滞留陆地来沙，减少近岸海域的含沙量；茂密高大的枝体宛如一道道绿色长城，有效抵御风浪袭击。

1958年8月23日，福建厦门曾遭受一次历史上罕见的强台风袭击，12级台风由正面向厦

◆海岸卫士——红树林

门沿海登陆，随之产生的强大而凶猛的风暴潮，几乎吞没了整个沿海地区，人民生命财产损失惨重。但在离厦门不远的龙海县角尾乡海滩上，因生长着高大茂密的红树林，结果该地区的堤岸安然无恙，农田村舍损失甚微。1986年广西沿海发生了近百年未遇的特大风暴潮，合浦县398千米长海堤被海浪冲垮294千米，但凡是堤外分布有红树林的地方，海堤就不易冲垮，经济损失就小。许多群众从切身利益中感受到红树林是他们的"保护神"。

红树林的工业、药用等经济价值也很高。

 神奇的海洋生物

 **本节回顾**

1. 什么是红树林?
2. 红树林有哪些特点?
3. 红树林生态系统有什么作用?

海洋大观园
——海洋动物

  海洋动物是海洋中各门类形态结构和生理特点十分不同的异养型生物的总称。此类生物和人一样，不进行光合作用，不能将无机物合成为有机物，只能以摄食植物、微生物和其他动物及其有机碎屑物质为生。

  海洋动物现知有16～20万种，它们形态多样，大小各异。包括微观的单细胞原生动物，和长达30余米、重可达190吨的高等哺乳动物——蓝鲸等；分布广泛，从赤道到两极海域，从海面到海底深处，从海岸到超深渊的海沟底，都有其代表。

  海洋生物分类多样，按生活方式划分，海洋动物主要有海洋浮游动物、海洋游泳动物和海洋底栖动物三个生态类型。按分类系统划分，海洋动物共有几十个门类，可分为海洋无脊椎动物和海洋脊椎动物两大类，或分为海洋无脊椎动物、海洋原索动物和海洋脊椎动物三大类。

海洋大观园——海洋动物

我造生物礁——有孔虫

它们是古老的生物，它们是生物的化石，它们是海底的沉淀，它们就是有孔虫。它们的家园远在海平面之下，比珠穆朗玛峰的高度还深。在太平洋最深的海沟——这个地球上最偏僻的角落也发现了这种微小的生物。

认识有孔虫

有孔虫是一类古老的原生动物，有孔虫属原生动物门有孔虫亚纲，从寒武纪到现在一直都存在着，5亿多年前就产生在海洋中，至今种类繁多。由于有孔虫能够分泌钙质或硅质，形成外壳，而且壳上有一个大孔或多个细孔，以便伸出伪足，因此得名有孔虫。有孔虫是海洋食物链的一个环节，它的主要食物为硅藻以及菌类、甲壳类幼虫等，个别种的食物是砂粒。

◆有孔虫

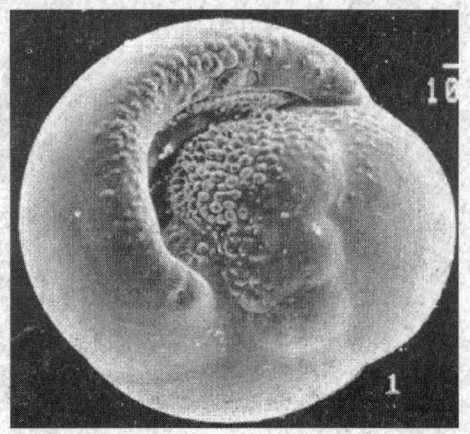
◆有孔虫

神奇的海洋生物

有孔虫用处

指示生物

有孔虫对环境的反应特别敏感,有明显的深度分布范围,因而它们是最好的海深指示生物。

由于不同时期有不同的有孔虫,因此,根据有孔虫的沉积物不但能确定地层的地质年代,而且还能提示地下情况,从而为寻找矿藏尤其是石油,提供重要依据。

指示生物

对某一环境特征具有某种指示特性的生物,叫作这一环境特征的指示生物,如水污染指示生物、大气污染指示生物。

生物礁形成

有孔虫的个体极其微小,只有0.15毫米大小,需要借助放大镜才能分辨出来。它们种类多,繁殖力强,用无性生殖的生殖方式,一边大量繁殖,一边死亡,死后遗留下来的几丁质、硅质和钙质的壳沉积于礁石上与造礁珊瑚的骨骼胶结在一起。有的生物礁就是有孔虫的遗骸占据了主导地位。斐济群岛、埃利斯群岛中的富纳富提环礁,都是由有孔虫的遗骸为主体构成的。

有孔虫死后,其石灰质空壳下沉,形成有孔虫软泥,覆盖着约有30%的洋底面。石灰石和白垩是有孔虫的海底沉积产物。

◆斐济群岛

海洋大观园——海洋动物

海底多孔动物——海绵

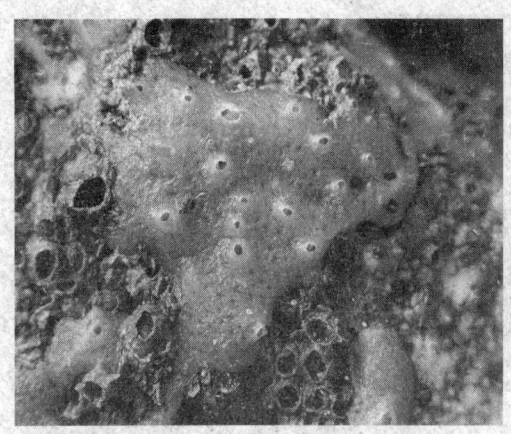

◆面包屑软海绵

海绵是最原始的多细胞动物，2亿年前就已经生活在海洋里，至今已发展到1万多种，占海洋动物种类的1/15，是一个庞大的"家族"。海绵体壁上因为有许多小孔（称"入水孔"），故人们也称之为"多孔动物"，这也是多孔动物门的由来。

海绵的形状也很奇特，有的像管子，有的像瓶子，有的像球体，有的像扇子，奇形怪状，不一而足。海绵的颜色也美丽多彩，有鲜红色的，有银灰色的，也有白色的。海绵的个体大小相差很大，小的几毫米，大则十几米。

海绵的地位

海绵在生物分类上，被归为真核生物域，动物界，多孔动物门。

海里有海绵吗

人们通常所用的海绵与海里生活的海绵不可同日而语。生活在海里的海绵才是真正的海绵，

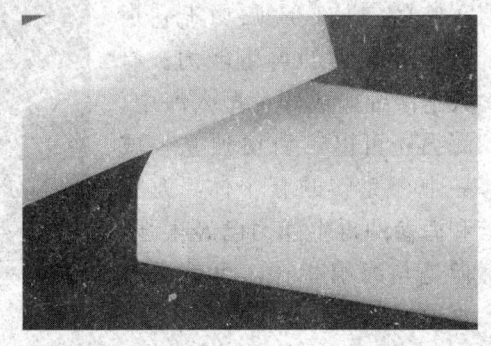

◆家用海绵

 神奇的海洋生物

人造"海绵"只是仿造了海绵的结构而已。倘若把海绵从水中捞取上来，在海滨挖坑埋藏，待等烂掉肉质，剩下纤维状交织的骨骼，再经过漂洗，才呈现我们日常所见的海绵状。

海绵摄食——自投罗网

◆海绵

生活在海水中的海绵，多数是灰黄色、褐色或黑色的块状物。它的体表有许多凸起，凸起的旁边有许多小孔，凸起的顶端有一个大孔。海水就从小孔流进去，又从大孔流出来，那些微小的生物随着水流进入海绵体内，成为"自投罗网"的食物。所以，海绵虽然不会走动，或随波逐流，或固定在水中的岩石、贝壳、水生植物或其他物体上，看上去似植物一般，实际上是一种动物。

真不怕死——强大的再生能力

海绵之所以拥有庞大而兴旺的家族，应归功于它那奇特而强大的再生能力。有人把海绵撕成碎片抛入海中，海绵还可以一块块独立长成一个个完整的新个体。海星和海参的再生能力已经很强，但是与海绵相比，可就是小巫见大巫了。

◆海绵

海洋大观园——海洋动物

共生共栖现象

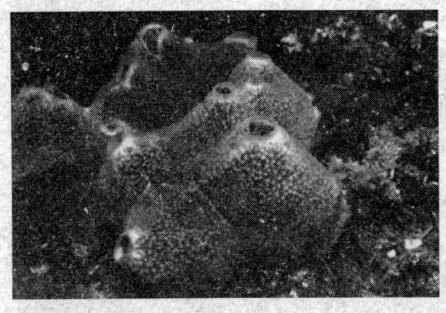

◆海绵

海绵喜欢和其他生物共生共栖。海绵的颜色同样是丰富多彩的,其颜色主要是体内有不同种类的海藻共生,才使它们呈现不同的色彩。有些水藻长在海绵的身上使其全身变为绿色,乍看起来就像是一朵美丽的水藻。有些沙蟹喜欢把海绵撕成碎块贴在腿或壳上,让海绵在它们的身上生长起来,好似披上一层厚厚的铠甲,沙蟹以此来防御敌害。海绵常固定在峨螺或牡蛎壳上,牡蛎和峨螺倒很乐意,因为海绵身上能分泌难闻的气味,帮助它们吓退敌害。

 广角镜——偕老同穴

在海绵的体内有时会发现一对活的小虾。这是一些成对的雌雄小虾,它们钻进海绵的体内居住,长大了就出不来,"困"在里面,一直到老死。海绵供应它们养料,而小虾则在海绵体内清理孔道内的污物,双方互惠互利,和谐共存。这种现象生物学上称之为"偕老同穴"。

海绵体内的成对小虾,由于过着这种"牢笼"生活,白头偕老,至死不渝,成为忠贞爱情的象征。日本人常把它们当作结婚礼物送给伉俪,小虾也美其名为"俪虾"。

海绵的防卫

当然,海绵也有自己的防御措施,才能在竞争中生存下去,海绵能分泌一种类似于毒液的物质,这是海绵的防御手段,用以反击敌害,或杀死周围海水

◆海绵

 神奇的海洋生物

中的有毒微生物，使海绵生活的周围海水变得比较洁净。

拿它何用——海绵的用途

海绵对人们的生活很有用处，不仅能用于日常生活，而且由于海绵含有天然抗生素，能杀死结核杆菌，可为人们治风湿及神经系统疾病。更让人欣喜的是，海绵的体内有多种抗癌物质，有些已被提取，正广泛应用于临床。

日用品

我国古代劳动人民很早就认识和采集海绵动物，特别是浴用海绵，网孔细，弹力强，吸水性好，可以用于洗澡擦身、洗碗等，后来又在工艺、医学和日常生活方面展现了越来越多的广泛用途，如做油漆刷子，用作钢盔的衬垫和其他垫子，烧成灰能治疗脚痛等。

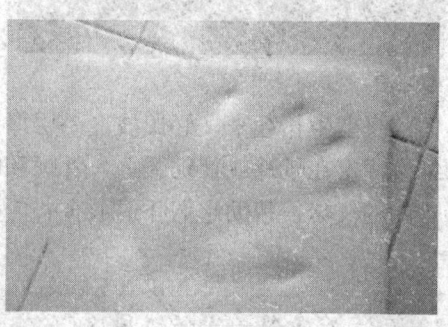
◆家用海绵

医用也少不了它

科学家还发现海绵体内的毒素可以用来制药，治疗肿瘤、心血管和呼吸系统等疾病。目前，海绵是已发现的海洋活性物质最丰富的海洋生物，已经成为海洋药物开发的重要资源。

可为新材料

美国有科学家近日表示，他们

◆家用海绵制品

已经确认了一种生长在黑暗的海底深处的海绵体，用它们可以产生细细的玻璃纤维，这种天然产生的玻璃纤维比人工制造的光纤电缆更有柔韧性。

这种海绵体大多生长在热带的海底深处，高度大约0.5米，带有一个

复杂的硅网结构，玻璃纤维在海绵体的底部形成一个冠状物。纤维长度大约在 0.05～0.18 米，每根与人体毛发差不多粗。

 小知识

玻璃纤维：用熔融玻璃制成的极细的纤维，绝缘性、耐热性、抗腐蚀性好，机械强度高。可用做绝缘材料和玻璃钢的原料等。

清洁它也行

由于海绵具有降解海水污染物的能力，也展示了在治理海洋污染方面的应用价值。近年来，已经有科学家提出"海绵生物技术"的概念。可以预见，海绵在海洋药物、海洋生物材料、海洋环境保护中将发挥重大作用。

 **本节回顾**

1. 你能说明家用海绵和海洋中的海绵动物的区别吗？
2. 海绵动物的分类地位如何？
3. 请举例说明海绵动物的用处。

 神奇的海洋生物

浪中的闪光——夜光虫

它们是一类生活在海水中的原生动物,因其体内含有许多拟脂颗粒,故受到机械刺激时能发光。在海水中生活的夜光虫和其他一些腰鞭毛虫(如裸甲腰鞭虫等)大量繁殖可造成赤潮,导致鱼类大量死亡。

夜光虫简介

夜光虫(Noctiluca),由于它们在夜间可因海水波动的刺激发光,因而得名。在分类学上隶属于鞭毛纲、腰鞭毛目。

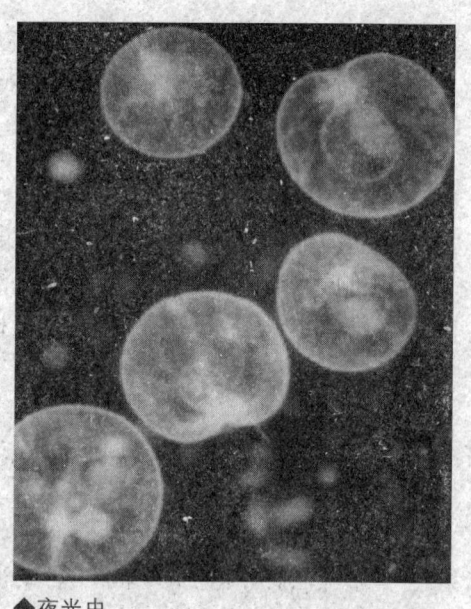
◆夜光虫

夜光虫与赤潮

◆赤潮

近年来由于养殖业的不断发展,在饲养过程中投下了大量高营养的饲料,那些未被吃完的残料溶于水中或沉下海底,日积月累越来越多,加上抗生素的大量使用破坏了水中浮游生物的平衡,大量的工农业和生活污水不断排入海洋,这些都使海域中营养物质含量不断提

海洋大观园——海洋动物

高，为形成赤潮的原生动物大量繁殖提供了物质基础。如果持续干旱少雨、水温偏高，使得各种条件如水温、pH值等符合之后，腰鞭毛虫类、夜光虫等原生动物就迅猛繁殖，形成了赤潮。

 链接——原生生物

原生生物，是由原核生物发展而来的真核生物，并是植物、动物、真菌的祖先。原生物物大部分是单细胞生物，比原核生物更大、更复杂。

原生生物是简单的真核生物，多为单细胞生物，亦有部分是多细胞的，但是不会进行组织分化。这是真核生物中最低等的。它们制造养分的方式，有的跟真菌一样，吸收外间营养，有的能进行光合作用，亦能捕食，例如裸藻；它们都生活在水中。

有些原生生物可以借助光合作用制造养分。原生生物界至少包含5万种生物。常见的原生生物包括纤毛虫、变形虫、疟原虫、粘菌、浮游生物、海藻，也有光自营的单细胞游动微生物，如眼虫等。

 **本节回顾**

1. 夜光虫发光的原因。
2. 夜光虫与赤潮有何联系？
3. 什么是原生生物？

神奇的海洋生物

海底花园——珊瑚

触礁事件对现在海上作业来说是一个不太会发生的事故了,遥想以前触礁事件是一个多么恐怖的事情,多少人就在那一块小小的礁石的羁绊下丧命大海。而在触礁后,又会有多少事情发生呢?有的会获救,有的就从此沉没再无音信……我们今天来看看其中的一类由动物骨骼堆积而成的海礁。

◆马尔代夫群岛

话说珊瑚——珊瑚虫简介

在分类学上,珊瑚虫属于腔肠动物门、珊瑚纲、六放珊瑚亚纲、石珊瑚目。珊瑚纲的生物一般都生活在暖海、浅海的海底。构成"海底花园"的是珊瑚虫,一般所见到的是其骨骼。而石珊瑚虫在生态上我们可以简单地把它们分为两类：一类分布在热带浅海区，以群体为主，与单细胞双鞭毛藻共生，称造礁石珊瑚。最适水温25℃～29℃，13℃以下就会死亡。另一类分布在深海冷水，以单体为主，不成礁，称非造礁石珊瑚。最大栖息深度可达6000米。

▶西沙群岛

石珊瑚虫的骨骼是构成珊瑚礁和珊瑚岛的主要成分，由大量珊瑚虫骨骼堆积成的岛屿，如我国的西沙群岛、印度洋的马尔代夫岛、太平洋的斐济群岛等。造礁珊瑚虫，要求的环境是温暖、浅水的海域，也要求海水对其有一定的冲击力，故而靠近海边的珊瑚虫承受海水冲击力的部分生活得最好，随着骨骼的堆积，常沿着海岸逐渐向海里推

▶石珊瑚

移，逐渐扩展，形成大的岛屿。在沿海的岸礁，如海边的天然长堤，起着坚固海岸的作用。当然在海底的暗礁会妨碍航行。

广角镜——惨烈的触礁事件

在美国海军史上曾经有过一次最为惨烈的触礁事件，1923年9月8日当地时间晚上9点05分，美国加利福尼亚州海滨宏达角，美国海军遭遇最惨烈的损失：一个驱逐舰大队14艘驱逐舰，9艘同时触礁，7艘报废，2艘轻伤。

石珊瑚虫的能耐——作用介绍

建筑材料

石珊瑚可用来盖房子，如海南沿海一带用珊瑚建造的房子坚固耐用，

 神奇的海洋生物

便宜美观。还可用石珊瑚烧石灰制水泥、铺路等。我国台湾的许多街道都是用石珊瑚铺成，路面坚固平坦。还可用来养殖石花菜，或作观赏用、制作装饰品等，总之这类珊瑚的用途是很广的。

勘探指示

◆石珊瑚

因为珊瑚虫骨骼对地壳的形成有一定的作用。在地质上常见到石灰质珊瑚虫骨骼形成的石灰岩，一般称为珊瑚石灰岩。有这样的石灰岩存在的地方，说明这里在亿万年前曾经是温暖的浅海。如我国四川、陕西交界的强宁、广元间就有这种石灰岩，考证其地质年代应在志留纪。珊瑚礁可形成储油层，因此对找寻石油也有重要意义。

 本节回顾

1. 石珊瑚虫在分类学上是怎样分类的？
2. 你能举例说明石珊瑚的作用吗？

海洋大观园——海洋动物

海藻中的"蚕"——沙蚕

沙蚕常见于潮间带，有时在深海也可能看到，它们多在岩岸石块下、石缝中、海藻丛间。沙蚕幼虫食浮游生物，成虫以腐殖质为食。现在有很多人对沙蚕进行水产养殖，因为沙蚕有很高的营养价值。

◆沙蚕

了解沙蚕

沙蚕在分类学上属于环节动物门、多毛纲、游走目、沙蚕科，其俗称海虫、海蛆、海蜈蚣、海蚂蟥。我国的沙蚕种类有约80多种，经济种类和用于养殖的品种主要有：日本刺沙蚕、多刺围沙蚕、双齿围沙蚕等。

有些种类的沙蚕在生殖时，雌体排卵后即死去，并被雄体所食，由雄的孵卵。有的雌雄同体，自体受精。

神奇的海洋生物

沙蚕之用

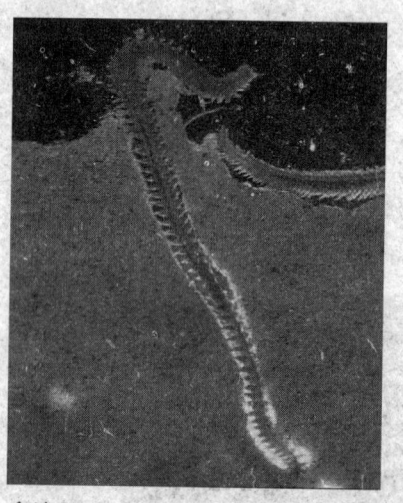

◆沙蚕

沙蚕的用途有很多，沙蚕可以作为教学科研的重要实验材料，大学生物教学每年需要大量的沙蚕作为实验对象来使同学们了解高等无脊椎动物的体制和结构。又如沙蚕进入淡水的渗透机制；沙蚕幼虫的发育和沉落；还有沙蚕脑激素与性成熟的关系，以及沙蚕和周围环境的关系等都是生理学、发育生物学和生态学研究的课题。所以沙蚕科动物是极重要的海洋和咸淡水生物。

 本节回顾

1. 沙蚕在分类学上是怎样分类的？
2. 你能说出沙蚕的用途吗？

海洋大观园——海洋动物

我很美,别惹我——织锦芋螺

它们颜色艳丽,它们形态优雅,但是它们有毒。它们主要分布、生长于热带浅海处,如印度洋、太平洋、非洲沿岸、澳大利亚、新西兰、菲律宾及日本等。国内分布于台湾、广东、海南岛及西沙群岛。

◆织锦芋螺

认识织锦芋螺

在生物分类上,织锦芋螺属于软体动物门,腹足纲,新腹足目,芋螺科。

其形态特征:贝壳圆锥形,坚固,壳尺寸比较长,可达9厘米,口里具毒齿,其毒性较强。这种螺有剧毒,被叮咬后会有生命危险。

神奇的海洋生物

 链接——伤人芋螺

◆织锦芋螺

早在1848年就有芋螺叮伤人的报道，至今有记载的芋螺伤人的事件已有70多起，约有26人死亡。其中多是在采集芋螺时受到伤害的。人们采集芋螺有两个目的，其一是食用，其二是收集它的漂亮外壳。据报道有4种芋螺叮咬人会引起人的严重中毒，它们是地纹芋螺、织锦芋螺、珍珠芋螺和黑芋螺。这些芋螺的个体相对较大，而且都生活在浅海区。我国也有芋螺伤人事件，1997年11月15日《珠海特区（周末版）》报道，一位18岁的男青年在捕鱼收网时被一只重203克的海螺叮咬了右脚背，3小时后死亡。正因为芋螺毒性大，且能伤人，所以人们很早就对其开展了诸多方面的研究。

习性环境

它们经常于夜间觅食，食鱼类、贝类或小虫。

 本节回顾

1. 织锦芋螺在分类学上是怎样分类的？
2. 你能说出织锦芋螺的生活习性吗？

我能产珍珠——牡蛎

牡蛎别名：蛎蛤、左顾牡蛎、牡蛤、海蛎子壳、海蛎子皮、左壳、海蛎子、蛎黄等。广泛分布于温带和热带各大洋沿岸水域。在我国沿海大约分布着20多种。

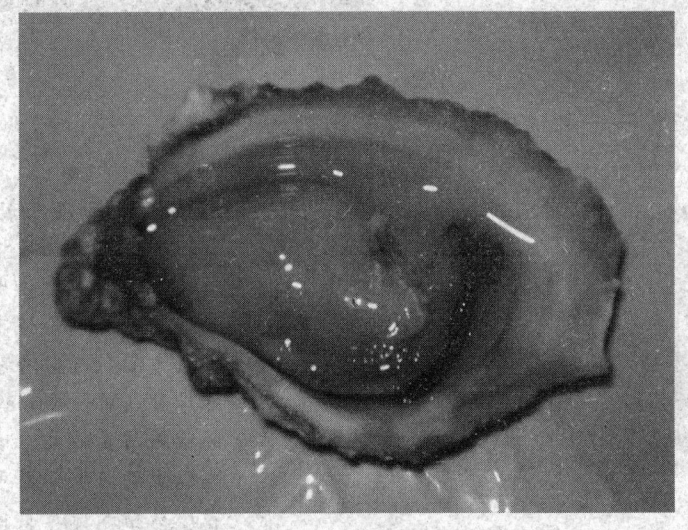

◆牡蛎

牡蛎地位如何

牡蛎，在生物分类上为软体动物，属于牡蛎科或燕蛤科。

牡蛎价值

牡蛎的价值总的来说，大约有三个方面。

神奇的海洋生物

食用价值

牡蛎是一种海产佳品，沿海一带广泛养殖以供食用。

培养珍珠

牡蛎可被用来产生珍珠。

珍珠（pearl）可在珍珠牡蛎的外套膜中产生。

◆牡蛎

链接——也说珍珠

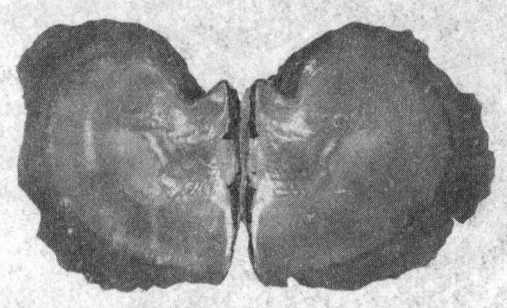
◆珠母贝

若一粒外物侵入牡蛎的壳内，牡蛎即分泌珍珠质将外物层层包起而形成珍珠。食用牡蛎产生的珍珠不光泽，价值不高。只有少数东方的种类，特别是波斯湾的珠母贝（Meleagrinavulgaris）所产的珍珠质量最高。珍珠多采自5岁以上的牡蛎。用手工方法将小粒珍珠植入珠母贝内，便在其周围形成养殖的珍珠。大多珍珠都在日本或澳大利亚沿岸水域养殖。

医学价值

牡蛎主要功能有治心神不安，惊悸失眠；肝阳上亢，头晕目眩；痰核、瘰疬、瘿瘤，症瘕积聚。

此外，煅牡蛎有制酸止痛作用，可治胃痛泛酸，与乌贼骨、浙贝母共研为细末，内服取效。

海洋大观园——海洋动物

 附方——蛎黄汤，蛎肉带丝汤

1. 蛎黄汤：鲜牡蛎250g，猪瘦肉100g，切薄片。拌少许淀粉，放沸水中煮熟即成。略加食盐调味，吃肉、饮汤。

源于《本草拾遗》。本方取牡蛎肉滋阴补血，以猪瘦肉增强其补益营养作用。用于久病阴血虚亏，妇女崩漏失血，体虚少食，营养不良等。

2. 蛎肉带丝汤：蛎肉250g，海带50g。将海带用水发胀，洗净，切细丝，放水中煮至熟软后，再放入牡蛎肉同煮沸，以食盐、猪脂调味即成。

本方以牡蛎肉滋养补虚，海带软坚散结。用于小儿体虚，肺门淋巴结核、颈淋巴结核，或有阴虚潮热盗汗、心烦不眠等。

 **本节回顾**

1. 牡蛎在分类学上是怎样分类的？
2. 你能说出牡蛎的作用吗？

神奇的海洋生物

柔中有毒——水母

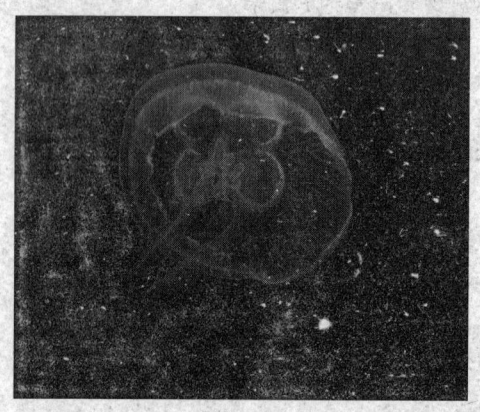

◆水母

水母的出现比恐龙还早，可追溯到6.5亿年前。目前世界上已发现的水母约250种，我国常见的约有8种，如海月水母、白色霞水母、海蜇、口冠海蜇等。

北极霞水母常见于各地的海洋中，是一种低等的腔肠动物，在分类学上隶属于腔肠动物门、钵水母纲。水母的种类很多，全世界大约有250种左右，一般的水母直径在10厘米到100厘米之间。

奇形多变—水母形态

人们根据水母的伞状体的不同来分类：像和尚的帽子，就叫僧帽水母；发银光伞状体，叫银水母；如船上的白帆，叫帆水母；宛如雨伞，叫做雨伞水母；闪耀着彩霞的光芒，叫做霞水母……而它们的寿命一般都很短，绝大多数只有几个星期，但也有的可以活到一年左右，有些深海的水母可活得更长些。

一般的水母的伞状体并不是很大，但我们接下来要看的霞水母是个例外，它的体巨伞直径有2～5米，下垂的触手长达20～40米。

海洋大观园——海洋动物

 链接——水母故事

1865年，在美国马萨诸塞州海岸，人们发现一只被海浪冲上了岸的霞水母，它的伞部直径为2.28米，触手长36米。倘若这个水母的触手拉开，从一条触手尖端到另一条触手的尖端，竟有74米长。因此，可以说霞水母是世界上最长的动物了。

北极霞水母有毒，因其触手上有刺细胞，能翻出刺丝放射毒素。

◆北极霞水母

正如前文所述，霞水母非常庞大，其触手可以长达数十米，所以当所有的触手伸展开时，就像布下了一个天罗地网，网罩面积可达几百平方米，任何凶猛的动物一旦投入罗网，必将难以幸免。然而生物进化的观点告诉我们，没有绝对的王者，任何生物不可能单独享受所有的资源。

 万花筒

北极霞水母

霞水母也有大小，最大的霞水母是北极霞水母，分布在大西洋里。伞盖直径可达2~5米，伞盖下缘有八组触手，每组有150根左右。每根触手伸长达40多米，而且能在一秒钟内收缩到只有原来长度的十分之一。

奇特的关系——互惠互利

有一种体积非常小的鱼——牧鱼就是个例子，牧鱼体长不过7厘米，能在霞水母的触手中间穿梭自如，把它当成了很好的避难所。因此霞水母的罗网纵然厉害，但对小小的牧鱼却奈何不得。

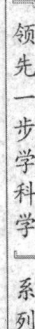

神奇的海洋生物

霞水母和牧鱼一起生活，互惠互利。水母保护了牧鱼的生命安全，而牧鱼则帮它诱敌，并为它清除身上的微生物。

如此巨大而且有剧毒的霞水母也有天敌，比如有一种海龟就可以在水母的群体中自由穿梭，轻而易举地用嘴扯断它们的触顿，最后使它们失去抵抗能力，成为海龟的一顿"美餐"。

> 牧鱼常把一些海洋生物诱到主人布下的罗网中，它们自己则巧妙地避过毒丝，钻入巨伞下，逃脱攻击。当然也有一些牧鱼不慎被毒死。与此同时，霞水母乘机收网捕鱼，美餐一顿，而牧鱼也可以吃一些琐碎食物。

广角镜——三代同堂

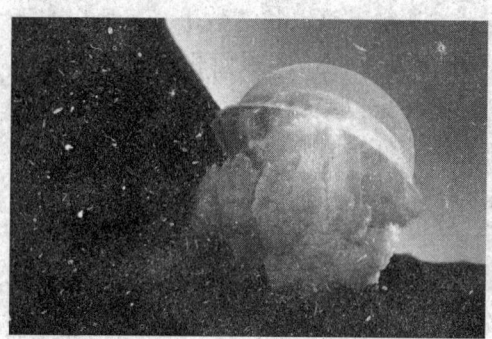

◆白色霞水母

霞水母虽然是低等的腔肠动物，却三代同堂，令人羡慕。水母生出小水母，小水母虽能独立生存，但亲子之间似乎感情深厚，不忍分离，因此小水母都依附在水母身体上。不久之后，小水母生出孙子辈的水母，依然紧密联系在一起。

水母之害

◆白色霞水母

这样大且有毒的霞水母是有很大危害的。它们除大量捕食具有经济价值的幼鱼、虾、蟹、软体动物的幼虫之外，并且在8～9月期间，成群漂浮于沿海海面和港湾中，致使拖网困难，定置网具损坏，严重影响鱼的捕获量。当大量水母成群后，更会驱

散鱼群，成为渔业之害。

一起来认识—其他水母

有一种栉水母，在海中游动时，会发出蓝色的光，发光时栉水母就变成了一个光彩夺目的彩球；当它游动的时候，光带随波摇曳，非常优美。科学家们在思考如何把它的发光基因转移到其他鱼类体中，那样我们就可以随时观赏到这样的美景。而目前新加坡的生物学家正在对此进行尝试。

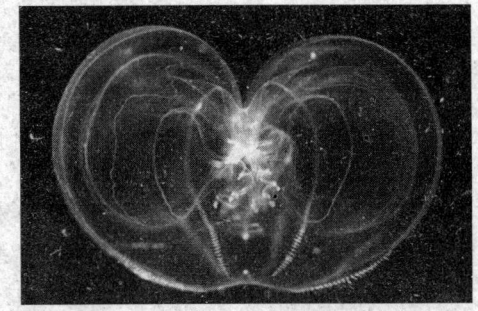

◆栉水母

然而并不是所有的水母都能给我们以美的享受，在某些水母体内含有大量的剧毒，当然也包括我们前面所提到的霞水母。下面我们一起再来看看其他几种剧毒水母。

有些水母比眼镜蛇更危险。曾经有杂志列举了全球最毒的10种动物，名列榜首的是生活在海洋中的箱水母。箱水母又叫海黄蜂，属腔肠动物，主要生活在澳大利亚东北沿海水域。成年的箱水母，有足球那么大，蘑菇状，近乎透明。一个成年的箱水母，

◆箱水母

触须上有几十亿个毒囊和毒针，足够用来杀死20个人，毒性之大可见一斑。它的毒液主要损害的是心脏，三分钟之内就可以致人死地。

 神奇的海洋生物

 广角镜——世界十种最毒动物

美国《世界野生生物》杂志曾经综合各国学者的意见，列举了全球最毒的十种动物，其中第一名是海洋动物箱水母。

其他的九种生物是：

1. 澳洲艾基特林海蛇：它长着一张大嘴，和澳洲方水母栖身于同一水域。
2. 澳洲蓝环章鱼：这种软体动物的身长仅15厘米，蜿足上有蓝色环节，常在澳大利亚沿海水域出没。
3. 澳洲毒鱼由：栖身于澳大利亚沿海水域。
4. 巴勒斯坦毒蝎：生活在以色列和远东的其他一些地方。
5. 澳大利亚漏斗网蜘蛛：生活在澳大利亚悉尼市近郊。
6. 澳洲泰斑蛇。
7. 澳洲棕伊蛇。
8. 眼镜王蛇。
9. 非洲黑曼巴蛇。

水母伤人事件时有发生。我们先来关注两则早些年的有关水母伤人的报导。

 链接——水母伤人事件

水母肆虐世锦赛公开水域，郑静赛后一度疼至晕倒

墨尔本的水母"凶猛"，中国队选手郑静的手臂上满是伤痕，她甚至在比赛后因疼痛而一度晕倒。

游泳世锦赛公开水域男子10千米比赛现场，此前参加了公开水域女子5千米和10千米比赛的4名中国姑娘王亦珞、方宴乔、李雪和郑静举着国旗在岸边为男队的队友助威。站在阳光灿烂、风景迷人的墨尔本圣科达海滩上，回想起自己在比赛中的悲惨遭遇，郑静心有余悸地说："墨尔本的水母太狠了，这海滩再美也不吸引我了，我真想快点回家。"

墨尔本水母"横行"。

海洋大观园——海洋动物

  本届世锦赛公开水域的比赛被安排在墨尔本著名的圣科达海滩进行。在记者前往圣科达海滩采访时，一位当地的志愿者告诉记者，在海滩上能够领略墨尔本人生活的另一面，那是一个享乐主义者云集的地方。

  据悉，圣科达是墨尔本的浪漫海滩，当地年轻人喜欢在周末的时候在这里的海滩上晒晒太阳，走过海上陆桥到位于海中央的塔楼咖啡馆喝咖啡，听听海浪，悠闲地度过一个周末。

  然而，对来自不同队伍的参赛选手来说，圣科达海滩留给他们的却是一段"痛苦"的回忆。这片海滩附近有大量的水母，在比赛中不断地滋扰着参赛选手，几乎所有参加公开水域比赛的泳手都难逃一劫。在女子10千米比赛结束后，获得第19名的中国选手郑静一度因为被水母扎伤而昏迷，经过组委会医疗小组的及时诊治，她才恢复了知觉。虽然第19名的名次不尽如人意，但首次参赛的郑静却为这个第19名付出了惨痛的代价。在比赛结束后第二天，郑静的胳膊依然红肿。举着自己受伤的手臂，郑静告诉记者："除了手臂，我身上还有很多地方被水母扎伤。虽然在比赛前就听参加女子5千米赛的队友王亦珞说起水里有水母扎人，但没想到这么恐怖。"为了不影响比赛，郑静在被水母扎伤后仍然坚持完成了比赛，但在比赛结束后，她就被火辣辣的剧烈疼痛折磨得晕倒。

  经过一天的休养，郑静举着受伤的手臂再次来到圣科达海滩。为了一睹水母的真实面目，她特意走到一块岩石边，看到水中巨大的水母，郑静心有余悸地说："在昨天的比赛里，我被水母扎伤的时候也顾不得看看这个东西到底长什么样子，没想到水母的样子这么恐怖。"

  记者从赛事组委会了解到，在圣科达海滩附近活跃着很多体积庞大的水母。但是在比赛中出现水母伤人的情况是组委会没有预料到的。一位坐在海滩边晒太阳的墨尔本人告诉记者，在这里经常有人被水母扎伤，但只要冰敷一下就没事了。

·澳大利亚：毒水母蜇死女孩

  在澳大利亚北部的昆士兰州发生了一起水母伤人致死的惨剧。

  在事发的那处海滩，当时一个年仅7岁的小姑娘正在这里的浅水处涉水前行。突然被海里的什么东西蜇了一下。之后经医生全力抢救，但小姑娘还是没能幸免于难。

  这次行凶的是一种巨型水母，它长着长长的触脚，在水中游弋时体态

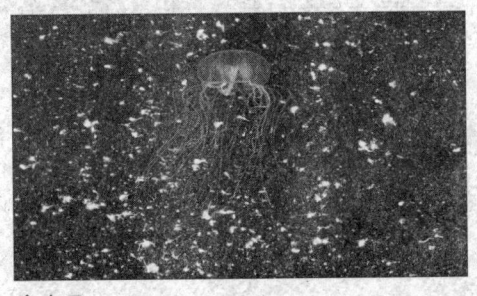

◆水母

"领先一步学科学"系列

神奇的海洋生物

轻盈多姿、非常优美。然而，这种水母身上含有剧毒，如果被它蜇到，伤者很快会出现休克等症状，通常在受伤者还没来得及游上岸就已经溺水身亡。

◆僧帽水母

像这样的剧毒水母有许多，例如在马来西亚至澳大利亚一带的海面上，有两种杀手水母，其分泌的毒性很强，如果不小心被它们刺到的话，在几分钟之内就会因为呼吸困难而死亡，它们就是海蜂水母和曳手水母。

因此在海边玩耍被水母刺伤，发生呼吸困难的现象时，应立即实施人工呼吸，或注射强心剂等尽可能的救护措施，千万不可大意，以免发生意外。

还有一种水母，看上去就像一个很大的浮囊，浮囊的中间有一个突起，远远看去就像一顶僧人戴的帽子，所以人们把它们叫做僧帽水母。僧帽水母的毒素不亚于眼镜蛇的毒素，非常可怕。

本节回顾

1. 水母在分类学上是怎样分类的？
2. 你能举出几种水母的例子吗？

海洋大观园——海洋动物

我含蛋白质最高——磷虾

磷虾类生活在远洋,已知82种。多数在下侧有发光器,在夜间可见。大多分布在南极一带,在海洋表层或2000米以下深处结成大群,是各种鱼、鸟和鲸(特别是蓝鲸和长须鲸)的食料。它们是含蛋白质最高的生物。

◆磷虾

磷虾的位置

磷虾在生物分类上属于无脊椎动物,节肢动物门,甲壳纲,是磷虾目,磷虾科动物的通称。

神奇的海洋生物

磷虾资源

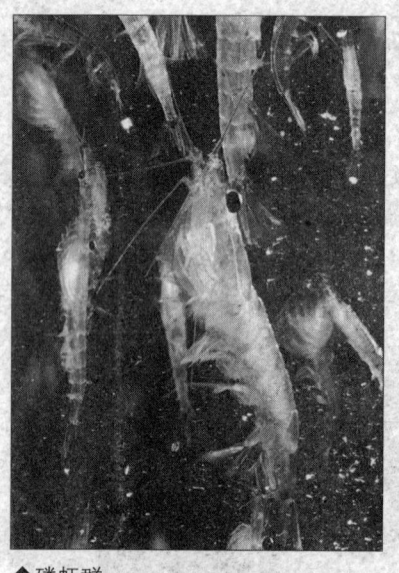

◆磷虾群

南极磷虾资源非常丰富，主要生活在距南极大陆不远的南大洋中，尤其在威德尔海的磷虾更为密集。甚至有时磷虾集体洄游可以形成长、宽达数百米的队伍，每立方米水中有3万多只磷虾，从而使得海水也为之变色：在白天海面呈现一片浅褐色；夜里则出现一片荧光。场面相当壮观。

合理开发

然而由于过度捕捞，使得本就脆弱的南极生态系统更加危险，因为在那里，几乎所有的动物都直接或间接地依赖磷虾而生存，因此如果磷虾捕捞业不断扩大，势必危及到南极鲸类的生存，它们将不是死于捕鲸叉，而是死于饥饿。

磷虾的进一步开发利用是必然的，但是应该将其捕获控制在最大的可持续捕获量之内，以保护南极的生态平衡。

本节回顾

1. 磷虾在分类学上是怎样分类的？
2. 对于合理开发磷虾资源应该怎么做？说说你的想法。

海洋大观园——海洋动物

海底恶魔——大西洋盲鳗

大西洋盲鳗在栖息在软泥丰富的海底，而最深曾在1219米的海底发现它们。它们在软泥上打一个洞，然后把自己藏进去，只留头部在外面，等候经过的牺牲品。除了活鱼之外，这些恶魔还吃无脊椎动物，并打扫死鱼的尸体以及将死未死的鱼。由于在这种深度觅食不易，所以大西洋盲鳗几乎找到什么就吃什么。它们雌雄同体，在交配时它先充当雄体，一段时间后，又充当雌体。受精卵不经变态可直接发育成小鳗。

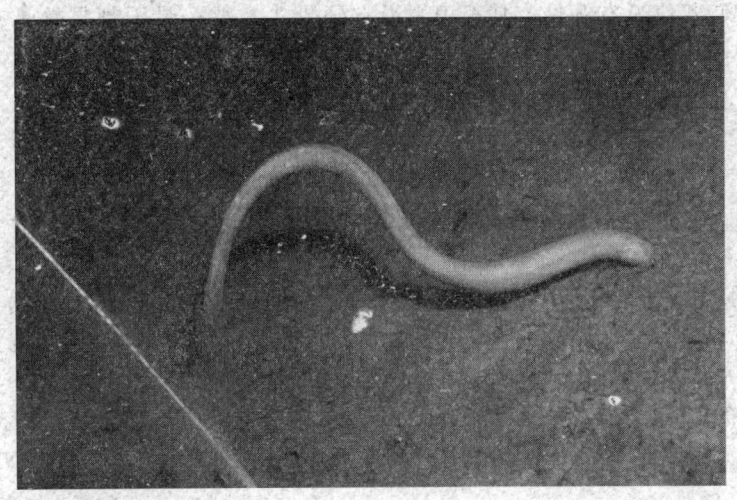

◆大西洋盲鳗

分类和分布

大西洋盲鳗在分类学上，其属圆口纲，盲鳗目。

它分布于世界各处的海床上，最深可达到1219米深的地方，大小约为40.64～81.28厘米。

 神奇的海洋生物

和七鳃鳗的比较

◆盲鳗

盲鳗和前面我们提到的比较熟悉的七鳃鳗是近亲，也是没有颌的原始鱼类，但是它们完全生活在海洋，与淡水中产卵的七鳃鳗不同。比起七鳃鳗，它们是海洋深处的真正怪物，在许多人看来是很恶心的东西，没有鳞片，皮肤软软的，没有腹鳍和背鳍，在嘴的末端有密集的三角形的牙齿。

它们不仅没有颌骨，甚至根本没有硬骨头，整个骨干都是软骨。它们的眼睛进化得很原始，位于皮肤下面，而且几乎是盲的。而这些都不算什么。更让人难以接受的是它们的进食习性。

 广角镜——大西洋盲鳗进食习性

盲鳗把自己吸附在经过的鱼的躯体上，然后开始往寄主的身体上打洞（多选择鳃部）并往里钻，一旦进入，盲鳗就开始用特化的带锉的舌头来吃寄主鱼身上的肉，而且是从里往外吃。所有盲鳗均是如此进食。

一条盲鳗在大鱼腹中呆 7 小时，可吃光比它自身体重大 18 倍的鱼肉。有人曾在一尾鳕鱼的尸体内找到了 123 条盲鳗，鳕鱼的内脏已被吃光。

 **本节回顾**

1. 大西洋盲鳗的分类学地位。
2. 大西洋盲鳗与七鳃鳗的区别。

海洋大观园——海洋动物

别让我绝种——日本七鳃鳗

七鳃鳗并不总是生活在海中，只有部分时期在海中生活，为典型的洄游性鱼类。

七鳃鳗为肉食性鱼类。既营独立生活，又营寄生生活，过着独立生活时，则以浮游动物为食。

◆日本七鳃鳗

日本七鳃鳗生物学地位

日本七鳃鳗（Lampetrajaponica）在分类学上属圆口纲，七鳃鳗目，七鳃鳗科，七鳃鳗属。俗称：八目鳗，七星子，是一种易危动物。

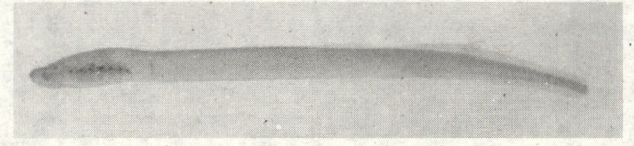

◆日本叉牙七鳃鳗

 神奇的海洋生物

形态特征

它们在寄生生活时，经常用吸盘附在其他鱼体上，用吸盘内和舌上的角质齿锉破鱼体，吸食其血与肉，有时被吸食之鱼最后只剩骨架。

日本七鳃鳗体呈圆柱形，尾部侧扁。八目鳗或七鳃鳗得名于它头部的两侧各在眼睛之后有一行7个分离的鳃孔，鳃孔与眼睛排成一直行共8个像眼睛的点。鼻孔单个，位于头背面两眼的中间；鼻孔后方有一个白色的皮斑，为感光皮。

保护七鳃鳗

由于水土流失和产卵场及幼鱼生活环境遭到破坏，加上水质污染影响了生存环境，使得日本七鳃鳗的资源量相当少，处于易危状态。更为关键的是目前尚无有效的保护措施。

 **本节回顾**

1. 日本七鳃鳗在分类学上是怎样分类的？
2. 对于如何保护七鳃鳗，请说说你的想法。

海洋大观园——海洋动物

昼伏夜出的觅食者——海鳗

  白天隐伏，夜间觅食。晴天，风平浪静，海水透明度大时，多栖居于泥质洞穴内而减少取食活动。每当风浪大、水质混浊时，多四处觅食，尤以日落黄昏至凌晨时更加活跃，游动迅速。

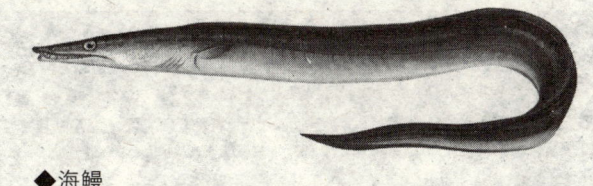

◆海鳗

也谈海鳗

  海鳗在生物分类上属于硬骨鱼纲，辐鳍亚纲，鳗鲡总目，海鳗科。也有说法认为海鳗应该是指鳗鲡目、海鳗科的通称。海鳗一般喜栖息于水深50~80米泥沙底海区，有季节性洄游。其性甚凶猛，游泳迅速，贪食。

海鳗价值

  海鳗科鱼类中，以海鳗、山口海鳗数量多、产量大，是重要的食用经济鱼类之一。肉质细嫩，含脂肪量高；鳔可作鱼肚，为名贵食品。

 **本节回顾**

1. 海鳗在生物分类上的地位。
2. 海鳗的习性如何？

"领先一步学科学"系列

 神奇的海洋生物

爸爸有个育儿袋——海马

　　头部像马,尾巴像猴,眼睛像变色龙,还有一条鼻子,身体像有棱有角的木雕,这就是海马的外形,这种动物因此得名。但有趣的是它却是一种奇特而珍贵的近陆浅海小型鱼类。

◆海马

海马概述

　　海马在生物分类上,是鱼纲,海龙目,海马属动物的总称,属于硬骨鱼。

　　海马分布于我国广东沿海及福建;国外主要分布在日本、朝鲜、印度、新加坡、印度尼西亚、东非和红海等海域。

海洋大观园——海洋动物

海马的特点

在自然海域中,海马用它那适宜抓握的尾部紧紧勾勒住珊瑚的枝节、海藻的叶片上,将身体固定,这样才不会被激流冲走,所以海马通常喜欢生活在珊瑚礁的缓流中。因为它们不善于游水,游泳的姿态也很特别,头部向上,体稍斜直立于水中,完全依靠背鳍和胸鳍进行运动,扇形的背鳍起着波动推进的作用。

◆海马

海马的生殖

海马的雌雄鉴别很简单,就是雄鱼有腹囊(俗称:育儿袋),而雌鱼没有腹囊。海马并不是雌雄同体,海马只是雄性孵化。

每年的5～8月是海马的繁殖期,这期间海马妈妈把卵产在海马爸爸腹部的育儿袋中,卵经过50～60天,幼鱼就会从海马爸爸的育儿袋中生出,所以说是海马爸爸负责育儿,而不是真的由爸爸生小孩,爸爸的育儿袋只是起到了孵化器的作用,卵还是来源于妈妈。

◆海马

"领先一步学科学"系列

 神奇的海洋生物

海马的用途

海马是一种经济价值较高的名贵中药,具有强身健体、补肾壮阳、舒筋活络、消炎止痛、镇静安神、止咳平喘等药用功能,特别是对于治疗神经系统的疾病更为有效。海马除了主要用于制造各种合成药品外,还可以直接服用健体治病。

◆海马

 **本节回顾**

1. 海马在生物分类上的地位。
2. 海马的生殖有何特点?

海洋大观园——海洋动物

双目同侧——比目鱼

比目鱼分布于热带到寒带水域，海产，肉食性，底栖，静止时一侧伏卧，部分身体经常埋在泥沙中。有些能随环境的颜色而改变体色，因此可以说得上是水中的变色龙。比目鱼的体型各异，大小相差很大。最大的大西洋大比目鱼长达2米，重325千克，而小型种仅长约10厘米。许多种类如大比目鱼和大菱鲆，全是名贵的食用鱼。

◆比目鱼

比目鱼简介

比目鱼在生物分类上属于硬骨鱼纲，辐鳍亚纲，鲽形目。比目鱼得名于两只眼睛长在一边，被认为需两鱼并肩而行。比目鱼是（Pleuronectiformes）卵圆形扁平鱼类的统称，又叫獭目鱼、塔鱼。其中包括有鲆科、鲽科、鳎科的鱼类。

"领先一步学科学"系列

神奇的海洋生物

比目鱼特征

比目鱼有两个显著的特征。

双眼同侧

比目鱼最显著的特征之一是，两眼完全在头的一侧。

比目鱼的生活习性非常有趣，在水中游动时不像其他鱼类那样脊背向上，而是有眼睛的一侧向上，侧着身子游泳。

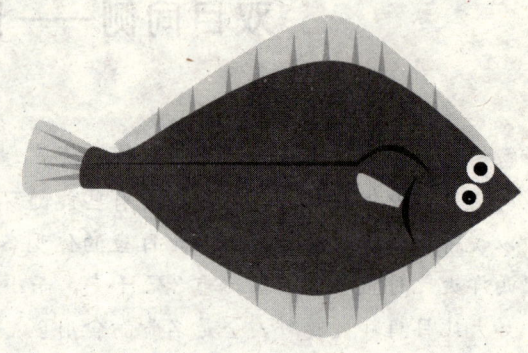

◆比目鱼模式图

它常常平卧在海底，在身体上覆盖一层沙子，只露出两只眼睛以等待猎物、躲避捕食。这样一来，两只眼睛在一侧的优势就显示出来了，当然这也是动物进化与自然选择的结果。

你知道吗？

比目鱼的眼睛是怎样凑到一起的呢？鱼类学家告诉我们，比目鱼这种奇异形状并不是与生俱来的。刚孵化出来的小比目鱼的眼睛也是长在两边的，在它长到大约3厘米长的时候，眼睛就开始"搬家"，一侧的眼睛向头的上方移动，渐渐地越过头的上缘移到另一侧，直到接近另一只眼睛时才停止。

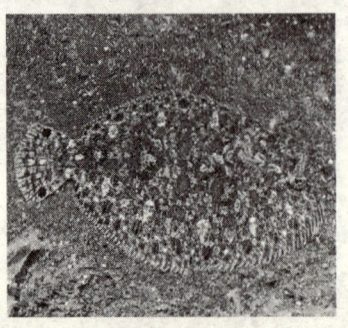

体色两侧不同

另一特征为体色，"有眼的一侧（静止时的上面）有各种颜色，有些种类的颜色甚至会随着环境的变化而变化，但下面无眼的一侧一般均为白色。"

这样有利于伪装，逃避敌害。

◆善于伪装的比目鱼

海洋大观园——海洋动物

轶闻——比目鱼的象征

在我国古代,比目鱼是象征忠贞爱情的奇鱼,古人留下了许多吟颂比目鱼的佳句:"凤凰双栖鱼比目"、"得成比目何辞死,愿作鸳鸯不羡仙"等等,清代著名戏剧家李渔曾著有一部描写才子佳人爱情故事的剧本,剧本名就叫《比目鱼》。

◆比目鱼

比目鱼与中国文学

在我国古代,对于比目鱼的诗词描述有很多。现摘录一二。

【渔父词】(其二)

作者:薛师石

邻家船上小姑儿。相问如何是别离。双坠髻,一湾眉。爱看红鳞比目鱼。

【减字木兰花】(赠何藻)

作者:石孝友

新荷小小。比目鱼儿翻翠藻。小小新荷。点破清光景趣多。青青半卷。一寸芳心浑未展。待得圆时。罩定鸳鸯一对儿。

◆比目鱼

海曲沾恩泽,还生比目鱼。轩辕承化日,群凤戏池台。

芳沼徒游比目鱼,幽径还生拔心草。

【尔雅】

东方有比目鱼焉,不比不行,其名谓之鲽;南方有比翼鸟焉,不比不飞,其名谓之鹣鹣;西方有比肩兽焉,与邛邛岠虚比,为邛邛岠虚,啮甘草,即有难,邛邛岠虚负而走,其名谓之蹶;北方有比肩民焉,迭食而迭望;中有枳首蛇焉。

神奇的海洋生物

我只有脑袋吗——翻车鱼

英美地区称翻车鱼为海洋太阳鱼，西班牙称月鱼，德国人称会游泳的头，日本人称曼波。翻车鱼的拉丁名字叫做 molamola，意思是 millstone（重担）。而翻车鱼英文为 Sunfish，可能与它会上浮侧翻，在海上进行日光浴的习性有关，因此又有人叫它"太阳鱼"。翻车鱼因看起来只有头没有身子，也叫头鱼。

◆翻车鱼

翻车鱼概述

在生物分类上，翻车鱼属于硬骨鱼纲，辐鳍亚纲，鲀形目翻车鲀科，是翻车鲀科（Molidae）3种大洋鱼类的统称。翻车鱼广泛分布于各大洋，但常见于外海表层。

翻车鱼主要是靠背鳍及臀鳍摆动来前进，所以游泳技术不佳且速度缓慢，很容易被定置渔网捕获。它生活在热带海洋中，身体周围常常附着许多发光动物，它一游动，身上的发光动物便会发出亮光，远看就像一轮明月，故又有"月亮鱼"之美名。翻车鱼这种头重脚轻的体型很适宜潜水，它常常潜到深海捕捉深海鱼虾为食。

◆翻车鱼

翻车鱼形态

翻车鱼外表特殊，体短。最长可达3.3米，重1900千克；呈卵圆形或圆形，林奈将其比喻为磨盘石，英语俗名即由此而得。翻车鱼主要以水母为食，用微小的嘴巴将食物铲起。

名人介绍——林奈

◆林奈

林奈（Linnaeus, Carolos, 1707～1778年）是瑞典植物分类学家，他的最大成就是发明了"双名法"，使过去紊乱的植物名称归于统一，对植物分类学研究的进展，起了很大的推动作用。但是，许多人也许忽视了这样一个事实：林奈的"双名法"对动物也同样适用。所有动物的命名，都是采用和植物一样的林奈发明的"双名法"。

在林奈之前，每种动物的名称，由于各国语言文字不同，叫法不一；就是在一个国家里，各地的名称也可能不同，往往造成同物异名或同名异物的混乱现象。林奈的"双

神奇的海洋生物

◆2007年林奈诞辰300周年纪念特刊

名法"提出来以后，国际上便统一采用了"双名法"来对动物进行命名，从此，各国学者在动物的鉴别和国际间的学术交流方面就方便多了。现已发现和命名的动物约有120万种，植物约有40万种，如果说林奈的"双名法"为植物分类作出了重大贡献，那么林奈的"双名法"在动物分类上的功绩也同样是不可忽视的，甚至超过前者。

林奈偏爱于植物，曾亲自搜集了大量的植物标本，并为许多植物定名。也许是这个原因，人们只记住了他对植物分类学的贡献。其实，林奈也曾为不少动物定名，不信你去翻翻动物学教科书，如意大利蜂（Apismellifera ligustica）、家犬（Canisfanliaris ligustica）都是由林奈定名的。

翻车鱼特点

翻车鱼主要因以下特点而闻名：

形态上来看

翻车鱼是世界上最大、形状最奇特的鱼之一。它们的身体又圆又扁，像个大碟子。鱼身和鱼腹上各有一个长而尖的鳍，而尾鳍却几乎不存在，于是使它们看上去好像后面被削去了一块似的。

因此鱼长相奇特，故欧洲古代的航海者们流传"煮这种

◆翻车鱼

海洋大观园——海洋动物

鱼有种把锅子都砸了的冲动"。凡尔纳的小说《海底两万里》中的那个鲸叉手形容说"把它放在锅子里煮，锅都丢脸！"说的就是这种鱼类。

翻车鱼缺少真正的尾巴，它只有一个巨大的头，因而它得到了一个德文绰号 Schwimmenderkopf，意为游泳的头。翻车鱼身体的后部几乎难以称其为尾巴，对游动几乎毫无用处，它起的作用很像一个舵。

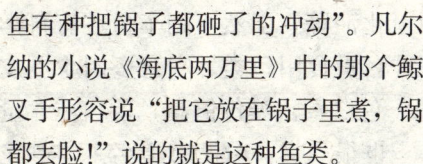
◆翻车鱼与潜水员的亲密接触

生长繁殖

作为一种既笨拙又不善游泳的鱼，常常被海洋中其他鱼类、海兽吃掉是很正常的事，然而在漫长的生物进化过程中，它不致于灭绝的原因是其具有强大的生殖力，一条雌鱼一次可产 2500 万～3000 万枚卵，在海洋中堪称是最会生产的鱼类。甚至有人曾发现，有一条雌翻车鱼带有 3 亿枚卵，这可能是世界之最了。

◆翻车鱼的游泳水平很一般

皮厚

翻车鱼拥有令人难以置信的厚皮，19 世纪时，渔民的孩子们会把厚厚的翻车鱼皮用线绳绕成有弹性的球玩，人们发现，它的皮由厚达 15 厘米的稠密骨股纤维构成。

翻车鱼的用处

翻车鱼经济价值较高，鱼皮可熬制明胶，而鱼油可作精密仪器、机械

 神奇的海洋生物

润滑剂的原料。鱼肝可制鱼肝油和食用氢化油等。当然，翻车鱼还有科学研究和观赏以外的价值，同时它也是一种名贵食用鱼类。它骨多肉少剥皮后鱼肉约为体重的1/10，但其肉质鲜美，色白，营养价值高，蛋白质含量比著名的鲳鱼和带鱼还高。翻车鱼的肠子也很昂贵，台湾有道名菜"妙龙汤"就是以此作为主料。食之既脆又香，令人胃口大开。"

 本节回顾

1. 请描述翻车鱼的形态。
2. 你能说出翻车鱼的一些重要特征吗？

海洋大观园——海洋动物

扁体软骨鱼——鳐鱼

很久以前,大约在1.8亿年前,鳐鱼是鲨鱼的同类,但为了适应海底生活,长期将身体藏在海底沙地里,便慢慢进化成现在模样:鳐鱼的头和身体直接连接,没有脖子。鳐鱼是多种扁体软骨鱼的统称。广泛分布于全世界大部分水区,从热带到近北极水域,从浅海到2700米以下的深水处。

◆鳐鱼

鳐鱼概述

我们通常所说鳐在生物分类学上,属于软骨鱼纲,板鳃亚纲,下孔总目(鳐总目),其下包括鳐目、电鳐目、锯鳐目、燕𫚉目。

鳐鱼种类多样,体型也就大小各异,小鳐成体仅50厘米;大鳐可长达

神奇的海洋生物

2.5米。鳐鱼的家族成员很多。体形巨大的蝠鲼和能够放电的电鳐都属于鳐鱼类。全世界发现的鳐鱼有100多种,中国约占一半,主要生活在东海和南海。鳐鱼无害,底栖,常常部分埋于水底沙中。游动时靠胸鳍作优美的波浪状摆动前进。以软体动物、甲壳类和鱼类为食,由上面突然下冲,扑捕猎物。

◆蝠鲼

鳐鱼也不简单

鳐鱼并不凶悍,也不会主动袭击人,绝大部分鳐鱼都是不爱游动的底栖鱼。如果被人惊忧,它就会用尾巴上强壮而坚硬的尾巴毒刺刺向来犯者。如果你躲避不及,伤口会疼痛难忍。有些鳐鱼的毒很厉害,一旦抢救不及时,受伤的人甚至有生命危险。有一种可以飞行,它是最大的一种鳐鱼——线鳐,胸鳍展开后能达到8米。

鳐鱼生殖

目前所发现的所有的鳐类鱼均为卵生,其卵又称"美人鱼的荷包",常见于海滩,长方形,有革质壳保护。

◆鳐鱼

海洋大观园——海洋动物

美味鳐鱼餐

食谱——蒜子焖鳐鱼

材料：鳐鱼一斤，姜、葱、蒜、辣椒、胡椒粉、料酒、生抽、盐、鸡精适量。

做法：1. 将鳐鱼切块。

2. 起油锅，将姜、蒜、辣椒爆香。

3. 下鳐鱼稍煎一下。

4. 益入料酒，下盐、生抽、胡椒粉调味，然后加水烧煮，起锅前加入葱、鸡精调味。

食谱——鳐鱼焖豆腐

材料：鳐鱼肉600g，豆腐350g，八角1个，姜丝、葱丝少许，花椒10多粒，青椒1个。

做法：1. 将姜葱八角、花椒放入油锅炒出香味。

2. 放入鳐鱼肉翻炒至变色。

3. 放入生醋1大勺，老醋1大勺，糖1小勺，盐1小勺，鸡精1小勺，翻炒均匀。倒入热水稍没过鱼肉，放入豆腐，用文火烧20分钟左右。

4. 大火收汤，出锅前放入1个青椒，1小勺醋，大量的洋葱、干葱、大蒜、辣椒干，和鳐鱼一起煮，加一点椰奶则更香。

本节回顾

1. 鳐鱼在生物分类上的地位。

2. 你能说出多少种鳐鱼？

"领先一步学科学"系列

神奇的海洋生物

我有发电器——电鳐

由于电鳐会发电，有海中"活电站"之称。人们也常把电鳐叫做活的发电机、活电池、电鱼等。电鳐每秒钟能放电50次，但连续放电后，电流逐渐减弱，10～15秒钟后完全消失，休息一会后又能重新恢复放电能力。

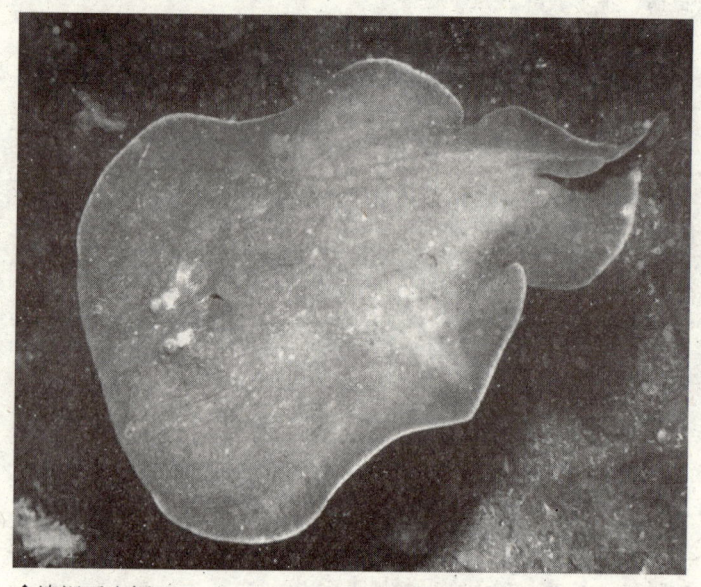

◆澳洲睡电鳐

电鳐简介

电鳐是电鳐科（Torpedinidae）、单鳍电鳐科（Narkidae）、无鳍电鳐科（Temeridae）鱼类的统称。在生物分类学上，属于软骨鱼纲，板鳃亚上的纲，下孔总目（鳐总目），它因能发电伤人而闻名。主要分布于世界上的热、温带水域。

海洋大观园——海洋动物

电鳐放电能力

其实世界上有许多种电鳐，其发电能力各不相同。非洲电鳐一次发电的电压在220伏左右，中等大小的电鳐一次发电的电压在70～80伏，像较小的南美电鳐一次只能发出37伏电压。大型电鳐发出的电流非常大，足以击倒成人。

发电的原因

科学家研究发现，电鳐的发电器最主要的枢纽，是器官的神经部分，电鳐能随意放电，放电时间和强度，完全能够自己掌握。电鳐把发电作为一种捕食手段，靠发出的电流击毙水中的小鱼、虾及其他的小动物，是一种捕食和打击敌害的手段。

◆电鳐

◆黑斑双鳍电鳐

链接——干电池之源

电鳐的放电特性启发人们发明和创造了能贮存电的电池。人们日常生活中所用的干电池，在正负极间的糊状填充物，就是受电鳐发电器里胶状物的启发而改进的。

本节回顾

1. 电鳐在生物分类上的地位。
2. 你能说说电鳐放电的原因吗？

神奇的海洋生物

谁来保护我——玳瑁

汉代的著名诗篇《孔雀东南飞》中有云"足下蹑丝履,头上玳瑁光"。下面我们就来看看诗中的玳瑁究竟是指什么。

◆玳瑁

话说玳瑁

◆玳瑁

玳瑁,在生物分类上属于脊椎动物,爬行纲,龟鳖目,海龟科。

在我国,其产地主要分布在黄海、南海、东海沿海一带,在国外,世界上大部分热带、亚热带沿海均有分布。一般长约0.6米,大者可达1.6米。

其背面的角质板覆瓦状排列,表面光滑,具褐色和淡黄色相间的花纹。四肢呈

海洋大观园——海洋动物

鳍足状。尾短小，通常不露出甲外。

已知其最大的龟壳长近1米，重27千克。通常所见的壳长仅60厘米左右，重9~14千克。背甲共有13块，作覆瓦状排列，所以得名"十三鳞"。

玳瑁的用处

玳瑁性情凶暴，以鱼、软体动物、海藻为食。卵可食；角质板可制眼镜框或装饰品；甲片可入药。

玳瑁在工艺上也有很大的价值。玳瑁作饰品的原料取自其背部的鳞甲，系有机物。成年玳瑁的甲壳是鲜艳的黄褐色。此类饰品易蛀，清代晚期以前制作的玳瑁器至今已很难见到。在宝石分类中，玳瑁被列入有机宝石类。其用途广泛，长期以来为人们所喜爱。

◆宋代吉州窑玳瑁斑碗

玳瑁的保护

正是因为这种动物极其珍贵，价值很高，由于过度捕捞，所以数量已非常少。目前在我国，已经列入国家重点保护野生动物名录的等级，属Ⅱ级极危物种。

我国在广东省建立的惠东港口自然保护区就是以保护玳瑁、绿海龟等海龟为主。据推断该种群的成熟个体数已少于50。

神奇的海洋生物

极危的游泳健将——棱皮龟

棱皮龟之所以得其名,是因为龟壳柔软而有弹性,不像其他龟类的壳由硬块组成。棱皮龟是一种生活在远洋的动物,主要栖息于热带海域的中上层,偶尔也见于近海和港湾地带。

它们可以持久而迅速地在海洋中游泳,故有"游泳健将"之称,这是由于其四肢巨大,并且变成了桨状。曾经在1970年,我国长江口海域捕获了一只棱皮龟,而它身体上所挂的标记却表明它还曾经在万里之外的英国大西洋海域被捕获过,它的游泳本领之高强,令人咋舌。

◆棱皮龟

棱皮龟形态特征

棱皮龟,又称革龟,在生物分类上属于脊椎动物,爬行纲,龟鳖目,棱皮龟科。棱皮龟是世界上龟鳖类中体形最大的一种,堪称"巨龟"。它也是龟鳖目中体型最大者,最大体长可达3米,龟壳长2米余;体重可达

海洋大观园——海洋动物

◆棱皮龟

800～900千克。

棱皮龟也是最古老的龟类,可见于世界各地的海洋,从北极圈海域到纽西兰周围的大西洋,都可以找到它们的踪迹。棱皮龟以小鱼、甲壳动物、软体动物和海藻为食。

棱皮龟的视力很差。因此,它们常常把海面漂浮的塑料袋或者其他垃圾当作水母吃了,造成肠道阻塞,结果使大量的棱皮龟死于人类制造的白色垃圾。这也是其数量减少的原因之一。雌性棱皮龟每3至4年,就会上岸产卵1次,在交配季节中,雌性棱皮龟最多可以产下10窝蛋,但雄性棱皮龟从不会离开海洋。

棱皮龟生存现状

据美国杜克大学研究小组发表的海龟调查报告表明,这种海龟有可能在今后10～20年内灭绝。

棱皮龟数量锐减的一个重要原因是,由于人们在海洋中丢弃废塑料袋使棱皮龟误认为是水母而误食,造成肠道阻塞而死亡;加上过度捕捉,所以数量日益减少。

◆游行中的棱皮龟

同时,由于过去20年里,厄尔尼诺现象造成海洋水温变化、渔民非法捕捞、海洋污染及当地旅游开发,棱皮龟数量锐减约95%。照此发展,棱皮龟很有可能在10年内灭绝。据估算,全世界雌性棱皮龟数量从1980年约11.5万只降至现在不到4.3万只。我们国家目前已经把其列入国家重点

神奇的海洋生物

保护等级：二级，中国濒危动物红皮书等级：极危。

轶闻——棱皮龟在哭泣

哥斯达黎加的普拉亚格兰德海滩是棱皮龟在东太平洋第一大、世界第四大产卵地。20世纪90年代前，每到产卵季节（每年10月至次年3月）都有250只至1000只棱皮龟上岸筑窝产卵。但在2006～2007年产卵季，只有58只棱皮龟在这里产卵。

早在20世纪60年代，曾有1万只棱皮龟在马来半岛东海岸的兰塔阿邦地区栖息产蛋。至此，这里也成为全球最大的棱皮龟繁殖地。而据马来西亚渔业部门称，去年只有3只棱皮龟来到这里，并且没有一只产蛋。

知识窗

厄尔尼诺现象

厄尔尼诺是太平洋赤道带大范围内海洋和大气相互作用后失去平衡而产生的一种气候现象。会迅速导致全球气候的明显异常，它是气候变异的最强信号，会导致全球许多地区出现严重的干旱和水灾等自然灾害。

棱皮龟价值

棱皮龟具有重要的医学价值，这也导致它作为医药原料而被捕捞。我国中医传统理论认为棱皮龟龟板、掌、胶有滋阴潜阳、柔肝补肾、清火明目的功效。其肉、血、胆能治气管炎、哮喘。

本节回顾

1. 请说出棱皮龟在分类学上的地位。
2. 你认为棱皮龟濒危的原因有哪些？人们应该怎么来保护它们？

海洋大观园——海洋动物

美味的大马哈鱼——鲑鱼

大马哈鱼又叫鲑鱼,素以肉质鲜美、营养丰富著称于世,历来被人们视为名贵鱼类。我国黑龙江江畔盛产大马哈鱼,是"大马哈鱼之乡"。

黑龙江大马哈鱼盛产季节一般在9月中下旬至10月上旬,渔期较集中。鱼的体重大的5~7千克,小的也有2~3千克,大部分为3~4千克,比较均匀。

大马哈鱼为黑龙江省特产,其肉质鲜美,是珍贵食品之一。一般为冷冻和盐渍。其卵盐渍成"大马哈鱼籽",富于营养。鱼及鱼籽不仅供应国内市场,也畅销国外。

◆大马哈鱼

大马哈鱼简介

大马哈鱼是世界名贵鱼类之一。大马哈鱼鱼鳞小刺少,肉色橙红,肉质细嫩鲜美,既可直接生食,又能烹制菜肴,是深受人们喜爱的鱼类。同时用它制成的鱼肝油更是营养佳品。

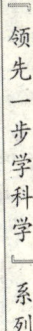

神奇的海洋生物

　　大马哈鱼在生物分类上属于硬骨鱼纲，辐鳍亚纲，鲑形目，鲑亚目，鲑科，马哈鱼属。

　　大马哈鱼分布在北纬35度以北的太平洋水域，亚洲和美洲沿岸均有分布。此鱼属于溯河性洄游鱼类，民间称："江里生，海里长"。

长游比赛冠军

　　当秋季来临时，成熟的大马哈鱼成群结队地由鄂霍茨克海洄游进入黑龙江，返回到它们原来的繁殖场地产卵。在归途中不论遇到多猛的水势都能冲过去，不论遇到什么障碍都能克服，一直前进。它们顾不得吃，也顾不得休息，急急忙忙地赶路，因此它们沿江上溯的速度相当惊人，每昼夜可上溯30～50千米，不愧为鱼类"长游比赛"的冠军。

溯河洄游鱼类：

　　溯河洄游鱼类平时生活于浅海或近海，每年繁殖季节，由海入长江河口或上游产卵，产卵后亲鱼死亡或与仔鱼返回近海或浅海发育生长。

大马哈鱼的生殖

　　雌雄鱼双双婚配产卵。产卵后，经过长途跋涉精疲力竭的亲鱼，还要守护在卵床边，直到死亡。100多天后，小鱼才从卵中孵出，来年春天，它们顺流而下，又游向大海，然而它们不会忘却故乡，一旦性成熟，又会历经千难万险，游回家乡。如此循环。

◆银大马哈鱼

海洋大观园——海洋动物

大马哈鱼的价值

大马哈鱼的肉、肝、精巢和头,均有药用价值。其肉有补虚劳、健脾胃、暖胃和中之功效,可以治疗水肿、消瘦、消化不良、膨闷胀饱、呕吐酸水、抽搐、肿疮等症。鱼肝可提制鱼肝油。精巢可提制鱼精蛋白和配制成多种鱼精蛋白制剂,适应治疗过量注射肝素所引起的反应;它对某些出血症(如上消化道急性出血、肺咳血等)也有明显的止血作用。

◆红大马哈鱼

轶闻——大马哈鱼的传说

相传唐王东征时来到黑龙江边,正逢白露时节,被敌人围困,外无援兵内无粮草,正当唐王一筹莫展之时,一大臣奏道:"何不奏请玉皇大帝,向东海龙王借鱼救饥?"玉帝便令东海龙王派一条黑龙带领鲑鱼前来镇守这条江,人马得到鱼吃,力量倍增,大获全胜。马原来是不吃鱼的,自此马便开始吃鱼了,但也只是吃鲑鱼。所以便把鲑鱼叫作"大马鱼"。许多年后,又是白露时节,有一个叫什尔大如的部落首领所率人马被敌人追到乌苏里江边,前无进路,后有追兵,粮草又断,十分危急,此时一谋士便向什尔大如献策道:"何不仿照唐王东征时向东海龙王借鱼以解燃眉?"黑龙闻知,复率鲑鱼来到乌苏里江边,什尔大如得救,便率部在沿黑龙江、乌苏里江一带定居下来,这些人的后代,便是今天的赫哲人,所以每到白露前后,便有大批的鲑鱼来到黑乌两江。赫哲人称"大马鱼"为"达乌依玛哈",后经演变,就把鲑鱼叫做"大马哈鱼"。

 神奇的海洋生物

我有毒，敢惹我吗——海蛇

现代海蛇的个体都不很大，这是它们对于海洋生活环境的不同程度的适应性体现。在蛇类演化的早期阶段，地球上曾出现过巨大的海蛇，这些大海蛇只存在很短的时间就灭绝了，仅留下为数不多的化石，作为它们旧日曾活在世上的见证。

◆海蛇

海蛇简介

海蛇在生物分类上属于脊椎动物，爬行纲，蛇目，海蛇科。西起波斯湾东至日本，南达澳大利亚的暖水性海洋都有分布。

其身体扁平，尾呈桨状，适於水生生活。

海蛇其毒

海蛇科（Hydrophiidae）50余种蛇全为终生生活在海洋中的前沟牙类

海洋大观园——海洋动物

毒蛇。海蛇的毒液属于细胞毒素，是最强的动物毒。钩嘴海蛇毒液相当于眼镜蛇毒液毒性的两倍，是氰化钠毒性的80倍。海蛇毒液的成分是类似眼镜蛇毒的神经毒。

然而海蛇对于人类，危险不是它毒液的毒性强弱，而是其毒性的隐蔽性，因为海蛇咬

> 实际上海蛇毒被人体吸收非常快，中毒后最先感到的是肌肉无力、酸痛，眼睑下垂，颌部强直，有点像破伤风的症状，同时心脏和肾脏也会受到严重损伤。被咬伤的人，可能在几小时至几天内死亡。多数海蛇是在受到骚扰时才伤人的。

人无疼痛感，其毒性发作又有一段潜伏期，被海蛇咬伤后30分钟甚至3小时内都没有明显中毒症状，所以常使人麻痹大意而错过救治时间。

海蛇其用

和陆生蛇一样，海蛇也有较高的经济价值，它的皮可用来做乐器和手工艺品；蛇肉和蛇蛋可食，味道很鲜美；某些内脏可入药。

据现代药理学家研究，海蛇的蛇毒可制成治癌药物"蛇毒血清"。还可以用于治毒蛇咬伤、坐骨神经痛、风湿等症，并可提取10多种活性酶；蛇血治雀斑也十分见效。

◆长吻海蛇

蛇油可制软膏、涂料；蛇胆浸药酒，有补身和治风湿之功效。总之，海蛇全身皆是宝。它的肉、胆、油、皮、血、毒等均可入药。

海蛇肉质柔嫩，味道鲜美，营养丰富，是一种滋补强身食物，常用于病后、产后体虚等症，也是老年人的滋养佳品。它具有促进血液循环和增强新陈代谢的作用。

海蛇的食法很多，海蛇肉可清蒸、红烧、煲汤。其中海蛇炖火鸡是有

神奇的海洋生物

名的"龙凤汤"。海蛇肉煲粥是清凉解毒之美食佳肴。海蛇汤鲜甜可口。海蛇酒可作为驱风活血、止痛良药。

海蛇毒含有多种生物酶类，有极高的生物活性，可以分离提纯多种酶类，用于医药、科研和生物工程方面，已引起各国高度重视。国际市场长期供不应求，仅菲律宾有少量出口。美国的西格玛蛇毒公司经营的青环海蛇毒每克售价 7800 多美元，比黄金贵成百上千倍，可见其贵重程度。

◆扁尾海蛇

◆巨环海蛇

进化与特征

◆海蛇也有天敌

现存的海蛇约有 50 种，它们与陆生蛇中眼镜蛇亲缘关系最为密切。这些海蛇之所以能在海中大量活下来，是因为它们都有像船桨一样的扁平尾巴，很善于游泳；二是因为它们都有毒牙，能杀死捕获物和威慑敌人。

尽管如此，生物都有各自的天敌，从而才能保证物种的进化，海蛇也是如此。海蛇的天敌是海鹰和其他肉食的海鸟。它们一看见海蛇在海面上游动，就疾速从空中俯冲下来，衔起一条就远走高飞，尽管海蛇凶狠，可它一旦离开了水就没有进攻能力，而且几乎完全不能自卫了。另外，有些鲨鱼也以海蛇为食。

永不停歇的泳者——金枪鱼

金枪鱼类一般背侧暗色,腹侧银白,通常有彩虹色闪光。金枪鱼有大有小,巨大的金枪鱼是蓝鳍金枪鱼(Thunnusthynnus),最大可长到约4.3米,800千克重。金枪鱼体呈纺锤形,具有鱼雷体形,其横断面略呈圆形。强劲的肌肉及新月形尾鳍,鳞退化为小圆鳞,金枪鱼这样的体形,非常适于快速游泳,一般时速为每小时30~50千米,最高速可达每小时160千米,比陆地上跑得最快的动物还要快。

◆金枪鱼

金枪鱼简介

金枪鱼一般是指硬骨鱼纲,辐鳍亚纲,鲈形总目,鲈形目(Perciformes),鲭科(Scombridae),大型远洋性重要商品食用鱼的统称。

金枪鱼在我国台湾东南及南海诸岛的海域内均有分布。

根据科学家研究,金枪鱼是唯一能够长距离快速游泳的大型鱼类,实

神奇的海洋生物

验显示,金枪鱼每天游程可以达到 230 千米。由于它不停地高速度游泳,因此金枪鱼的旅行范围可以远达数千千米,能作跨洋环游,被称为"没有国界的鱼类"。

不停歇的鱼

金枪鱼若停止游泳就会窒息,原因是金枪鱼游泳时总是开着口,使水流经过鳃部而吸氧呼吸,所以在一生中它只能不停地持续高速游泳,即使在夜间也不休息,只是减缓了游速,降低了代谢。

金枪鱼的功能

有人把金枪鱼的功效总结为以下十点,现选来以作参考。

 链接——金枪鱼的十大功效

◆金枪鱼

随着现代社会的高速发展,物质生活水平的日渐提高,人类对健康的重视程度越来越大。与之同时,金枪鱼作为一种营养、健康的现代食品受到追捧。目前它愈来愈被欧美等发达国家所青睐,现将这种美食的十大功效介绍如下:

1. 金枪鱼是女性美容、减肥的健康食品

金枪鱼肉低脂肪、低热量,还有优质的蛋白质和其他营养素,食用金枪鱼食品,不但可以保持苗条的身材,而且可以平衡身体所需要的营

养，是现代女性轻松减肥的理想选择。

2. 能够保护肝脏，强化肝脏功能

现代人因紧张的生活节奏、巨大的工作压力、过度疲劳造成一系列肝病发病率日渐提高。金枪鱼中含有丰富的DHA、EPA、牛磺酸，能减少血液中的脂肪，利于肝细胞再生。经常食用金枪鱼食品，能够保护肝脏，提高肝脏的排毒功能，降低肝脏发病率。

3. 防止动脉硬化

动脉硬化是中老年人生命的威胁，食用金枪鱼食品可以降低血脂，疏通血管，有效地防止动脉硬化。

4. 有效降低胆固醇含量

金枪鱼中的EPA、蛋白质、牛磺酸均有降低胆固醇的功效，经常食用，能有效减少血液中的恶性胆固醇，增加良性胆固醇，从而预防因胆固醇含量高所引起的疾病。

◆美食——金枪鱼

◆金枪鱼

5. 能够激活脑细胞，促进大脑内部活动

DHA是人类自身无法产生的一种不饱和脂肪酸，它是大脑正常活动所必需的营养素之一。金枪鱼中含有丰富的DHA，经常食用，利于脑细胞的再生，提高记忆力，预防老年痴呆症。

6. 能够有效预防缺铁性贫血

铁是人体内不可缺少的一种元素，金枪鱼的血液中含有丰富的铁分和维生素B_{12}，易被人体吸收。经常食用，能补充铁质，预防贫血，并能作为贫血的辅助

神奇的海洋生物

治疗食品。

7. 提供人体所必需的氨基酸

金枪鱼蛋白质含有丰富的氨基酸，食用金枪鱼既可以享受美食，同时又可以通过非药物手段补充氨基酸成分，有助于身体健康。

8. 有助于人体的新陈代谢，尤其是成长期儿童食品的理想选择

肌肉、骨骼、皮肤、毛发、血液等人体组织都离不开蛋白质。金枪鱼蛋白质有肉类蛋白质所无法比拟的功效，是儿童自然成长的最佳营养品。

◆金枪鱼

9. 保持人体正常水分标准

经常食用金枪鱼能够清除体内多余的盐分，平衡体内水分含量，保持正常的水分指标。

10. 是绿色蔬菜的最佳伴侣

金枪鱼的食用方法很多，与绿色蔬菜一起食用，味道更佳。

本节回顾

1. 金枪鱼在生物分类上的地位。
2. 为什么说金枪鱼是永不停歇的鱼？

海洋大观园——海洋动物

我有奇特的头——双髻鲨

双髻鲨主要分布在热、温带海洋海域的近海或半咸水中。双髻鲨以其头部的形状而得名。双髻鲨的头部非常奇特，左右各有一个突起。每个突起上各有一只眼睛和一个鼻孔。两只眼睛相距达到1米。人们认为头部特殊的形状有方向舵的作用，可以加大机动性。两个鼻孔远远分开，有利于辨认气味，从而寻找目标。

◆双髻鲨

话说双髻鲨

双髻鲨在生物分类上属软骨鱼纲，板鳃鲨亚纲，真鲨目，双髻鲨科。作为海洋中贪婪的掠食者，双髻鲨有其独特的本领：首先它能够非常准确地确定猎物的方向和速度，其次双髻鲨的嘴巴长在头的下方，一嘴尖利的牙齿，可以让猎物胆战心惊。

神奇的海洋生物

双髻鲨的分布

◆双髻鲨

它们喜欢的食物就是鱼类、甲壳类和软体动物，因此双髻鲨经常在海滩、海湾和河口处出没，在珊瑚礁中寻找这些食物，所以说双髻鲨是一种危险的鲨鱼。每年，世界各地都有双髻鲨袭击人类的事件发生。不过，这只是双髻鲨在受到惊吓时的极端行为。只要你不主动向它挑衅，双髻鲨一般是不会伤人的。

双髻鲨是迁徙性鱼类。大群的双髻鲨会组成浩浩荡荡的迁徙队伍，出现于季节更替之时，作一次长途旅行。每到夏天，它们游到温带海域避暑。而在冬天，它们游到热带海域越冬。

 知识窗

卵胎生

卵胎生是指动物的卵在母体内发育成新的个体后才产出母体的生殖方式。它是介于卵生和胎生之间的生殖方式。蝮蛇、海蛇和胎生蜥、铜石龙蜥等均为卵胎生动物。这是动物长期适应的结果，是动物对不良环境的长期适应形成的繁殖方式，使得母体对胚胎起到保护和孵化作用。

双髻鲨的生殖

双髻鲨的生殖方式是卵胎生。

雌双髻鲨产卵的大小与其个体的大小有关。一条体形较大的雌双髻鲨一次可以产下 40 枚卵。当这些卵在雌双髻鲨体内孵化出小鲨鱼后，雌双髻鲨就开始分娩了。

海洋大观园——海洋动物

捕食者——虎鲨

虎鲨不仅有一个让人望而生畏的名字，而且它们凶残的本性和惊人的捕食能力让这个称呼名符其实。虎鲨以其独特的虎斑状花纹得名，它是目前所知的在其所在科属中体型最大的成员。虎鲨通常游弋在热带的浅海区域，不过在泥泞的河口和温带海域它们也可以活得一样逍遥自在，在那里它们会对任何能吃和不能吃的东西都吃得津津有味，无论是塑料瓶子、汽车牌照、橡胶轮胎还是酒瓶子和空铁罐都照吃不误。

◆虎鲨

也说虎鲨

在分类上，虎鲨属于软骨鱼纲中的鲨形总目，虎鲨目，虎鲨亚目，虎鲨科，虎鲨属。

宽纹虎鲨亦称虎鲨，分布于我国北部沿海、台湾北部海域，如东海、黄海。在国外的日本外海、韩国也常见其踪。

 神奇的海洋生物

形态特征：鳃裂5对。背鳍2个，前方1个具硬棘，有毒腺相连，具臀鳍。

虎鲨凶猛

◆与虎鲨搏斗

它们让人触目惊心的锯状牙齿常常用来从较大的猎物身上撕下大块的肉，包括鲸鱼的残骸和其他海洋哺乳动物。同时，它们也有人所共知的消化诸如海龟这样带有坚硬外壳的生物的能力。在有关鲨鱼伤人事件报道的数量方面，虎鲨是仅次于白鲨的肇事者。它们巨大的体型、古怪的本性以及来者不拒的饮食习惯使它们成为危险的敌人，对许多致命的攻击负有主要责任。

美国曾经有一款战斗机就是以虎鲨命名的。

◆F—20虎鲨战斗机

海洋大观园——海洋动物

真正的杀手——噬人鲨

噬人鲨主要分布于热带、亚热带等温带海洋。在大洋洲海域最为常见。鲨鱼的种类很多,世界海洋中至少有350多种,在中国海就有70多种。所以说在浩瀚的海洋里,被称为"海中霸王"的鲨鱼遍布世界各大洋。

◆噬人鲨

噬人鲨概述

噬人鲨亦称食人鲨。主要是指鲭鲨科大白鲨,在生物分类上,属软骨鱼纲,板鳃鲨亚纲,鲭鲨目,鲭鲨科。也有些人认为其应该指鲭鲨科的大白鲨和真鲨科(Car-

> 鲨鱼属于软骨鱼类,身上没有鱼鳔,调节沉浮主要靠它很大的肝脏。例如,在南半球发现的一条3.5米长的大白鲨,其肝脏重量达30千克。

127

神奇的海洋生物

charhinidae）尼加拉瓜湖鲨等两种危险性鲨鱼的通称。

大部分鲨鱼对人类有利而无害，当然鲨鱼的确有吃人的恶名，但并非所有的鲨鱼都吃人，只有30多种鲨鱼会无缘无故地袭击人类和船只。噬人鲨就是其中之一。

噬人鲨习性凶猛，在被钓捕或受枪击时，挣扎猛烈，有袭击渔船和噬人的记录。一般体长6～8米，大的也可以达到12米。捕食各种大型动物。也吞食大量小型鱼类和头足类。

噬人鲨价值

鲨鱼是重要的经济鱼类，虽然它性情凶猛，面目可憎。正如前文所述，鲨鱼的肝脏特别大，富含维生素A、D，因此是制作鱼肝油的重要原料；鲨鱼皮可以制革，其鳍即是海味珍品——鱼翅。

噬人鲨的特殊本领

◆噬人鲨

噬人鲨之所以能够在海中称霸亿万年，与它特殊的本领是分不开的。

鲨鱼的生存能力极强，根据化石考察和科学家推算得知，鲨鱼在地球上生活了约1.8亿年至今外形都没有多大改变。人们总是因为它性格极为凶猛，对它存有较大的偏见，认为它是那么原始和愚笨，但事实是，鲨鱼不但具有高度发达的脑子，能借助电磁场导航，能将信息储存在大脑的中心部位，而且可直接把信息发送到运动神经系统；并且凭借敏锐的嗅觉维持全部生命活动。

海洋大观园——海洋动物

奇特的嗅觉

鲨鱼在海水中对气味特别敏感，尤其对血腥味，往往伤病的鱼类不规则的游弋所发出的低频率振动或者少量出血，都可以把它从远处招来，所以说鲨鱼的嗅觉甚至能超过陆地上狗的嗅觉。它可以嗅出水中

◆噬人鲨

1ppm（百万分之一）浓度的血肉腥味来。这可能也是雌鲨鱼分娩过后，即使在大海里漫游上千千米之后，又能沿着气味逆游回到它的出生地生活的原因。1米长的鲨鱼，其鼻腔中密布嗅觉神经末梢的面积可达4842平方厘米，如5~7米长的噬人鲨，其灵敏的嗅觉可嗅到数千米外的受伤人和海洋动物的血腥味。

独特的牙齿

人们知道，鲨鱼在海洋生物中有它许多独特的生态。除了灵敏的嗅觉，鲨鱼的牙齿结构也是它的另一个独特生态之一。凡是熟悉鲨鱼的人都知道，它的牙齿像一把锋利的尖刀，能轻而易举地咬断像手指般粗的电缆。而且可怕的是它们在相互抢食时，鲨鱼常常就会不分青红皂白，甚至连自己亲生的孩子——鲨仔，也不放过，

◆噬人鲨

吃得一干二净；当一条鲨鱼为其他鲨鱼所误伤而挣扎的时候，这头伤鲨就该倒霉了，其他同宗族的兄弟也同样会群起而攻之，直至其被完全吞食完毕为止。

神奇的海洋生物

广角镜——同胞相残

还有更加恐怖的是鲨鱼由于是胎生的，一胎可产10余条鲨仔，最高可达80余条之多，这些鲨仔在娘胎里竟也互相残杀，这种现象曾被人们发现于大西洋海岸的一种虎鲨的肚子里，人们通过对母鲨进行解剖得出这一结论："娘胎却成了战场。这在任何动物中都是未曾见过的先例。"

本节回顾

1. 你能说出噬人鲨的其他名称吗？
2. 噬人鲨在生物分类上的地位？
3. 噬人鲨的特点？

海洋大观园——海洋动物

最大的鱼——鲸鲨

鲸鲨是目前世界上最大的鱼类，鲸鲨是最大的鲨，而不是鲸，用鳃呼吸，通常体长在10米左右，最大个体体长达20米，体重10～15吨，为鱼类之冠。体灰褐或青褐色，具有许多黄色斑点和垂直横纹。

◆鲸鲨

鲸鲨简介

鲸鲨在生物分类上属于软骨鱼纲，板鳃鲨亚纲，须鲨目，鲸鲨科，鲸鲨属。本科中，只有一个成员，就是鲸鲨。它是世界上最大的鱼。它主要分布在热带和亚热带海域中，寿命大约有70年。

一般认为这种鲨鱼大约出现在6000万年前。虽然鲸鲨具有宽大的嘴，不过它们的食物主要是小型动植物，是一种滤食动物。（英国广播公司的自然纪录片《行星地球》曾拍摄到一条正在捕食小型鱼类的鲸鲨。）

神奇的海洋生物

滤食性动物

滤食性动物是以过滤方式摄食水中浮游生物的动物,包括主动滤食者和被动滤食者两类。滤食性动物以鳃和(或)口中齿作为滤网,通过水的吸入与吐出而滤取小型浮游生物。海洋中典型的滤食性动物有鲱鱼、油鲱、沙丁鱼、鳀鱼等。

鲸鲨生殖

人们推测鲸鲨是十分的晚熟,怀孕的几率很低。因为尽管成熟的鲸鲨有不少被渔获的记录,但却很少发现怀孕的个体。尽管如此,也有例外的事件,曾有记录一尾怀孕的鲸鲨怀有超过300尾的胎仔,这可能是软骨鱼类中(鲨鱼及魟)每胎孕子数最高的种类。

鲸鲨的价值和生存现状

◆鲸鲨

鲸鲨全身是宝,肉可供食用,皮可制革,鳍加工成鱼翅,肝提取鱼肝油,骨、内脏可制鱼粉。

正因如此,对鲸鲨的捕捞就相当过分,因此保护鲸鲨迫在眉睫。然而在中国鲸鲨并非保护动物。中国的相关法律在鲸鲨保护方面是一个空白,对鲸鲨的捕捞、贩卖和消费完全处于行政力量监控的真空中。这很可能是由于以往缺乏对于鲸鲨的调查数据,鲸鲨被认为在中国海域没有分布,以至于立法者和行政主管部门都忽视了对这一物种的保护。

而在国际上,鲸鲨体型巨大,并且以捕食较小型的动物为生,此类动海洋大观园——海洋动物

物大多采取所谓的 k 策略繁衍：生殖周期长，繁衍能力弱。通常都是受到保护的对象。

 链接——k—选择

k—选择——有利于竞争能力增加的选择称为 k—选择。k—选择的物种称为 k—策略者（k—strategist）。k—策略者是稳定环境的维护者，在一定意义上，它们是保守主义者，当生存环境发生灾变时，很难迅速恢复，如果再有竞争者抑制，就可能趋向灭绝。

 本节回顾

1. 鲸鲨在生物分类上的地位。
2. 对于保护鲸鲨，你有何建议？

神奇的海洋生物

八爪鱼——章鱼

全世界章鱼的种类有很多,大约有650种,它们的个体大小相差极大。最小的章鱼是乔木状章鱼(O. arborescens),长约5厘米,而最大的可长达5.4米,腕展可达9米。章鱼雌雄异体。雄体具一条特化的腕,称为化茎腕或交接腕。

大部分章鱼用吸盘沿海底爬行,它们在遇到危险时会喷出墨汁似的物质,作为烟幕。有些种类产生的物质可麻痹进攻者的感觉器官。

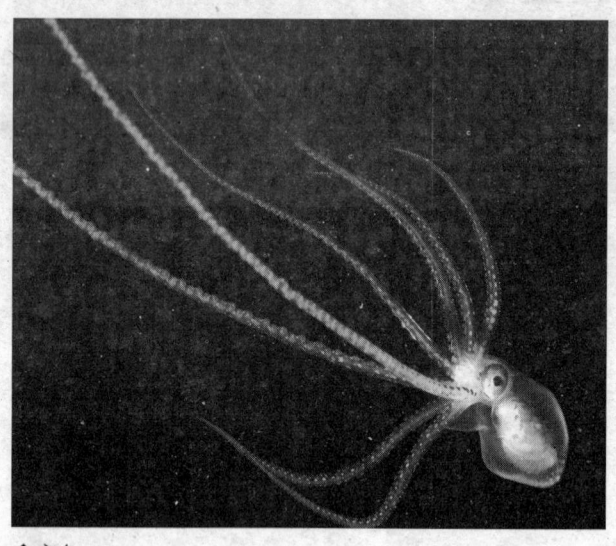

◆章鱼

浅淡章鱼

章鱼,又称石居、八爪鱼、坐蛸、石吸、望潮等。

它在生物分类上属于软体动物门、头足纲、八腕目(Octopoda)。严

海洋大观园——海洋动物

格意义上仅指章鱼属（Octopus）动物，广泛分布于浅水中。

章鱼有8个腕足，腕足上有许多吸盘；有时会喷出黑色的墨汁，掩护逃跑。

各类章鱼显神通

最熟知的章鱼是普通章鱼（O. vulgaris），体型中等，主要以蟹类及其他甲壳动物为食。广泛分布于世界各地热带及温带海域，栖息于多岩石海底的洞穴或缝隙中，喜隐匿不出。人们认为这种类型的章鱼是无脊椎动物中智力最高者，而且具有高度发达的含色素的细胞，故能极迅速地改变体色，变化之快亦令人惊奇。

◆章鱼

◆蓝环章鱼

世界上最毒的章鱼，是蓝环章鱼，蓝环章鱼属于剧毒生物之一，虽然这种章鱼很小，但是如果被这种小章鱼咬上一口就能致人死亡。当然它和其他的有毒动物一样，一般是不会主动攻击人类的。所以人们在海边游玩时要注意别踩到它。

> **趣闻**
>
> 　　章鱼的触腕和人的手一样，有着高度的灵敏性，用以探察外界的动向。每当章鱼休息的时候，总有一二条触腕在值班，值班的触腕在不停地向着四周移动着，高度警惕着有无"敌情"。

神奇的海洋生物

章鱼的本领

章鱼能够在大海中活得如此潇洒,是与它有着特殊的自卫和进攻法宝是分不开的。

触腕和吸盘

◆章鱼的触腕和吸盘

首先,章鱼有八条感觉灵敏的触腕,每条触腕上约有300多个吸盘,每个吸盘的拉力为0.1牛顿,想想看,无论谁被它的触腕缠住,都是难以脱身的。

如果外界真的有什么东西轻轻地触动了它的触腕,它就会立刻跳起来,同时把浓黑的墨汁喷射出来以掩藏自己,趁此机会观察周围情况,准备进攻或撤退。章鱼可以连续六次往外喷射墨汁,过半小时后,又能积蓄很多墨汁,章鱼的墨汁对人不起毒害作用。

变色能力

其次,章鱼有十分惊人的变色能力,它可以随时变换自己皮肤的颜色,使之和周围的环境协调一致。章鱼在恐慌、激动、兴奋等情绪变化时,皮肤都会改变颜色。

再生

再者就是章鱼的再生能力很强。每当章鱼遇到敌害时,有时

◆章鱼变色

海洋大观园——海洋动物

它的触腕被对方牢牢地抓住了，这时候它就会自动抛掉触腕，往后退一步，让断触腕的蠕动来迷惑敌害，自己趁机赶快溜走。每当触腕断后，伤口处的血管就会极力地收缩，使伤口迅速愈合，所以伤口是不会流血的，第二天就能长好，不久又长出新的触腕。

脱身技能高

最后一点，章鱼有高超的脱身技能。它们在遇到危险时会喷出墨汁似的物质。由于章鱼能将水存在套膜腔中，依靠溶解在水中的氧气生活，因此它离开了海水也照样能活上几天。

轶闻——鸠占鹊巢

章鱼喜欢钻进动物的空壳里居住。每当它找到了牡蛎以后，就在一旁耐心地等待，在牡蛎开口的一刹那，章鱼就赶快把石头扔进去，使牡蛎的两扇贝壳无法关上，然后章鱼把牡蛎的肉吃掉，自己钻进壳里安家。

链接——章鱼的智慧

雌章鱼也许是世上最尽心也是最富有自我牺牲精神的母亲。它一生只生育一次，产下数百至数千个卵（章鱼产卵数量少），藏于自己的洞穴之中，在孵化期间，雌章鱼寸步不离地守护着洞穴，不吃也不睡，不仅要驱赶猎食者，还要不停地摆动触手保持洞穴内的水时得到更新，使未出壳的小宝贝们得到足够的氧气。小章鱼出壳的那天，母章鱼也就完成了自己一生的职责，精疲力竭而死去，世上有几种动物能有这么伟大的母爱！

章鱼有较发达的神经系统，对人又很亲善，所以欧洲有些地方的渔民，很早就知道训练章鱼捕捉海底的贝、蟹甚至鱼类。章鱼天性好奇、肯学，还有很好的记忆，对掌握的经验永不忘记，形状古怪的章鱼却有如此好的"脑子"，实在令人称奇。难怪有些科幻小说（如《星球大战》）的作者，竟把火星人描绘成章鱼形的怪物。在海洋动物中，海豚以体态漂亮、善解人意而赢得人类的特别宠爱，或许丑八怪章鱼的"智力"，更值得人类去开发！

137

 神奇的海洋生物

章鱼的开发利用

执著的打捞者

人们正是利用章鱼的特殊习性,使章鱼在渔业生产、打捞沉在海底的贵重器皿物品等工作时,充当"打捞工"的角色。

第一次世界大战期间,很多军舰和商船把希腊的克里特岛海岸当作基地,不少运煤船经常在这里卸煤,久而久之,掉在海底的煤块堆积如山。渔民们想把这些煤捞上来,可是他们又买不起采掘机。这时,人们又想起了章鱼。

▶识货的章鱼

章鱼很有力气。它8只腕手每只都有300个吸盘,直径为25毫米的一个吸盘可吸住48克重的物体,身长1.5~2米的章鱼,吸盘直径约为6毫米,吸重力为0.1牛顿。章鱼生活在水下,如果没有陶瓷瓦罐、海螺贝壳可作居室时,便自己动手建造房屋。克里特人掌握章鱼这些力大的习性后,便让它们充当"捞煤工"。他们把捕到的章鱼拴上长绳沉到深海。因为章鱼不习惯在绳子上晃荡,一到海底便绝望地抓住遇到的第一块石头。这样,克里特人便用章鱼捞上不少煤块。

 小 博 士

它们往往能拖采超过自身体重5倍、10倍甚至20倍的大石块。一次,人们发现,一条章鱼一下子拖来8块石头,每块石头重220克。

海洋大观园——海洋动物

新闻链接——章鱼指路

章鱼指路，韩国打捞出3000万美元古代青瓷器

韩国一个渔夫捕到一些"奇特"的章鱼，它们的吸盘上吸附着瓷器碎片。韩国国家海洋博物馆根据章鱼提供的线索，在附近海域组织打捞，结果发现了1万多件古青瓷器，总价值在200亿到300亿韩元（约合2000万至3000万美元）之间。

据英国《每日邮报》报道，渔民金永哲，现年58岁。5月18日，他像往常一样驾着一艘小渔船，来到离韩国首都首尔西南90公里处的泰安附近海域捕章鱼。当天，为了捕到更多的章鱼，金永哲把撒网地点往南推移了数公里。撒了一阵网后，金永哲忽然感到渔网往下沉。他迅速收起渔网，结果捕到了当天的第一条章鱼。

◆章鱼

随后，金永哲惊奇地发现，这条章鱼的吸盘上居然吸附着一些蓝色物体。起初，他以为那是一些贝壳碎片。但经过仔细检查，他辨认出蓝色物体其实是一些瓷器碎片。金永哲继续撒网，随后捕获的章鱼吸盘上都吸附着碎瓷片，其中一条章鱼还吸附着一个完整的瓷盘。

碎瓷片的不断出现使金永哲意识到，这片海域底部可能有某些重要物品。此前，他曾经听闻，潜水员在附近海岸发现过装满古物的失事船只遗骸。金永哲随即把这一情况报告韩国国家海洋博物馆。

国家海洋博物馆专家对章鱼吸附的瓷器碎片和瓷盘作了鉴定。博物馆工作人员穆焕锡（音译）说："你可以想象当我们鉴定这些碎片和瓷盘时有多兴奋，那简直是一个完美无瑕的瓷盘。"随后，博物馆立刻派出工作人员前往事发地，潜入海底展开进一步打捞工作。

据穆焕锡介绍，尽管工作人员没有在附近海域发现沉船，但发现了30件12世纪即高丽王朝时期的瓷碗。这些瓷碗大多绘有菊花以及植物藤蔓，是当时瓷器

 神奇的海洋生物

的典范之作。

博物馆专家说，在高丽王朝时期，朝鲜半岛西海岸建有不少瓷窑。此前，打捞人员也在西海岸的沉船上发现过陶瓷文物。因此，几百年前，很可能有一艘载有高丽瓷器的船只在泰安海域沉没，船上的瓷器也随之沉入海底，而这次发现的瓷器可能就是其中的一部分。穆焕锡说："这次是章鱼'指引'我们发现文物。"

在30件瓷器重见天日后，24日，国家海洋博物馆的工作人员在泰安附近海域展开了全面水下挖掘工作。挖掘结果发现，在一艘不明沉船附近，有1万多件古青瓷器，其中大部分是青瓷碗和青瓷盘，另一小部分是黄瓜状的瓷水壶。这些瓷器用麻绳捆扎，按列码放在一起。

博物馆专家说，这些青瓷器中的一部分上了釉，另一些与12世纪中期使用的杯子外形相像。因此，这批青瓷器可能产于12世纪中晚期，总价值在200亿到300亿韩元之间。

韩国明知大学云永易教授认为，尽管这批古青瓷不是皇家用品，但也是上层贵族和政府官员使用的上乘瓷器。他说，"根据它们的形状和光泽度，这项发现可以和此前最重大的水下挖掘结果相媲美。"

章鱼可食

章鱼也有食用价值。章鱼的肉很肥厚，也是优良的海产食品。

 **本节回顾**

1. 章鱼在分类学上是怎样分类的？和乌贼有何区别？
2. 你能说出章鱼的一些特殊的本领吗？
3. 章鱼对于我们人类有什么用途？

海洋大观园——海洋动物

传说的海怪——大王乌贼

　　大王乌贼，它的性情极为凶猛，以鱼类和无脊椎动物为食，它们甚至敢与巨鲸搏斗。国外常有大王乌贼与抹香鲸搏斗的报道。据记载，有一次人们目睹了一只大王乌贼用它粗壮的触手和吸盘死死缠住抹香鲸，抹香鲸则拼出全身力气咬住大王乌贼的尾部。两个海中巨兽猛烈翻滚，搅得浊浪汹涌，后来又双双沉入水底，不知所终。这种搏斗多半是抹香鲸获胜，但也有过大王乌贼用触手捂住鲸的鼻孔，使鲸窒息而死的情况。

◆大王乌贼

生物分类

　　别称：巨型鱿鱼、巨型章鱼、巨型乌贼、大王鱿、统治者乌贼。

神奇的海洋生物

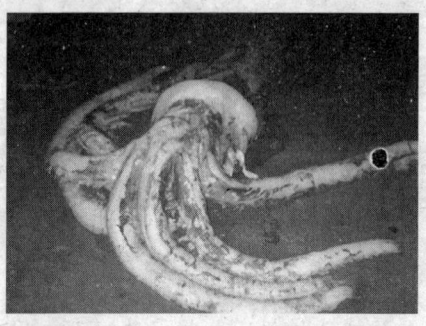
◆大王乌贼

在生物分类上属于软体动物门头足纲管鱿目大王乌贼科巨乌贼属。

生活习性

大王乌贼，主要产于北大西洋和北太平洋的深海地区，白天在深海中休息，晚上游到浅海觅食。一般幼年的大王乌贼体长3～5米，成年的大王乌贼可长达17～18米。

它可能是目前人们所能知道的体型最巨大的无脊椎动物，身长一般在10至13米，是目前已知最大型的软体动物和无脊椎动物之一。

◆大王乌贼袭击商船想象图

传说的海怪

自古以来，世界各国的渔夫和水手们中间就流传着可怕的海中巨怪的故事。在这些传说中，海怪往往都体形巨大，形状非常怪异，甚至长着7个或9个头。我们来看其中的几个故事，其中最著名的当属1752年卑尔根主教庞毕丹在《挪威博物学》中描述的"挪威海怪"，据说，"它背部，或者该说它身体的上部，周围看来大约有750米，好像小岛似的"。

后来有几个发亮的尖端或角出现，伸出水面，越伸越高，有些像中型船只的桅杆那么高大，这些东西大概是怪物的臂，据说可以把最大的战

◆大王乌贼袭击船只想象图

海洋大观园——海洋动物

舰拉下海底。

轶闻——大王乌贼的力量

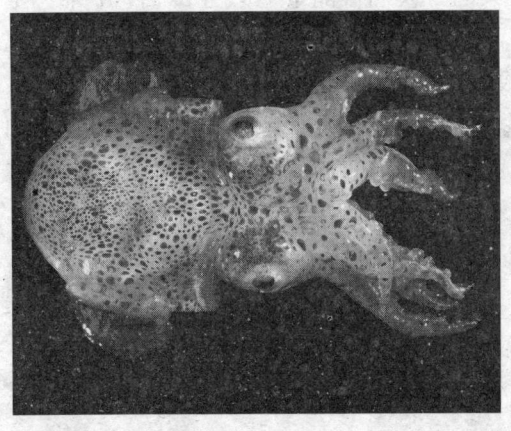

◆乌贼

在1861年11月20日，法国军舰"阿力顿号"从西班牙的加地斯开往腾纳立夫岛途中，遇到一只有5~6米长，长着2米长触手的海上怪物。船长希耶尔后来写道："我认为那就是曾引起不少争论的、许多人认为虚构的大章鱼。"希耶尔和船员们用鱼叉把它叉中，又用绳套住它的尾部。但怪物疯狂地乱舞触手，把鱼叉弄断逃去。绳索上只留下重约40磅的一块肉。

19世纪70年代，发生几次大王乌贼的残骸在加拿大海滨被冲上岸的情况，其中至少有一次还是活的，借助这些实体，人们终于了解了大王乌贼的一些情况。

1978年11月2日，加拿大纽芬兰三个渔民在海滩上发现一只因退潮而搁浅的巨大海洋动物，渔民们说，它身长足有7

◆大王乌贼与抹香鲸的搏斗想象图

米，有的触手长达11米以上，触手上的吸盘直径达10厘米，眼睛足有脸盆大。渔民们用钩子钩住它，怪物挣扎了一会儿，不久就死去了。

直到深海潜水发达的今天，人们才真正拍到了大王乌贼的真实照片。

神奇的海洋生物

大王乌贼到底可以有多大

最大的大王乌贼可以有多大？要回答这个问题并不容易，人们并没有发现也不敢说自己发现的就是最大的。人们曾测量一只身长17.07米大王乌贼，其触手上的吸盘直径为9.5厘米。但从捕获的抹香鲸身上，曾发现过直径达40厘米以上的吸盘疤痕。

我们由此推测，与这条鲸搏斗过的大王乌贼可能身长达60米以上。如果真有这么大的大王乌贼，那也就同传说中的挪威海怪相差不远了。但这样大的吸盘疤痕也可能是抹香鲸小的时候留下，后来随抹香鲸长大而变大的，所以现在根本不能确定是否有这样巨大的乌贼。

本节回顾

1. 大王乌贼在分类学上是怎样分类的？
2. 你能说说有关海怪的故事并解释它们吗？

海洋大观园——海洋动物

潜水冠军——抹香鲸

抹香鲸是世界上最大的齿鲸。号称为动物王国中的"潜水冠军",这是由于它们在所有鲸类中潜得最深、最久。抹香鲸这种头重脚轻的体型极适宜潜水,加上它嗜吃巨大的头足类动物,它们大部分栖于深海,抹香鲸常因追猎巨乌贼而"屏气潜水"长达1.5小时,可潜到2200米的深海,称得上是哺乳动物潜水冠军。

◆抹香鲸

抹香鲸简介

在生物分类上,抹香鲸属于脊索动物门、脊椎动物亚门、哺乳纲、鲸目、齿鲸亚目、抹香鲸科。

抹香鲸分布于全世界各大海洋中,大多数生活在赤道附近的温暖海区,极少数到达北极圈内。在中国见于黄海、东海、南海和台湾海域。

神奇的海洋生物

◆水下抹香鲸

抹香鲸是齿鲸中最大的一种，头极大，前端钝，所以又称为巨头鲸，也名真甲鲸，体长18～25米，体重20～25吨。身体粗短，行动缓慢笨拙，容易被捕杀。现存量由原来的85万头下降到43万头。因其肠道内分泌物是极名贵的香料"龙涎香"，所以经常遭捕杀，现数量稀少，被列入《濒危野生动植物种国际贸易公约》。

抹香鲸的战斗

抹香鲸常与无脊椎动物之最的大王乌贼展开一场刀光剑影的相互残杀，大王乌贼最大者达18米，重30吨。有人曾在热带海洋看到抹香鲸与巨乌贼搏斗的激烈场面，它们从深海一直打到浅海，不是抹香鲸吃掉大王乌贼，就是大王乌贼用触腕把鲸的喷水孔盖住使巨鲸窒息而死

◆三鲸聚首

那样，抹香鲸反倒成为大王乌贼的"美餐"了。不过，大多还是抹香鲸胜。关于大王乌贼与抹香鲸之间的战斗，我国古籍《广异记》亦有记载，不过却是另外一种形式。

轶闻——抹香鲸大战大王乌贼

我国古籍《广异记》记载："开元末，雷州有雷公与鲸斗，身出水上，雷公

数十，在空中上下，或纵火、或电击，七日方罢。海边居民往看，不知二者何胜，但见海水正赤。"据估计，这里所描述的正是抹香鲸与大乌贼搏斗的一个激烈场面，不过文中显然过于夸大其词。抹香鲸最喜食大王乌贼，而这种乌贼身体巨大，目前已发现的最大个体有18米长。据报道，大洋深处也有30～40米长的乌贼。

◆抹香鲸捕食鱿鱼

抹香鲸要吞食如此巨大的庞然大物恐怕不会轻而易举，需要经过艰苦搏斗，但至多一两个小时，乌贼便葬身抹香鲸之腹了。除此之外，抹香鲸也食鱿鱼和各种小型鱼类，胃容量可达300千克以上，吞食量相当惊人。

龙涎香

◆龙涎香

抹香鲸有一种最珍贵的海产品——"龙涎香"，它的来源是，抹香鲸的大肠末端或直肠始端由于受到刺激，引起病变而产生一种灰色或微黑色的分泌物，这些分泌物逐渐在小肠里形成一种黏稠的深色物质，呈块状，一般重100～1000克，这种物质即为"龙涎香"。它储存在结肠和直肠内，刚取出时臭味难闻，存放一段时间逐渐发香，香胜"麝香"。龙涎香内含25%的龙涎素，是珍贵香料的原料，是使香水保持芬芳的最好物质，用于香水固定剂。同时也是名贵的中药，有化痰、散结、利气、活血之功效。若偶尔得到重达50～100千克的，便会价值连城，抹香鲸便由此而得名。

 神奇的海洋生物

 本节回顾

1. 请说出抹香鲸在分类学上的地位。
2. 龙涎香是从哪儿提取来的?

海洋大观园——海洋动物

世上我最大——蓝鲸

打个比方来说明蓝鲸之大。蓝鲸的头非常大，舌头上能站50个人。它的心脏和小汽车一样大。婴儿可以爬过它的动脉，刚生下的蓝鲸幼崽比一头成年象还要重。在其生命的头七个月里，幼鲸每天要喝400升母乳。幼鲸的生长速度很快，体重每24小时增加90千克。

◆蓝鲸

蓝鲸简介

在生物分类上，蓝鲸属于脊索动物门、脊椎动物亚门、哺乳纲、鲸目、须鲸亚目、鳁鲸科。

蓝鲸是世界上现存最大与最重的动物，因此它当然也就是须鲸中最大的一种，最长者是曾于南极海域捕获的一头雌鲸，长33.58米，体重170吨。

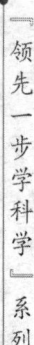

 神奇的海洋生物

蓝鲸到底可以有多重

◆蓝鲸戏水

由于蓝鲸巨大的体积，我们无法直接称它的体重。我们当然也不能用曹冲称象的方法，因为没那么大的船，因此大部分被捕杀的蓝鲸都不是整头称的，捕鲸人在称重之前将其切成合适的大小。因为血液和其他体液流失，这种方式低估了蓝鲸的体重。即使这样，有记载27米长的鲸重达150～170吨。目前科学家精确测量过的最大的蓝鲸重达177吨。

蓝鲸的速度

蓝鲸的速度很快，蓝鲸和其他鲸交互时冲刺速度可达每小时50千米，但通常的游速为每小时20千米。当进食时，速度降到每小时5千米。北大西洋和北太平洋的蓝鲸当下潜时会抬起它们的尾鳍，其他的大部分蓝鲸则不会。

◆出水的瞬间

蓝鲸食性

蓝鲸以浮游生物为食，主食磷虾。一头蓝鲸每天消耗2～4吨食物。

蓝鲸生殖

和一般生物一样，蓝鲸也是雌大于雄，另外是南蓝鲸大于北蓝鲸。

海洋大观园——海洋动物

蓝鲸作为哺乳动物，和人一样，是胎生。母鲸怀胎一年后才生小鲸。刚产下的幼鲸体长就有 7.5 米左右，重约 6 吨，经过 24 小时的喂奶，它的体重就能增加 100 千克左右，平均每分钟增加约 75 克。幼鲸经过 7 个月的哺乳后，体重可达到 23 吨左右，体长约 16 米，并开始学着张嘴吞食各种浮游生物。小蓝鲸要 5 岁才算成年。科学家估计蓝鲸的寿命至少到 80 岁。

◆漂亮的水帘　　　　　　　　　◆蓝鲸喷水

 链接——蓝鲸的联系方式

蓝鲸是世界上最大声的动物。那么蓝鲸之间是怎么联系的呢？有科学家认为这和蓝鲸的发声有关。

关于蓝鲸发声的意义，有些科学家提出了下面几个方面：

1. 保持个体间的距离；
2. 同类和个体识别；
3. 环境信息传递（例如觅食，警告，求偶）；
4. 保持群体联系（例如雌性和雄性间的交流）；
5. 地貌特征定位；
6. 食物定位。

◆搁浅的蓝鲸

蓝鲸保护

由于人类的捕杀和海洋环境的污染，1960 年，国际捕鲸委员会开始禁

神奇的海洋生物

止捕杀蓝鲸，此时已有350000头蓝鲸被杀，全世界的种群数量已经减少到不到100年前的1‰。目前，世界上只生存着不到50头的蓝鲸！

人类在海洋中的活动越来越频繁，不可避免地造成与海洋生物的冲突。

轶闻——蓝鲸相撞事件

◆相撞事件

据英国《每日邮报》报道，2009年6月，美国俄勒冈州州立大学的研究人员在圣巴巴拉海峡发现了一头浮在海面上的巨型蓝鲸，并确信该蓝鲸是与航道上的某艘船只相撞后身亡的。

据报道，该大学的海洋哺乳动物研究所的工作人员在乘坐小型研究船"太平洋风暴"号出海考察时，发现了这惊人的一幕。蓝鲸的肚子朝天漂浮在水面上，这是有史以来地球上最大的动物被路过的船只撞死事件。

研究人员认为，鲸可能受到从洛杉矶开出的货船猛烈撞击后死亡，当时圣巴巴拉海峡航道非常繁忙，船来船往。该大学的工作人员尚未就此发表评论，这些拍摄图片首次出现在《国家地理杂志》网站上。

"太平洋风暴"号长约25米（84英尺），研究人员通过现场对比目测，该鲸的长度大约是22米。画面惊人，看起来令人难以置信。

本节回顾

1. 请说出蓝鲸在分类学上的地位。
2. 蓝鲸是如何相互联系的？

海洋大观园——海洋动物

滑翔冠军——信天翁

过去，迷信的水手将信天翁视为是不幸葬身大海的同伴亡灵再现，因此深信杀死一只信天翁必会招来横祸。塞缪尔·泰勒·柯勒律治的著名诗篇《古代水手的诗韵》正是叙述了在一只信天翁被枪杀后灾难是如何降临到一艘船上的。

◆信天翁长距离的助跑

信天翁简介

信天翁是脊索动物门、鸟纲、鹱形目（信天翁目）的统称。

信天翁（Albatrosses）有最长的鸟翼，它们是滑翔冠军，信天翁以毫不费力的飞翔而著称于世，它们能够跟随船只滑翔数小时而几乎不拍一下翅膀。信天翁是出了名的食腐动物，喜食从船上扔下的废弃物。

信天翁求偶及生殖

信天翁求爱时，嘴里不停地唱着"咕咕"的歌声，同时非常有绅士风

神奇的海洋生物

◆起飞瞬间

度地向"心上人"不停地弯腰鞠躬。尤其喜欢把喙伸向空中,以便向它们的爱侣展示其优美的曲线。

信天翁寿命相当长,平均可存活30年。但它们繁殖较晚。虽然3~4岁时生理上就具备了繁殖能力,但实际上它们在之后的数年里并不开始繁殖,有些甚至直到15岁才进行繁殖。当一对配偶关系确立下来后,通常就会一直生活在一起,直到一方死亡。

常见的几种信天翁

短尾信天翁

它们属于国家Ⅰ级濒危保护动物,列入保护的原因主要有以下几点。

1. 人类为获取其羽毛而过度猎捕。

2. 人类用来捕捉鱼类的钓鱼线,加起来长达130多千米,上面

◆短尾信天翁

有成千上万安放诱饵的钩子,短尾信天翁在追捕鱼类时,常误被钩子勾住而被淹死。

3. 海洋污染,影响了其栖息地,食物减少。

漂泊信天翁

漂泊信天翁(Wandering Albatross)翼展达3.5米,生活在南大洋,平均寿命22.8年,一生有十分之九的时间生活在海上。信天翁多生活在南半球。在南纬40度

◆漂泊信天翁

的地带，每月有 27 天是猛烈西风掀起巨浪的日子，这里是信天翁的理想天堂。它常利用西风从西向东作长距离的飞行，10 个月飞行 1.5 万千米。

另处还有黑脚信天翁等。

本节回顾

1. 请说出信天翁在分类学上的地位。
2. 请举例说出几种信天翁。

 神奇的海洋生物

南极绅士——企鹅

  1488年，葡萄牙的水手们在靠近非洲南部的好望角第一次发现了企鹅。但是最早记载企鹅的却是历史学家皮加菲塔。他在1520年乘坐麦哲伦船队的船在巴塔哥尼亚海岸遇到大群企鹅，当时他们称之为不认识的鹅。

  因为企鹅身体肥胖，它们经常在岸边直立远眺，好像在企望着什么，因此人们便把这种肥胖的鸟叫做企鹅。1620年法国的Beaulier船长在非洲南端首度惊见会潜游捕食的企鹅时，称其为"有羽毛的鱼"。

◆企鹅

企鹅漫谈

  在生物分类上，企鹅是鸟纲、企鹅目（Sphenisciformes）、企鹅科所有种类的通称。

  世界上总共有18种企鹅，其中帝企鹅和王企鹅，是最大型也是最漂亮

的企鹅。它们全分布在南半球；南极与亚南极地区约有8种，其中在南极大陆海岸繁殖的有2种，其他则在南极大陆海岸与亚南极之间的岛屿。企鹅常以极大数目的族群出现，占有南极地区85%的海鸟数量。

特征与环境

企鹅是地球上数一数二可爱的动物。它们有自己一些特有的特征来适应环境。首先是不能飞翔；脚生于身体最下部，故呈直立姿势；趾间有蹼，前肢成鳍状；羽毛短，以减少摩擦和湍流；羽毛间存留一层空气，用以绝热。背部黑色，腹部白色。各个种的主要区别在于头部色型和个体大小。企鹅双眼由于有平坦的眼角膜，所以可在水底及水面看东西。双眼可以把影像传至脑部作望远集成使之产生望远作用。

企鹅是一种最古老的游禽，它很可能是在南极洲还未穿上冰甲之前就已经在南极安家落户。南极虽然酷寒难当，但企鹅经过数千万年暴风雪的磨炼，全身的羽毛已变成重叠、密接的鳞片状。这种特殊的羽衣，不但海水难以浸透，就是气温在零下近100℃，也休想攻破它保温的防线。南极陆地多，海面宽，丰富的海洋浮游生物成了企

◆潇洒一跃

◆它们在期待什么吧

◆潜游中的帝企鹅

神奇的海洋生物

充沛的食物来源。

企鹅是一种鸟类,因此企鹅没有牙齿。企鹅的舌头以及上颚有倒刺以适应吞食鱼虾等食物,但这并不是牙齿。

广角镜——企鹅的本事

企鹅游泳的速度十分惊人,成体企鹅的游泳时速为20～30千米,比万吨巨轮的速度还要快,甚至可以超过速度最快的捕鲸船。企鹅跳水的本领可与世界跳水冠军相媲美,它能跳出水面2米多高,并能从冰山或冰上腾空而起,跃入水中,潜入水底。因此,企鹅称得上游泳健将、跳水和潜水能手。

◆潜游的瞬间

企鹅性情

企鹅的性情憨厚、大方,十分逗人喜爱。尽管企鹅的外表道貌岸然,显得有点高傲,甚至盛气凌人,但是,当人们靠近它们时,它们并不望人而逃,有时好像若无其事,有时好像羞羞答答,不知所措,有时又东张西望,交头接耳,唧唧喳喳。那种憨厚并带有几分傻劲的神态,真是惹人发笑,也许,它们很少见到人,是一种好奇的心理使然吧。

◆瞧这三个道貌岸然的家伙

海洋大观园——海洋动物

企鹅会飞吗

企鹅是一群不会飞的鸟类，那么它的祖先到底会不会飞呢？

1887年，孟兹比尔提出过一个理论，认为企鹅有可能是独立于其他鸟类，单独从爬行类演变进化而来的。企鹅的鳍翅不是鸟类的翅膀变异形成的，而是由爬行类的前肢直接进化形成的，企鹅根本没有经历过飞翔阶段。

后来，科学家们在南极发现了一种类似企鹅的动物化石，它高约1米、体重有9千克，具有两栖动物的特征。这个发现似乎印证了孟兹比尔的猜测。

1981年，日本也发现了一种类似企鹅的海鸟化石。专家认为，这是一种距

◆我欲高飞

今3000万年、不会飞的原始企鹅的化石，或许它就是现代企鹅的史前祖先。近年，鸟类学家在研究了北半球的海鸦化石的构造之后提出，距今3000万年前美洲沿岸生活的一种海鸦可能与企鹅的起源关系密切。这种已灭绝的海鸦也是一种不会飞行的海鸟。科学家们认为，尽管企鹅与海鸦，一个生活在南半球，一个生活在北半球，但它们骨骼形体却有许多相似之处，不会非亲非故吧？从以上证据来看，企鹅的祖先就是一种不能飞翔的动物。但是，有些动物学家对此持不同看法。他们依据多年积累的研究资料，断言企鹅的祖先应该是会飞行的。因为从现代企鹅的身体结构上依然能找到它们会飞翔的远祖遗留给后代的烙印。

 轶闻——企鹅趣闻

2008年8月15日，一只名为尼尔斯的企鹅在爱丁堡动物园"检阅"了挪威

神奇的海洋生物

◆ "检阅"皇家卫队

皇家卫队。这只企鹅是尼尔斯企鹅家族的成员,一直承袭着挪威军队授予的军衔,如今又被授予"爵士"封号。

这只"企鹅爵士"全名为尼尔斯·奥拉夫,它成为挪威历史上第一个"带翅膀"的爵士。这位黑白相间的爵士大摇大摆地检阅了皇家卫队,显得神气十足。

企鹅的未解之谜

北极有北极熊,南极有企鹅,但这样一个看似简单的问题却难倒了许多科学家,那就是,虽然北极和南极的气候和环境极为相似,但为什么北极只有北极熊没有企鹅,而南极却只有企鹅没有北极熊呢?一些科学家根据板块漂移理论推论,认为北极熊和企鹅原本生活在同一大陆,后来由于板块漂移,它们分属不同板块,越漂越远,直到现在一个在北极,一个在南极,遥遥相望。这种解释因为缺乏证据而不足以服众,而这个悬念一旦揭开,对生物演变、地球演变都将有不一般的意义。

> 为什么北极只有北极熊没有企鹅,而南极却只有企鹅没有北极熊呢?

本节回顾

1. 请说出企鹅在分类学上的地位。
2. 企鹅有哪些特点适应于极地的环境?
3. 企鹅会飞吗?

人类最大的宝库

——海洋生物资源

  海洋中蕴藏的经济动物和植物，是有生命、能自行增殖和不断更新的海洋资源。

  富饶的海洋是生命起源的摇篮，地球上许多生物就是从海洋中发展起来的，至今仍有80％的动、植物生活在海洋中。在动、植物界的63个纲中，海洋中竟有51个纲。海洋生物约有20多万种，按其性质不同分为海洋植物、海洋动物和海洋微生物。依其生物习惯又分为浮游生物、游泳动物和底栖生物。海洋生物资源的种类尽管很多，但构成海洋生物的主体仍是鱼类，当然还应该包括经济无脊椎动物、海藻等，除上述几大类资源外，我国沿海和近海还有许多其他资源。

人类最大的宝库——海洋生物资源

丰富的食谱——海洋食品

研究表明，世界上动物蛋白的最大资源库是来自于全球海洋总的渔获量，而目前海洋的动物蛋白占人类所需动物蛋白的20%左右。然而，这些水产品的加工率（折合原料计），发达国家为70%，我国仅为30%，尚有极大的利用空间。因此海洋生物技术的运用，必将提高渔获物的加工率，提高水产品的利用率。

◆烤鱿鱼丝

海洋食品功效

海洋生物越来越多地成为人类保健食品、海洋药物的重要来源，因为它们具有独特的营养价值，含有多种生物活性物质。

海洋生物含有独特的脂肪酸和特殊的生物活性物质。随着生命科学的发展，人们发现在许多生物资源中含有对生物体和人体具有重要的

◆鳗鱼干

"领先一步学科学"系列

 神奇的海洋生物

调控生理功能作用的有效成分,甚至其中不少对维系生态环境和生命的最佳状态具有重要意义。

海洋食品种类

海洋食品种类繁多,比如说,深海鱼类、海贝类、深海虾类、海菜类。其烹饪方式也多样,海洋生物为人类提供了丰富的蛋白质来源。

 **本节回顾**

1. 海洋食品的功效。
2. 你能说出几种常见的海洋食品吗?

人类最大的宝库——海洋生物资源

保护人类的健康——海洋药物

与陆地共同承载着全球人口重负的海洋占地球表面积的70.8%。她是生命之源，人类物质资源的天然宝库，较低等的海洋生物物种约有20多万种。海生植物也有2.5万余种，为陆地上的5～10倍；海洋动物种数约为陆地动物种数的60%；海洋微生物品种众多，前些时候有美国科学家发现一些地方，每0.09平方米的海泥上能找到十多种尚未能认识的新生物。海水中溶存的元素近80种，约有17种是陆地上稀缺的。因此，海洋是我们药物开发的极佳资源。

◆海洋

海洋药物发展现状

现代海洋药物

我国是应用海洋湖沼药物最早的国家之一，我国目前确定的沿海药用

神奇的海洋生物

◆中华人民共和国药典

生物达1000余种。而我国现代海洋药物研究，可以说是从1978年3月全国科技大会上关美君研究员"向海洋要药"的提案被国家科委、卫生部采纳后开始的。

目前我国正式批准生产的中成药发展到不少于40个剂型，品种数量更多，其中海洋药物参加组方的不少于700味，湖沼药物超过1000味。因此在我国，海洋药物已形成了一门独立的新兴学科，为海洋经济发展鼎盛时期的到来打下了坚实的基础。

传统海洋药物

现代海洋药物发展喜人，而传统海洋药物中，如今有些种类今天仍生机勃勃，各版药典均有收载，《中华人民共和国药典》收载了海藻、瓦楞子、石决明、牡蛎、昆布、海马、海龙、海螵蛸等10余个品种。其他主要还有玳瑁、海狗肾、海浮石、鱼脑石、紫贝齿及蛤壳等。

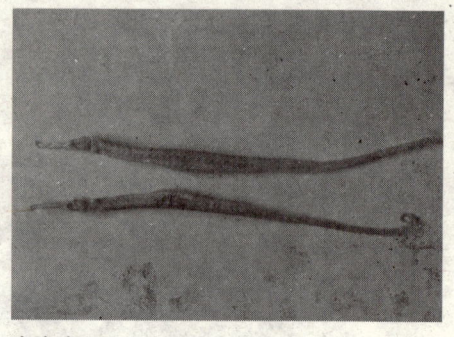

◆海龙

扩大药物来源

加快和扩大药物的来源成为重中之重。

多年来，我国海产养殖发展较快，许多种海洋药用生物养殖成功，有的已实现了大面积的人工生产和工业化生产，改变了完全依附于自然的被动、落后状态，比如说海马。所以说海洋药用资源的养殖是扩大药物来源的重要途径。

海带为药食兼用的资源，由于生产技术十分成熟，养殖非常普遍，目前产量居世界首位。其他已实现人工养殖的海洋药用生物有牡蛎、海参、

人类最大的宝库——海洋生物资源

珍珠、海胆、鲨、紫菜、裙带菜、江蓠、石花菜、记麒麟菜和巨藻等。

海洋药物研究特点

近几十年来，海洋药物研究一个突出的特点是致力于新药和新产品的开发。目前我国研制开发并投入生产的许多海洋新药已取得了很好的经济效益和社会效益。

◆海马

 万花筒

海马养殖

海马由于其药用价值很高，所以需求量很大，人们过去一向靠捕捞，药用难以保障，屡屡出现货源吃紧的情况。经过多年研究，掌握了海马的繁育技术，目前我国广东、山东、浙江等地已先后建立起海马人工饲养场，已经能够提供一定的货源。

海洋药物功效

海洋药物中含有许多活性物质，我国研究报道的就有数十种。例如，从刺参体壁分离得到的刺参甙和酸性粘多糖等。我国产的具有抗肿瘤作用的海藻类主要有石莼、肠浒苔、鹿角菜、海黍子、萱藻、海萝、叉枝藻及刺松藻等；海贝类及棘皮动物中亦含多种抗癌物质。

用于医治心血管疾病的活性物质有蛤素、鲨鱼油、海藻多糖等；浒苔属的一些种及北极礁膜、酸藻、鼠尾藻、钝顶凹藻

◆柳珊瑚

167

神奇的海洋生物

◆海带

等都有此作用；抗癌活性物质有从柳珊瑚及海藻等生物中发现并获得的前列腺素及其衍生物。

随着人们生活水平的提高和节奏的加快，健康问题显得犹为重要。海洋保健食品的开发近年来十分活跃，仅海藻类食品就有30多种。我国沿海民间历来有自制茶饮和冻粉、冻胶等食品的传统，用以清热解暑、消食、解毒和消除疲劳等。

研究应用方向

抗心血管疾病的药物

到现在为止，已研究出多种可供预防和治疗心血管疾病的药物，如萜类、多糖类等均具有抑制血栓形成和扩张血管的作用。而研究发现另外有50多种海洋生物毒素不仅具有强心作用，而且还有很强的降压作用，其中，对河豚毒素的抗心律失常作用研究较多。

◆刺参

此外，尚有多种不饱和脂肪酸、肽类和核苷类等物质，而螺旋藻类对高血脂和动脉粥样硬化有较好的预防和辅助治疗作用。

抗菌、抗病毒

与海洋动植物共生的微生物是一种丰富的抗菌资源，日本学者发现约

人类最大的宝库——海洋生物资源

27％的海洋微生物具有抗菌活性。目前从海洋生物中已分离得到脂肪酸类、丙烯酸类、苯酚类、吲哚类等具有抗菌活性的化合物，国内已开发了系列头孢菌素等海洋抗菌药物。

另外已分离得到萜类、核苷类、生物碱类、多糖类、杂环类等具有抗病毒活性的化合物，国内市场上已有一些产品上市。

◆贻贝

免疫调节

海洋有具免疫调节剂的天然产物。例如具有免疫调节活性的角叉藻聚糖，是来自大型海藻的硫酸化多糖的一大类成分，被广泛用于肾移植的免疫抑制剂和细胞应答的修饰剂。

抗肿瘤药物

癌症一直以来是人类最为头痛的疾病之一。研究抗癌药物有很重大的实际意义，而这个希望可能来自于海洋，抗肿瘤活性物质一直是海洋药物研究的主要方面。

现已发现海洋生物提取物中至少有10％具抗肿瘤活性，包括核苷酸类、酰胺类、聚醚类、大

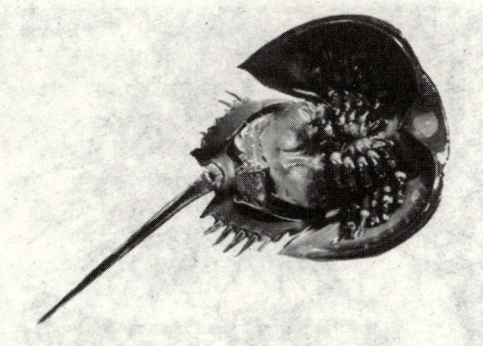

◆中国鲎

环内酯类等化合物，其中阿糖胞苷等已形成药物。美国每年有1500个海洋产物被分离出来，1％具有抗癌活性，目前，已经有很多个海洋抗肿瘤药物进入临床研究，还有更多的处于临床前研究。

消炎镇痛

Manoalide 是从海洋天然产物中分离得到的最引人注目的活性成分,因为它可以用作磷酸酯酶 A2 抑制剂,大约 30 年前已被作为典型的抗炎剂在临床应用。

◆寄居蟹

消化系统类

从海盘车中提取的海星皂苷和总皂苷对胃溃疡的愈合作用优于甲氰咪胍;壳聚糖衍生物对胃溃疡的疗效确切、治愈率高,已进入临床试验。国内某些药厂配合中药制成的海洋胃药在临床上取得较好效果。

泌尿系统类

◆紫海胆

因为具有抗凝血、降血脂、防血栓、抗肿瘤及改善微循环、抑制白细胞等作用,褐藻多糖硫酸酯在临床上用于治疗心脏、肾血管病,特别对改善肾功能、提高肾脏对肌酐的清除率作用尤为明显。首先用于治疗慢性肾衰及尿毒症,有明显疗效,且无毒副作用,现已按国家二类新药获准进入临床研究。这将是一个非常好的信息。

人类最大的宝库——海洋生物资源

加强传统海洋中成药和中药材的利用

由于海洋生物资源的过度捕捞等许多原因，使天然资源不能满足日益增长的需要，必须增加药源。这就要求有计划地开发海洋传统养殖业，扩大养殖品种，从而制成海洋中成药系列产品，促进销售，同时带动海洋养殖业的发展。

为此，以海洋药用资源与中药资源的优势结合，对确有疗效的民间单方、验方、秘方进行发掘整理，配以海洋药源，加强科学组方，制成使用方便的新剂型。当然这一切必须要很好规划，合理开发。

◆对虾

重新开发功能性食品

把海洋生物中的活性成分，制成风味独特、保健功能显著的海洋功能食品，使各个优点统一起来，这有助于拓宽海洋药物的研究领域，具有重大的现实意义。

这些活性物质有许多，它们包括甲壳素及其衍生物、鱼油保健品、海藻保健品、浓缩水解蛋白、牛磺酸、维生素、磷脂质、活性多糖、膳食纤维、矿物元素等。

◆斑海豹

"领先一步学科学"系列

 神奇的海洋生物

 展望——海洋生物与制药

　　海洋功能食品发展有它自己的趋势,那就是要针对常见病、多发病和疑难病的不同人群,学会运用多学科的现代高新技术方法,尽可能保留海洋生物的天然特点和营养成分,研究开发高技术含量、高功能、高效益的海洋功能食品新品种。

 **本节回顾**

1. 我国海洋药物研究发展现状。
2. 海洋药物研究目前有哪几方面?

人类最大的宝库——海洋生物资源

开辟新天地
——海洋农业和新材料开发

　　海洋生物中，特别是海藻中有许多种类含有各种活性物质，以及陆地上缺乏的矿质元素。因此海洋生物农药和肥料有很大的发展空间，利用海洋生物各种特性和能力，还可以合成和生产其他新材料。

◆海洋生物与新材料

海洋农业

　　海藻生物肥作为一种全新的发展领域，是以海藻提取物为核心物质的肥料，作为一种新型的海洋生物制剂，其显著的抗病功效越来越受到国内园艺草坪种植者的青睐。

 小书屋

　　海藻中含有的特殊种类有机物质，可以调节细胞质和叶绿体的渗透压，保护一系列酶在植物受病虫伤害的细胞内转化为活跃的抵抗性化学物质，增强抗虫、抗病菌能力。这也就是海藻肥具有抗病功效的直接原因。

 神奇的海洋生物

新材料开发

◆海藻

美国科学家正在研究把银胶菊基因转移到海藻，企图利用蓝藻大量生产天然橡胶；日本 TDK 公司从 1988 年起与东京农业研究所合作，研究从磁细菌生产超高密度的磁性记录材料。这些都是海洋生物技术的应用成果。

 **本节回顾**

1. 海洋生物作为肥料与传统化肥比较有哪些好处？
2. 请查阅相关资料，找一找还有哪些新材料是利用海洋生物开发的？

人类最大的宝库——海洋生物资源

向海洋要动力——生质能源

美国能源信息署（EIA）最新预测结果显示，随着世界经济、社会的发展，未来世界能源需求量将继续增加。他们预计，2020年达到128.89亿吨油当量，2025年达到136.50亿吨油当量，年均增长率为1.2%。欧洲和北美洲两个发达地区能源消费占世界总量的比例将继续呈下降的趋势，而亚洲、中东、中南美洲等地区将保持增长态势。

◆生物能源与民生

能源现状

随着世界能源消费量的增大，二氧化碳、氮氧化物、灰尘颗粒物等各种环境污染物的排放量逐年增大，化石能源对环境的污染和全球气候的影响将日趋严重。而传统能源物质也日渐枯竭，因此新能源的开发势在必行。一些天然气水合物、含气油页岩、地热、油砂和铀矿资源等非传统能源便纷纷登上舞台。同时生物能源也被提上日程。

神奇的海洋生物

海藻与能源

◆海藻

有人推测，21世纪将出现以海藻为原料生产氢燃料的行业。海藻是当今世界上生物量最大、最古老的植物之一。海藻是制造氧气与食物的重要基础，国外有些研究机构正在研究开发产氢藻和产油藻，利用固定化藻类生产氢能。比如说美国海洋能源研究所已开发出从养殖海藻提取燃油的实用技术。每平方米水面的海藻每年可提取燃油150升以上。大面积种植产量将相当可观。海藻可以净化水质，同时也是海洋生物栖息、产卵、觅食的地方，其对海洋生态之平衡与稳定，以及资源之保护有不可忽视的影响力。

巨藻的价值

最具有潜力的海洋生质燃料——巨藻被誉为"海洋速生林"，巨藻在海藻中个体大、生长快、产量高。每公顷产量达50～80吨。这相当于每年每公顷将400兆焦耳的太阳能转变成化学能，此时，太阳能的转换效率高达2%。更为可喜的是，海藻生产过程在肥料、人工、机械等方面的成本也较陆地能源作物所需的成本要低。

知识窗

生质能

生质能是指所有有机物，如水生植物、农作物的残渣、牲畜的排泄物、制糖作物、薪柴、城市垃圾及工业废水等，经由各式自然或人为化学处理合成为液体、气体或固体燃料，这种能量即为生质能。

人类最大的宝库——海洋生物资源

荷兰的立场

积极开发海洋生质农场的国家——荷兰。

荷兰可能是国际上最积极开发海洋生质农场的国家了。由于荷兰政府本身早已建立了大规模离岸风能发电园区,整个计划风能发电的装置容量将达到 6000MW,海上风机园区涵盖的面积将达 1000 平方千米。因此,培植绿藻、褐藻与红藻等能源作物的场所完全可以利用风机基地设备而得以解决,而且

◆离岸风能

这样一来,不仅降低整体园区海洋工程开发与建置的成本,更为重要的是减少了海浪破坏风险。

荷兰结合离岸风能发电园区与海洋能源作物农场的全新创意,不仅突破了建置海洋农场相关海洋工程难题,而且海洋作物在天然环境中生长,不易大量收割的困境,也因为采收船机械化收割技术的发明,以及巨藻成藻的叶片较集中于海水表面,而得以有效解决,一举多得。

微藻——新的契机

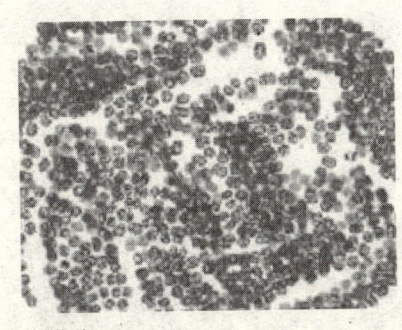
◆微藻

微藻是一种绿色生质能源,自工业革命以来,世界经济大幅度成长,得益于人类大量使用煤、石油、天然气等化石燃料,促使工业快速发展。然而这种毫无节制地开发与使用化石能源却逐渐引发各种问题,其中尤以能源耗竭和温室效应最为严重。

早在 1980 年就有相关学者提出,使

神奇的海洋生物

◆甲醇柴油

用微藻产油作为生质柴油来源的想法,但并未受到重视。直到近年来因原油价格的攀升,开发再生能源的意识逐渐增强,微藻生产生质柴油的想法才受到各界关注。

目前许多人已经意识到,存在着这样一种可能:就是利用微藻生产生质柴油以取代目前的化石柴油。有科学研究表明,微藻生产油脂有一定的优势:在1公顷的土地上培养微藻,年产量可高达100吨以上,远高于种植其他植物的年产油量。

当然就目前来说,生质柴油每公升成本仍高于化石柴油,可是如果,不,应该说必定,原油的价格会持续上涨,而微藻的培养技术则将不断改善,在这样的情况下,微藻生产的生质柴油取代化石柴油将在不久的将来得以实现。因此关键在于如何降低培养微藻生产优质油脂的成本。

本节回顾

1. 请说说当前能源的现状。
2. 生质能源有哪些好处?

人类最大的宝库——海洋生物资源

可持续发展
——合理利用海洋生物资源

在自然界中，一切能为人类利用的自然要素都可以称作为自然资源。海洋生物资源属于一种自然资源，但是它和别的自然资源又有不同的特点：它是一种生物圈资源，因此它具有生物的一些特征，比如其重要特征是具有可更新性，这一特征反映出这种资源有生命，有自然更新能力。

如果我们能够合理利用适宜的自然环境，便可以保持生物资源的生态平衡，不断更新繁衍，被人类持续利用，这恰恰就像生物一样。否则，则日趋衰退，崩溃灭绝。

◆海洋生物与海洋污染

海洋生物资源的合理开发

许多海洋生物资源日趋衰退、崩溃灭绝和人类的活动是分不开的。自从航海技术飞速发展后，人们对于海洋不再是如神一样的敬重，而是不断

神奇的海洋生物

◆渔船

地、毫无节制地开发和利用，其中滥捕和捕捞过度，是引起许多重要海洋生物资源下降的原因。

这里讲的是世界上许多传统性经济鱼类，都因过度捕捞而日趋衰竭。就拿我国来说，近些年来，中国近海渔业资源也遭受到严重的破坏。

由于大规模使用海底拖网，且网孔越来越小，把大量幼鱼都捕捞上来了。后果是渔获物中成鱼减少，幼鱼增多；优质鱼比例下降，劣质鱼比例大幅度上升。存活幼鱼的减少又直接导致了鱼群的整体数量降低，这样在数量和质量上双向同时下滑。现在，黄海的带鱼和小黄鱼，已形不成渔汛。东海的大黄鱼和带鱼，产量大幅度下降。

其次还有环境的污染导致许多鱼类或其他海洋生物的产卵地遭到严重被坏，甚至是某些海洋生物濒临灭绝。因此保护海洋生物资源，使人类可持续利用，成为海洋资源开发利用的关键。只有保持了海洋生物的多样性，才能保持海洋资源的可持续开发，才能保证人类社会和文明不断进步。

保护海洋生物资源，需要多个方面共同配合才能有成绩，具体来说，一方面必须加强海洋渔业环境保护，尽量预防和消除海洋环境污染，另一方面就是做到合理捕捞，既要使人类捕捞的产量达到最大，又要使海洋生物资源有所增长。其三，可以建立相关法律法规来保证各项工作的落实。

每一种海洋生物资源，每年都会因疾病死亡、被捕食或被捕捞而损失一部分，同时每年又因个体生长和幼体补充而增加一部分。这是自然界正常的法则，而这个补充量与损失量之差，就应该是每年适宜捕捞的数量。

人类最大的宝库——海洋生物资源

 万花筒

合理利用

所谓合理利用,就是根据海洋生物资源分布的区域性特点,从实际出发,因地制宜,按照海洋生物资源的分布、习性等各种特点和规律进行综合性开发和利用。

 链　接

我国渔业

我国近海渔业资源从20世纪60年代后期起就开始衰退。其中带鱼从年产量100多万吨降到50万吨左右,而更难以置信的是小黄鱼几乎不见。大黄鱼年产量不足3万吨。

实现海洋农牧化

海洋农牧是开发海洋生物资源的一种新途径化,我们可以理解这就像陆地农业种植庄稼、放牧牲畜那样在海洋中开展海洋生物的养殖和增殖。

目前,在鱼类养殖方面,世界上已养殖的鱼类约100种,但能形成规模化的仅20种左右。中国已具有多种经济鱼类人工繁育苗种和网箱养殖、人工增殖的经验和技术。虾类和藻类的养殖在世界上占较大的比重,也是中国的主要养殖品种。我国当前的主要养殖品,贝类约近100种,主要有牡蛎、贻贝、扇贝、蛤、鲍等。

海水养殖有比较多的优点。首先是海的面积大,因此提供了广阔的水域可供养殖和增殖,并且有充分的天然饵料,比如说各种元素和化合物,

目前许多国家都制定了相应的法律法规,包括禁渔区,禁渔期,最小捕捞长度,禁止捕捞亲鱼和幼鱼,还规定最小网目、规格、捕捞工具、最适捕捞量等,并建立相应的监督管理机构和管理队伍。

神奇的海洋生物

其次可养殖的品种多。正是因为海洋生物的多样性，使得人们可养殖的海洋生物品种也多样。因此国外不少专家预测，21世纪初世界海水养殖产量可比20世纪增加10倍左右。

在浅海开展海洋生物的增殖放流是一种不错的方法，不但可以补充自然种群，而且可以提高产量，是实现海洋水产农牧化的重要途径，有着广阔的前景。这具体是利用海洋中天然的生物生产力，选择一些合适的海洋生物种类，把人工培育的种苗，放养到天然海域中，经过一段时间的生长、发育后，再加以捕捞的一种方法。

◆海水养殖

> 目前世界上主要海水增殖养殖类型有许多种，比如说全人工养殖、利用人工育种和杂交品种高密度养殖，把人工繁育的苗种，放流到天然水域中增殖；采取天然苗种养成商品规格上市等等。

开发海洋生物新资源

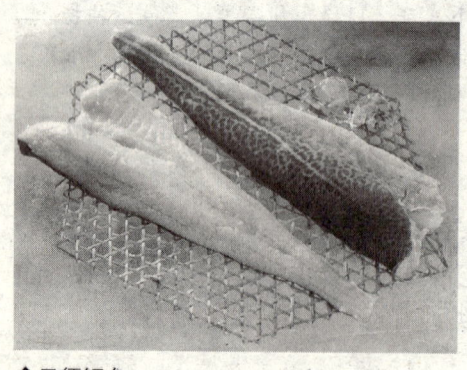

◆无须鳕鱼

世界海洋渔获量分布是不均匀的，首先表现在地域分布不均，而更直接影响到我们人类生产生活的是水层分布不均。据了解，目前，92%的渔获量来自大陆架海区，大洋和深海鱼类捕捞甚少。

深海鱼类主要有蓝牙鳕、长尾鳕、黑鲔鲽、金眼鲷、灯笼鱼、水珍鱼等，大洋上层鱼类主要有金枪鱼等。

深海鱼类种类虽然不丰富，然而深海中大型无脊椎动物资源却相当丰

人类最大的宝库——海洋生物资源

富,而这些深海生物资源的开发,还得依赖于捕捞技术的提高。相信,随着深海捕捞技术的革新,深海鱼类资源的开发将成为今后海洋生物资源开发的主要方向。

在南大洋海域内磷虾有7~8种,数量最多并作为最大潜在渔业资源引起世界各国关注南极磷虾,它是目前人类所发现的生物中含蛋白质最高的一种。

据一些科学家推测,一年捕捞700万吨磷虾,就可以为全世界四分之一的人口每天提供20克高质量蛋白质的食物。而南极磷虾的现有资源是在几亿吨到几十亿吨之间,年可捕量在几千万吨到2亿吨之间。资源相当丰富。目前海洋中尚未开发的资源还有许多,都等着我们去一一探索。

 **本节回顾**

1. 合理开发海洋生物资源有何意义?
2. 请谈谈你对合理开发海洋生物资源有何建议?

 神奇的海洋生物

向生物学习
——海洋生物的仿生学

  海洋生物,它们是一群自然的使者,带给人们以丰富的想象和大胆的设计,这是因为它们都是经过海洋数亿年的精雕细琢,锤炼出了适应海洋生活的奇妙无比的技能。它们各自有独特的本领来适应这特定的环境,它们是人类的良师益友,因为它们启发了我们。

  充分利用海洋仿生学的研究成果,将大大加快人类科技产业进步和社会发展的历史进程。通过探索它们的奥秘,完全可能也必然会为发展更加先进的技术提供不尽的源泉,这在远古时代就已经有所体现了。

◆潜艇

早期模仿

  早在远古时代,人们就已开始模仿生物了。舟船、舵和桨,就是古人依照鱼的形状以及鱼尾和鱼鳍发明出来的;就连人们的游泳术也是向海洋

人类最大的宝库——海洋生物资源

生物学来的,至今人们不是还习惯地使用"蛙泳"、"豚泳"吗?当然这还只是简单的模仿学习,算不上是仿生学的研究。只有今天这样的科学技术高度发展的时代,我们才有可能真正掌握生物的"秘方",进而变为发展新技术的"良策"。

真正的启示

蛤壳使人类得到建筑巨大薄壳房顶的启示,乌贼启发了喷水拖船的制造;鲨眼促成了"鲨眼电子模型"的诞生,从而使人们可以通过加工各种照片来获得清晰的图像;依据海豚的体形、皮肤结构等特点,设计出的潜艇、鱼雷和小型船只的水下部分,可减少阻力 20%~50% 等。

◆薄壳结构

另外人类的仿生研究和开发的重要课题,还包括海洋动物对海水的淡化能力,生物光、生物富集的能力,潜水、通信、定位和导航的能力。

仿生学的未来

仿生学是一门年轻的科学,也是一门古老的科学,说它年轻,是因为它的集中、系统的研究只

◆蛤壳

有短短数十年的历史,说它古老是因为古人早就开始了这方面的模仿,然而,尽管还年轻,她已展示出了强大的生命力,做出了许多很有价值的贡献。可以预测,随着人类科学技术的发展,她的前途将是无量的。

生物的进化已有 35 亿年以上的悠久历史,使海洋成为地球上生命的摇

神奇的海洋生物

篮,它的广阔,它的深远,为人们提供了无穷的奥秘,等待着人类用智慧去发现,去揭示。

21世纪将是生物科学的世纪,将是生物科学与其他科学技术密切融合、相互渗透和促进的时代,因此从人类已有的自然科学历史及其已有的成果来看,从自然科学发展应用趋势上来看,生物科学与技术科学的结合是不可避免的。它不仅能促进生命科学的发展,而且还给科学技术的发展提供一把万能的钥匙,使生物的种种奥妙无穷的机能或规律成为人类科学技术的宝库。在这方面,仿生学,特别是海洋仿生学将扮演一个十分重要、突出的角色。

◆潜行中(想象图)

◆海豚

本节回顾

1. 什么是仿生学?
2. 关于仿生学的例子,你还能举出哪些?

不要摧残地球
——保护海洋环境

　　保护海洋环境，就是保护我们共同的家园，海洋生物的多样性为我们提供了丰富的自然资源，海洋看似极大，可作为一个生态系统而言，它又是弱不禁风。

　　世界在工业革命之后发生了翻天覆地的变化，人们的生活水平、物质生产以及思想变迁都经历过重大的转变。然而这工业革命所造就的经济辉煌却是以摧残地球为代价的。近百年来，人类活动对地球环境的影响之巨超过了以往几千年的总和，海洋环境当然也不能幸免。具体来说，主要表现在三个方面：赤潮、溢油和倾废。

不要摧残地球——保护海洋环境

不能承受之污——倾废

海洋倾废是指人类向海洋倾泻废弃物，它包括疏浚工程的泥沙、工业废物、污水软泥、旧建筑物破坏碎屑、炸药和放射性废物等。海洋倾废作为减轻陆地环境污染的处理方法之一，许多国家都用此法处理废物。以致全球每年向海洋倾废量达200亿吨。向海洋倾泻放射性废物总量不断增加。

海洋倾废是导致海洋污染的直接因素之一，已引起人们广泛关注。

◆合理倾废

防止倾废的措施

可以采取多种方式进行治理，使得在经济总量和污染物产生量有较大增长的同时，污染物排放总量得到较好的控制，污染物入海总量有所减少，比如严格控制陆源、船舶和养殖污染物的排放，加大综合整治力度，推行清洁生产审核，调整产业结构，强化源头控制，规范建设项目环境管理等。

加强治理

加强重点工业污染源的治理，推行清洁生产。采用高新技术改造传统产业，减少工业废物的产生量是措施之一，这样可以实现污染物的减量化、无害化和资源化。

 神奇的海洋生物

控制排放

控制农业面源污染和海水养殖污染也是方式之一,可以通过生态省、市、县的创建活动,积极发展生态农业,减少化肥和农药的施用量,规范畜禽养殖场建设,污染物集中处理,达标排放。颁布海水养殖污染物排放标准,严格控制海水养殖规模,推广生态养殖和立体养殖,减少污染物的排放量。

建立新机制

沿海地带可以严格控制船舶和港口污染。通过加强船舶污染防治法制化建设,建立以"协作共商、预防预控、诚信管理"为内容的工作新机制,加强船舶污染事故应急反应能力建设,严格执法,规范管理等举措,使船舶和港口的污染治理情况逐年改善。而其中的一个关

◆加强查处

键是启动船舶油类物质污染物零排放,实施船舶排污设备铅封制度。

建立大型港口废水、废油、垃圾回收处理系统,实现船舶污染物的集中回收,岸上处理。

正如前文所述,我们还必须防止海上倾废和海上石油污染。

这就要求我们严格执行海洋倾废条例及环评制度,严格管理和控制向海洋倾倒废弃物,并加强对倾废过程的监管和环境的监测。要求钻井、采油和作业平台配备相应的油污水处理设施,达标排放。

本节回顾

1. 什么是倾废?
2. 我们应该怎样防止这类事件发生?

不要摧残地球——保护海洋环境

生物的灭顶之灾——溢油

我国海上船舶溢油污染的形势也很严峻。海洋资源是我国自然资源的重要组成部分，海洋经济在我国的国民经济中有着非常重要的地位。拥有18000千米的大陆海岸线和众多的岛屿，我国管辖海域面积近300万平方千米，随着我国海洋经济的迅猛发展，海上活动船舶数量的迅速增加，船舶溢油污染的形势日趋严峻。

◆消油剂喷洒装置

溢油进入海洋后对海洋环境的危害也是多方面的，因为油本身具有毒性，故而从自然环境到野生动物、从自然资源到养殖资源等都会受到不同程度的危害。溢油事故往往会造成长期的后果，因此发生时，应立即采取应急措施保护这些资源。

对浅水域及岸线的影响

浅水域作为海洋生物活动最集中的场所，有大量的贝类、幼鱼、珊瑚

神奇的海洋生物

◆事故处理

等活动在该区域，也包括海草层。因为这些生物对环境有一定的要求，因此溢油对该类水域的污染问题异常敏感，造成的危害在社会上反应强烈。

而溢油对岸线沙滩的污染威胁，对旅游业来说就是一场灭顶之灾，所有靠海滨浴场、沙滩发展的旅游业都会受到影响。好在靠海滨浴场、沙滩发展的旅游业是有季节性的，在溢油发生的初始阶段就要认真考虑这一问题，以便及时采取措施，把溢油对旅游业的影响控制到最低程度。

对码头、工业的危害

如果溢油发生在码头和游艇停泊区，其危害也是比较大的，因为一般在那种情况下要对港区水域进行清理，这势必会影响到船舶的进出港，而且这种清理价格不菲。更严重的是，如果岸线设有工厂取水口，那么油进入工厂设备系统，会造成设备的毁坏，甚至造成一个工厂的关闭。当然盐业和海水淡化等都会受到溢油污染的直接危害，造成经济损失。

◆溢油

对鸟类的危害

在溢油事故发生时，从保护自然生态的角度急救鸟类的工作是非常重要的，因为海面上的溢油对海洋生物危害最大的莫过于海洋浮游生物及以鱼类为食的鸟类，尤其是潜水摄食的鸟类。因为它们的羽毛会浸吸油类，当接触到油膜后导致羽毛失去防水、保温能力，另一方面它们因不能觅食而用嘴整理自己的羽毛时，会摄取溢油，损伤内脏。最终它们会因饥饿、

不要摧残地球——保护海洋环境

寒冷、中毒而死亡。

对浮游生物的影响

浮游生物也是比较容易受污染的，原因是一方面它们对油类的毒性特别敏感，另一方面浮游生物与水体是连成一体的，海面浮油会被浮游生物大量吸收，并且，它们不可能像海洋动物那样避开污染区。一旦浮游生物受到污染，其他较高级的海洋生物也会被影响。

◆无辜的鸟

对渔业、水产业的影响

当海洋受到污染后，海洋养殖业中养鱼场网箱里的鱼因无法逃离，而被污染。受溢油污染后的鱼不能食用。同样的道理，近岸养殖的扇贝、海带

◆它的命运

等也是如此。而这种用于养殖的网箱受油污染后，几乎难以清洁，须更换后才能彻底消除污染，其费用是十分昂贵的。

溢油危害程度

溢油对环境的危害程度还与环境自身的特征有关。常常根据发生地点是否是敏感区，溢油发生的季节是否是鱼类产卵期、收获期，以及不同的海况，来判断溢油的危害程度。

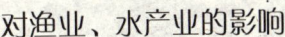

小知识

相同规模的溢油事故，发生在开阔水域要比发生在封闭水域的危害程度低；发生在海洋生物生长期要比发生在其产卵繁殖期的危害低。

 神奇的海洋生物

海面"红霞"——赤潮

在人们眼中,那海天的一抹嫣红,平添了蓝色海洋的姿色,殊不知,这在蓝色的海面突然泛起的"红霞",其实是一种破坏性很大的自然灾害,称为赤潮。赤潮是由于海域环境的不正常变化,使得海水中某些浮游植物、原生动物或细菌在短时间内暴发性增殖或高度聚集而引起的一种生态异常、水体颜色改变的现象。

◆蓝天碧水一抹红

赤潮的危害

赤潮已引起各国政府和社会各界的普遍关注,我国也不例外,足见它已经成为当今世界的一个灾害。赤潮的危害很大,它不仅恶化着海洋环境、破坏着海洋渔业资源和海洋生态平衡、危害沿海的旅游业和水产养殖业,甚至也直接威胁到人类的健康。有人因误食被有毒赤潮生物污染的海产品中毒,甚至死亡。可见这直接威胁到人类的健康和生命。

不要摧残地球——保护海洋环境

链接——赤潮事件

1986年12月福建东山县海域发生赤潮,结果造成136人中毒、1人死亡的后果,就是由于当地居民误食被有毒赤潮生物污染的贝类;1991年3月28日,广东大亚湾发生了食用赤潮区贝类致4人中毒、2人死亡的惨痛事件。而这些不过是赤潮事件中的一小部分。

人们必须善待海洋,不能再把海洋当成"天然垃圾桶"。

◆赤潮

随着我国沿海地区经济的飞速发展,对海洋资源的开发不断深入,而且我国沿海地区是经济发展的重要基地,人口密集,工农业生产较发达,因此导致大量的工业废水和生活污水排入海中。如不加强海洋环境的管理,采取相应的有效措施控制污染物的排海量、避免或减少赤潮的发生,那么由赤潮造成的损失和危害可能还会不断增大。

广角镜——赤潮都是红色的吗?

赤潮并不都是红色,赤潮发生时,依引发赤潮的生物种类和数量的不同,水体会呈现不同的颜色,多是红色或砖红色,也可以是黄色、绿色、棕色或红棕色。赤潮发生时,大量赤潮生物覆盖海面,使空气中的氧气没法进入遭到隔绝的海水中,而赤潮本身的生长和腐化过程中,却消耗大量氧气,从而造成海洋鱼类失氧窒息死亡。有些赤潮生物体还带有毒性。

赤潮的预防

为维护人类的健康,保护海洋资源环境,保证海水养殖业的发展,避免和减少赤潮灾害,我们有必要预防赤潮的发生,当然这不是一朝一夕的

 神奇的海洋生物

事，只有长期坚持才能取得好的效果。具体情况具体分析，但总的来说，可以从以下几个方面入手。

污水入海须控制

海水富营养化是形成赤潮的物质基础。携带大量无机物的工业废水及生活污水排放入海是引起海域富营养化的主要原因。因此，必须按照国家制定的海水标准和海洋环境保护法的要求，对排放入海的工业废水和生活污水进行严格处理，采取有效措

◆污水入海口

施，严格控制工业废水和生活污水向海洋超标排放。

监视预报有必要

在赤潮多发区、近岸水域、海水养殖区和江河入海口水域有必要进行严密监视，及时获取赤潮信息。只有提前发现，才能提前想出方法，从而解决这一问题。一旦发现赤潮和赤潮征兆，通过监视网络机构可及时通知有关部门，从而有组织有计划地进行跟踪监视监测，提出治理措施，千方百计减少赤潮的危害。为使赤潮灾害控制在最小限度，减少损失，必须积极开展赤潮预报服务，使赤潮防范工作真正落实。

开发海洋要合理

这些年来的数据表明，赤潮多发生于沿岸排污口，海洋环境条件较差、潮流较弱、水体交换能力较弱的海区。而海洋环境状况的恶化，又是由于沿岸工业、海岸工程、盐业、养殖业和海洋油气开发等行业没有统筹安排、布局不合理造成的。

为避免和减少赤潮灾害的发生，应开展海洋功能区规划工作，从全局出发，科学指导海洋的开发和利用。对重点海域要作出开发规划，减少盲

不要摧残地球——保护海洋环境

目性，做到积极保护，科学管理，全面规划，综合开发。

另外，海水养殖业应积极推广科学养殖技术，加强养殖业的科学管理。控制养殖废水的排放。保持养殖水质处于良好状态。

◆赤潮

搞好宣传很重要

赤潮一旦发生，其后果相当严重。因此，要经常通过报刊、广播、电视、网络等各种新闻媒介，向全社会广泛开展关于赤潮的科普宣传，通过宣传教育，增强抗灾防灾的意识和能力，同时也呼吁社会各方面在全面开发海洋的同时，高度重视海洋环境的保护，提高全民保护海洋的意识。这样做是有必要的，因为我们只有保护好海洋，才能不断向海洋索取财富，反之，将会带来不可估量的损失。

本节回顾

1. 赤潮的危害如何？
2. 怎么预防赤潮？

 神奇的海洋生物

人类的共识
——制定保护海洋的法律法规

保护海洋环境，保护海洋生物，关键还是要有一定的法律法规，使人们有所遵守，也使执法者有法可依，在这方面我们也已经制定了一些，同时也签署了许多国际性的海洋法规，充分体现了我国政府对保护海洋环境的重视。

◆法规全书

法律法规保护海洋

经济要发展，但不能以破坏环境为代价，不然会祸害子孙后代。
近年来，我国在参与和推动国际环境合作与交流方面日益活跃，扩大

不要摧残地球——保护海洋环境

了影响，树立了负责任的环境大国的形象。我国是区域海行动计划、东亚海行动计划与西北太平洋行动计划的成员国之一，并且积极参加 UNEP 倡导实施的防止陆上活动影响海洋全球行动计划。同时，积极履行国际环境公约和国际环境义务。在双边和多边、区域国际合作中，坚持"以外促内"的原则，国际海洋环境合作项目为我国提供了重要的技术支持，有力地推动了我国的海洋环境保护工作。在红树林、海草、珊瑚礁及湿地保护、防止陆源污染海洋、海岸带综合管理等方面取得了明显的进展。

UNEP

联合国环境规划署（United Nations Environment Programme，简称 UNEP）成立于 1972 年，总部设在肯尼亚首都内罗毕，是全球仅有的两个将总部设在发展中国家的联合国机构之一。到 2009 年，已有 100 多个国家参加其活动。

海洋方面相关法规

海洋方面相关法规：
　　海洋环境保护法
　　国家自然保护区条例
　　海洋自然保护区管理办法
　　全国生态环境保护纲要
　　湿地公约
　　海洋特别保护区工作实施方案

自觉保护，从我做起

◆海洋环境保护法

星星之火可以燎原，加强个人意识，从我做起，从自己做起，带动身边的人一起参与到这个伟大的行动中去

神奇的海洋生物

吧。因为仅有法律约束远远不够,还有必要加大宣传力度,每个人自觉约束自己,从我做起,从小事做起,不仅对于海洋环境如此,还包括保护地球——人类共同的家园。

本节回顾

1. 有关海洋保护方面的法律法规有哪些?
2. 你认为应该怎样带动身边的亲友,共同参与到保护海洋环境中去?